Les jardins du roi

Oufkir, Hassan II et nous

Cette édition de *Les jardins du roi*
est publiée par les Éditions de la Seine
avec l'aimable autorisation des Éditions Michel Lafon

Fatéma Oufkir

Les jardins du roi

Oufkir, Hassan II et nous

À mes six enfants qui, durant dix-neuf ans, sont restés dignes et courageux, m'insufflant la force de lutter.

À tous mes amis de la presse écrite et parlée qui, sans le savoir, nous ont apporté, dans notre enfer, l'air de la liberté.

À tous ceux qui nous ont aidés sans nous connaître,
à tous ceux qui se sont battus sans espoir,
à tous ceux qui nous ont soutenus après notre libération en brisant un peu l'isolement qui nous enveloppait.
Et pardon aux amis que je n'ai pas cités dans ces pages, ils savent que j'ai seulement voulu préserver leur tranquillité.

I

PREMIERS DÉFIS

L'air était cristallin et les terres s'étendaient à perte de vue. Les champs de blé et les plantations de maïs habillaient la nature de teintes mordorées où les blonds et les bistres succédaient aux verts des prairies. Vaches et moutons paissaient placidement, striant les prés de longues houles ondoyantes. À cheval ou à dos d'âne, nous nous égarions dans les hautes herbes de la plaine pour pénétrer sous les futaies rafraîchissantes de la forêt toute proche. Au centre de cette campagne se dressait notre douar familial, quelques tentes noires dont la plus grande était celle d'Abdelkader ben Abdelkader, mon grand-père paternel.

C'était à Sidi Allal Bahroui, qui s'appelait alors camp Monod, un bled de la région des Zemmour, cette zone du Maroc qui s'étend de Rabat à Meknès, dans la tribu berbère des Aït Ali Ou Lahcen. On disait que nos lointains ancêtres étaient venus d'Europe centrale, peut-être de Roumanie, au temps de l'Empire romain, et qu'ils s'étaient ensuite mélangés à des ethnies arabes originaires du Yémen et à quelques peuplades berbères.

La famille de mon père et celle de ma mère vivaient

côte à côte, leurs terres respectives étant séparées seulement par une source située dans un magnifique verger entre deux collines.

Du côté paternel, je suis issue d'une lignée d'aventuriers nomades, mercenaires à la solde du sultan, combattants employés depuis des temps immémoriaux à soumettre les Berbères rebelles. Ainsi, mes aïeux ont toujours défendu le sultanat. À son tour, mon père m'a transmis cet héritage de vénération et de fidélité. Dès ma plus tendre enfance, j'ai constamment vu à la maison la photo de Mohammed V et de ses deux fils, Moulay Hassan et Moulay Abdallah. J'ai appris à les connaître, à les respecter, à les aimer, c'était pour nous quelque chose de naturel. En ces années de protectorat français, il n'était pourtant pas évident d'afficher chez soi de tels portraits : cela signifiait clairement que nous avions déjà choisi notre camp, celui de l'indépendance.

Mon grand-père, tout en guerroyant, était une sorte de coureur de dot. Il fit trois mariages d'argent. Il épousa ma grand-mère, qui était riche de terres, de têtes de bétail, de chevaux, de mulets... À cette époque, cela suffisait à asseoir une fortune. Plus tard, il demanda la main de sa voisine Fadma, une riche et jeune veuve possédant d'immenses terres et régnant sur une cinquantaine de personnes attachées à son service... Vêtue comme toutes les femmes berbères de draperies blanches agrémentées de colliers de corail et d'argent, elle était belle, grande, le visage fin, la peau délicate et pâle, les cheveux noirs, les yeux verts. Elle refusa sèchement les offres d'Abdelkader, comme elle avait déjà repoussé tous les caïds et toutes les personnalités des Zemmour. Fadma n'avait nulle envie de se remettre sous la coupe d'un homme, elle s'occupait seule de ses propriétés, montait à cheval, vivant librement dans une époque où les femmes demeuraient soumises.

Bien des années plus tard, Mohamed, le fils d'Abdelkader – celui qui allait être mon père –, a jeté son dévolu sur la fille de Fadma, Yamna-Amar, qui n'avait alors que dix ans – et devait devenir ma mère. À vingt et un ans, Mohamed prenait la gamine sur ses larges épaules et annonçait :

– Celle-là sera ma femme.

Rancunier, son père Abdelkader a voulu interdire cette union :

– Tu ne l'épouseras pas, sa mère m'a rejeté autrefois...

Le fils a passé outre. Mais mon grand-père paternel a toujours refusé d'adresser la parole à ma mère.

Autoritaire, intransigeant, les yeux gris, le visage tanné par le soleil, grand-père Abdelkader était invariablement vêtu de blanc : babouches blanches, djellaba blanche et, sur la tête, la *razza* blanche des Berbères, grand turban en fin linon. Tout en buvant le thé, assis sur les épais tapis qui garnissaient le sol de sa tente, il nous racontait ses combats menés jadis auprès du sultan Moulay Hassan Ier contre les tribus insoumises... Et nous, les enfants, nous écoutions, fascinés, ces terribles récits où des soldats se constituaient un butin de guerre en tranchant les mains des femmes pour leur arracher bagues et bracelets d'or.

Grand-père s'interrompait pour se verser un nouveau verre de thé. Pour qu'on ait constamment cet indispensable breuvage à portée de main, le samovar de cuivre alimenté de braises fumantes maintenait l'eau bouillante. Thé vert avec menthe en été, thé noir en hiver, il accompagnait tous les moments de la journée et revêtait une si grande importance que les femmes n'avaient pas le droit de toucher ou de laver les ustensiles des hommes ; chacun préparait sa propre décoction. La croyance populaire assurait qu'une femme indisposée pouvait faire tourner le précieux liquide. Le choix précautionneux des essences, la comparaison des arômes et l'estimation de la qualité étaient réservés aux hommes, occasion d'un véritable cérémonial. Chez le marchand, parfois durant des heures entières, grand-père plongeait la main dans les grands sacs de jute, sentait les feuilles, les touchait, les examinait, les reposait, les reprenait lentement et longuement avant de se décider. D'ailleurs, les Français avaient si bien compris l'importance du thé et du sucre dans la société marocaine que, pendant tout le temps du protectorat, de 1912 à 1956, ils les subventionnèrent, soucieux de maintenir des prix raisonnables pour éviter les révoltes.

Alors qu'il était petit garçon, grand-père Abdelkader accompagnait son père chargé de marquer les bêtes du sultan. En rentrant, il répétait inlassablement : « Chenn... Chenn... », chuintement évoquant le grésillement du fer rouge sur le cuir de l'animal. Tous les enfants du douar le surnommèrent alors Chenn, sobriquet qui l'exaspérait et, bien souvent, il fit le coup de poing contre ceux qui s'obstinaient à l'en affubler. Pourtant, en 1950, mon père, qui jusque-là était Mohamed ben Abdelkader, Mohamed fils d'Abdelkader, décida de se faire appeler Mohamed Chenna, à la grande fureur de mon grand-père, qui ne voyait dans ce nom que dérision et moquerie. Mais le temps était venu de fixer les patronymes familiaux et l'on ne pouvait continuer à s'appeler éternellement Untel fils d'Untel.

La famille de mon père était nomade et vivait sous la

tente. Celle de ma mère, en revanche, était sédentaire et possédait une maison, privilège qui la faisait passer pour plus évoluée dans le Maroc du protectorat français.

Mon arrière-grand-père maternel appartenait à une famille aisée qui avait des terres dans la Chaouia, l'arrière-pays de Casablanca. Il a occupé le poste de caïd de notre tribu, titre plutôt féodal qui, ordinairement, se transmettait de père en fils. Son épouse venait d'une région proche du Sahara, de la tribu des Arribat, et ce fut le prénom qu'on lui donna. De cette union est née une fille unique, Fadma, ma grand-mère.

Fadma fut mariée à un rouquin sans beaucoup de personnalité, mais elle en avait pour deux ! Elle avait déjà enfanté trois filles quand son père mourut. Ce même jour, l'un de ses esclaves, un grand et fort Sénégalais, s'en alla parcourir la campagne sur le cheval du défunt. Le soir venu, ce Noir de belle allure était frappé de paralysie... On a dit qu'il avait été puni pour avoir osé monter le destrier de son maître.

Le disparu laissait son épouse Arribat, sa fille Fadma et trois petites-filles... Il n'avait pas de descendance mâle. Or chez nous, à la tribu, seuls les hommes pouvaient hériter. Cet usage perdurait à travers les générations malgré l'islam, qui ouvrait la succession aux femmes. Même les Français, nos « protecteurs » depuis 1912, n'avaient pas touché à ces traditions. Au contraire, ils les avaient même encouragées en instaurant des tribunaux coutumiers, cherchant ainsi à se concilier les tribus berbères en dissidence. De ce fait, la fortune de mon arrière-grand-père risquait de tomber entre les mains de quelques lointains parents. Les cousins à l'affût attendaient déjà la fin du deuil pour chasser la veuve et sa fille, et faire main basse sur tous les biens du défunt. Peut-être consentiraient-ils, par extrême bonté, à lui accorder l'aumône d'une petite chambre dans la maison jusqu'à sa mort, mais rien ne les y obligeait.

Or mon arrière-grand-mère Arribat avait emmené avec elle des esclaves du Sud, et l'une d'elles, El Yesmine, petite jeune fille très noire, très mignonne, vint discrètement dire à sa maîtresse qu'elle était enceinte des œuvres de son maître... Alors le tribunal coutumier décida de tout interrompre et d'attendre l'accouchement avant de procéder à la succession.

Par bonheur, El Yesmine donna naissance à un garçon. Grâce à cet enfant, mon arrière-grand-mère et ma grand-mère purent conserver leurs propriétés et leur train de vie.

Je me souviens bien de cette esclave, elle est toujours restée avec nous. Elle était noire comme l'ébène, avec des dents d'une blancheur immaculée, et quand elle voulait faire peur aux enfants que nous étions, il lui suffisait de sourire en grimaçant. Ce contraste violent, ce noir et ce blanc, nous terrorisait.

Elle avait compris que la famille avait subsisté grâce à elle. Plus tard, à la mort de ses maîtresses, elle occupa sa place et revendiqua le droit à la parole. Mais son fils, Hamida, fut élevé exclusivement par mon arrière-grand-mère. Pour assurer au plus vite la naissance d'un héritier mâle, on maria ce garçon dès l'âge de quatorze ans avec une petite fille de dix ans. On mit régulièrement au lit ces époux en bas âge, espérant qu'il se passerait quelque chose... Mais ce n'étaient que deux enfants et, chaque fois, ils s'endormaient sagement.

Ensuite, Hamida a été remarié à deux reprises. D'abord

avec une cousine de la Chaouia qui révéla un caractère ombrageux et difficile, occasionnant finalement la rupture du couple après la naissance d'une fille. Puis nouvelle union avec la descendante d'un caïd de la région de Rabat, qui lui assura une abondante postérité : cinq garçons et cinq filles ! Dans les années suivantes, l'une de ses esclaves lui donna encore une fille et deux garçons. Il pouvait être tranquille, sa succession était largement pourvue.

Hamida a mené une existence de rentier grâce aux deux femmes qui ont fait sa vie, l'esclave noire et mon arrière-grand-mère. Heureux entre ses épouses successives, ses esclaves, son kif et ses libations, il n'a jamais travaillé. Ses deux mille hectares de terres lui rapportaient assez pour qu'il puisse vivre sans souci. J'étais la seule personne de sa famille qu'il fréquentait régulièrement, j'étais sa préférée, et je crois bien qu'il me considérait un peu comme l'une de ses filles.

L'oncle Hamida est mort relativement jeune, ayant à peine dépassé la soixantaine. C'était en 1991, à la veille de ma sortie de prison. Je regrette tant de n'avoir pu le revoir...

Ma mère, Yamna-Amar, fille de Fadma, n'avait que treize ans lorsqu'elle épousa mon père, Mohamed ben Abdelkader, qui avait alors vingt-quatre ans. Je suis née un an plus tard, le 4 février 1936, à Meknès, où mon père était en garnison. Elle avait accouché avec l'aide d'une sage-femme française : pour l'époque, c'était presque une révolution dans les mœurs ! Peu après, nous sommes partis en Syrie, où l'armée française appelait mon père.

Ma mère attendait alors un autre enfant, mon frère Fouad, qui est né là-bas, à Damas.

***

Toute ma vie j'ai rêvé de liberté. Quand je plonge dans mes plus lointains souvenirs, je me revois, petite fille de trois ans, fuyant seule sur une route ensoleillée, sans but, indépendante...

C'était à Damas, à la veille de la Seconde Guerre mondiale. Ce jour-là était celui de la fête du Mouton, la grande célébration de l'*Aïd el Kébir* qui commémore le sacrifice d'Abraham dans le monde musulman.

Le matin de très bonne heure, l'ordonnance vient nous réveiller pour nous préparer, mon petit frère Fouad et moi. L'homme nous lave, nous habille, nous arrange, nous pomponne en attendant l'heure d'aller frapper à la porte de mes parents. Au moment où il entre dans les toilettes, mue par une impulsion soudaine, je me précipite pour tourner la clé derrière lui... Le soldat enfermé dans sa minuscule prison, mon frère derrière les barreaux de son parc, je suis libre ! Je traîne une chaise devant la porte de la demeure familiale, je me hisse pour atteindre la poignée. En quelques secondes, je suis dehors.

Je prends la route qui s'ouvre devant moi, large et droite, et je marche, je marche, heureuse en ces instants enivrants où rien ne peut me retenir. Tout naturellement, je dirige mes pas vers le seul lieu que je connaisse à la ronde : la caserne de mon père.

Réunis pour le petit déjeuner, les officiers m'accueillent affectueusement. Ils me font monter sur la table, me gavent de bonbons et de gâteaux... Comme la vie en ces instants me paraît belle et facile ! Dans ma petite barboteuse de laine, je suis la reine de la fête, le centre du monde. Mais mon père arrive, furieux, le visage fermé, bouillant de colère.

À la maison, mes parents se sont réveillés en retard. Où donc est passée l'ordonnance ? Ils ont entendu frapper à la porte des toilettes et, bien vite mis au courant de ma disparition, affolés, ils m'ont cherchée partout, jusqu'au moment où mon père a eu l'idée de venir se renseigner à la caserne...

Mon escapade se termine piteusement : sur plus d'un kilomètre, tout le chemin du retour, mon père me fait avancer en frappant mes cuisses nues avec de fins branchages, me zébrant la peau de longues striures rouges. Je paye cher ma fugue. La morsure des coups me fait mal, très mal. Je dois avoir bien triste apparence en arrivant chez nous, car ma mère se met à hurler, affolée de me voir dans cet état pitoyable... C'est l'un des rares souvenirs que je garde d'elle.

Cette correction, trop sévère, trop cruelle, est restée gravée au fond de ma mémoire et j'ai mis longtemps à pardonner à mon père. Pourtant, en définitive, je pardonne toujours à ceux qui m'ont fait du mal. Je pardonne mais je n'oublie pas. Les événements douloureux restent vivants en moi.

Quoi qu'il en soit, ce jour-là, déjà, j'avais cherché la liberté. Une liberté que je n'ai jamais connue. À présent encore, avec six enfants pour qui je suis le centre du monde, je ne puis être réellement libre. Ce sont tous des adultes, maintenant, mais ils ne sont pas comme les autres, ils n'ont pas connu une existence normale et paniquent quand je ne suis pas constamment présente pour les soutenir et les écouter.

*
**

En 1940, la guerre faisait rage en Europe et les Français pressentaient qu'ils allaient abandonner la Syrie. L'évacuation se préparait discrètement. Ordre fut donné aux officiers de se séparer de leur famille. On nous fit donc monter dans un bateau pour nous ramener au Maroc.

À dix-huit ans, ma mère était enceinte d'un troisième enfant et elle attrapa froid au cours de la traversée. Elle alla accoucher à la tribu, dans notre village des Zemmour, au sein de la famille. Mais les fatigues du voyage et l'affection pulmonaire contractée sur le bateau l'avaient effroyablement affaiblie : elle mourut en donnant naissance à un petit garçon qui n'a pas survécu.

Chez nous, les Berbères, une femme morte en couches est considérée comme une épouse du ciel, on la pare comme une mariée, on l'habille de blanc, on l'orne de bijoux. Dans un triste cérémonial, on l'a donc lavée, préparée, revêtue de sa robe virginale.

Ont suivi des scènes affreuses, pénibles. Ma grand-mère Fadma a complètement perdu la tête, elle avait déjà vu mourir deux de ses filles de la tuberculose, un mal qui fait des ravages encore de nos jours dans la région des Zemmour. Devant ces deuils successifs, elle s'est révoltée contre son destin et contre Dieu. Au bord de la source de notre douar, elle a crié sa douleur, elle a coupé sa chevelure luxuriante avec un couteau, s'est frappé le visage, l'a ravagé de coups de griffe jusqu'à le faire saigner, s'est couvert le corps de boue et de suie... J'étais terrorisée.

Je voyais ma grand-mère égarée de douleur, je voyais ma mère si belle, si vivante dans son costume de mariée, et je ne comprenais pas pourquoi elle continuait à dormir malgré tout ce tapage.

Ensuite, ils ont sorti le corps de la maison, l'ont déposé sur un tréteau dans le patio et l'ont recouvert d'une sorte de tapis brodé avec des petites plaques argentées qu'elle avait elle-même tissé peu de temps auparavant. Les pleureuses se lamentaient et hurlaient de plus en plus fort... Au moment précis où ils descendaient maman dans sa tombe, mon père est arrivé. Il a ouvert le cercueil, il a sorti la dépouille, il l'a embrassée en pleurant, l'a secouée en hurlant contre son malheur... Voilà des images que je ne puis oublier et qui m'ont poursuivie toute ma vie.

J'avais quatre ans et mon frère Fouad, mon cadet de deux ans, tentait de me rassurer, de me calmer, de me jouer la comédie de l'absence momentanée. Véritable surdoué, il parlait exactement comme un petit bonhomme, c'était lui l'élément stable de mon entourage, c'était lui qui m'apaisait et me répétait :

– Écoute, petite sœur, maman est juste partie à Fès...

Je criais et je me révoltais car, au fond de moi, je savais qu'elle ne reviendrait jamais. J'ai ensuite réglé le problème en lui faisant grief d'être partie et de nous avoir abandonnés. C'était ma manière d'interpréter et de comprendre la mort.

Mon père nous a ramenés à Meknès et nous a confiés aux soins de notre dada Fadela, l'esclave que ma mère avait reçue en se mariant. Il faut dire que jusqu'à la fin des années cinquante, nos esclaves ignoraient que le servage avait été aboli, et nous les considérions nous-mêmes comme faisant partie de la famille. C'était la tradition, les lois instaurées par l'occupant français n'y changeaient rien. Non seulement l'esclave demeurait au sein du foyer, mais le maître avait des obligations envers elle. Il devait la toucher sexuellement et, si elle avait un enfant, celui-ci était reconnu au même titre que la progéniture née de l'épouse légitime.

Ma mère à peine enterrée, mon père est parti à la guerre, retournant en Syrie d'abord, où il est resté encore un an et demi, puis en Europe, sur le Rhin, et on ne l'a plus revu jusqu'à la Libération.

Sous la garde de notre dada, nous avons été accueillis par une très grande famille de Meknès, les Ben Zidane. Le père, Moulay Abdelrahman Ben Zidane, savant éminent, chef spirituel des militaires de l'école de Darbeida – l'école des officiers de la ville –, dispensait des cours de théologie musulmane. Ce maître prestigieux aimait beaucoup mon père et nous avait acceptés chez lui comme ses petits-enfants.

Malgré mon jeune âge, c'est dans sa maison – ou plus exactement son palais – que j'ai appris à aimer le beau, le sobre et le raffiné. Je me réveillais tôt le matin pour sortir respirer le parfum des fleurs, écouter les oiseaux de toutes les couleurs siffler dans les arbres, me promener parmi les plantes et les arbres fruitiers ou errer sur les terrasses couvertes de vignes aux grappes rouges et vertes. En été, Lalla Malika, épouse de Sid Elkebir Ben Zidane, vêtue d'un caftan aux couleurs vives, une étrange coiffe en forme de cornes de bélier sur la tête, un gros bijou sur le front, faisait cueillir les jasmins jaunes et les jasmins blancs des charmilles pour tresser des colliers. Si le paradis est comme on le dit, il doit ressembler à ce merveilleux domaine.

C'est par l'intermédiaire de cette famille que j'ai rencontré Mohammed V pour la première fois. La propre sœur du sultan, Lalla Zineb, était l'épouse de Moulay Mustapha, l'aîné des fils Ben Zidane. Cette jeune femme m'avait prise sous sa coupe, elle était en quelque sorte ma marraine, me faisant chercher pour les fêtes et remplaçant un peu la mère qui me manquait tant.

J'avais huit ans quand Lalla Zineb m'a emmenée au palais de Meknès. Construit sur les bases de l'austère demeure de Moulay Ismaïl, le sultan qui jadis avait voulu épouser une fille de Louis XIV, le palais était une suite de pièces immenses aux plafonds finement ouvragés. Les jardins se succédaient avec leurs bassins de mosaïques colorées et, au pied de la muraille rouge, devant les trous de canonnières occupés par les pigeons, entre les piliers où nichaient les cigognes, poussaient des orangers, des oliviers et des figuiers qui embaumaient l'air de senteurs douceâtres et épicées.

Le bâtiment, lui, était plutôt lugubre. À l'intérieur, un bruit sourd et continu pouvait faire croire que les lieux étaient hantés... À Meknès, dans les maisons de la médina, coule en abondance une eau d'apparence trouble mais si douce à boire qu'on la dit sucrée et qui donne les plus beaux fruits et les plus beaux légumes de la terre. Ces flots continuels ruissellent au cœur même du palais et on les entend gronder dans tous les recoins. On se croirait au cœur d'un torrent. Là-bas, enfant, j'avais peur même en plein jour.

Constamment vêtu d'une petite gandoura blanche, Mohammed V était un homme désarmant de simplicité.

Peu à l'aise dans le luxe et le protocole, il appréciait surtout la musique andalouse que ses femmes lui jouaient. Pourtant, malgré sa bonhomie, on ne parvenait pas à être parfaitement à l'aise en présence d'un tel personnage : il émanait de tout son être un rayonnement singulier, une autorité naturelle. Peut-être parce qu'une immense foi, une croyance profonde en Dieu irradiaient de lui. Parmi les grands de ce monde que j'ai pu rencontrer dans ma vie, il fut le seul à vraiment m'impressionner.

Je me suis approchée du sultan et il m'a posé quelques questions rituelles :

– Comment t'appelles-tu ? Tu es la fille de qui ? Où vis-tu ?

Lalla Zineb pâlissait un peu plus à chaque mot prononcé par son frère, elle tremblait de tous ses membres et, très vite, a cru plus prudent de m'éloigner. Elle n'avait qu'une seule peur : celle de voir le sultan jeter son dévolu sur moi.

– Tu es mignonne, tu es orpheline, me dit-elle, ton père n'est pas là... Tout se conjugue pour que tu deviennes l'une de ses concubines. Jamais cela ne se fera ! Je ne voudrais pas que tu pleures toute ta vie à l'intérieur d'un palais et que tu me maudisses chaque jour.

J'ai revu Mohammed V deux ans plus tard au domicile de sa sœur. Il avait demandé qu'on m'amène à lui. Ce jour-là, on m'avait habillée à l'anglaise, jupe écossaise, bas blancs, chaussures vernies, pull bleu marine et nattes... Mais j'avais été malade, j'étais terriblement amaigrie, et je crois qu'il a été très affecté de me trouver si chétive. Il avait conservé un autre souvenir de la petite gamine qu'on lui avait présentée au palais, celui d'une fillette joufflue mais au regard si triste qu'il s'en était ému, répondant ainsi à la dévotion que j'avais déjà pour lui et que je lui porterais jusqu'à son dernier souffle.

À l'époque, la formation réservée aux filles était fondée essentiellement sur la broderie et la cuisine. Les adultes ont donc jugé que je devais recevoir cette indispensable instruction. Ils m'ont emmenée chez une dentellière et brodeuse qui allait se révéler une véritable tortionnaire. Il est vrai que je n'étais sans doute pas une enfant facile, mais je n'étais qu'une enfant. À l'époque, l'éducation était terrible : on battait les petits même pour un grain de raisin pris sans autorisation.

Un jour, quatre fillettes désœuvrées et moi sommes montées sur un tabouret puis, en équilibre les unes sur les épaules des autres, nous sommes parvenues jusqu'au placard où la dentellière cachait un pot de miel dont nous nous sommes régalées... Quand elle s'est rendu compte de notre « crime », elle nous a punies à coups de fouet. J'étais toute bleue sur la partie charnue de mon individu et, le lendemain, j'ai refusé de retourner chez mon bourreau. Déjà bien entêtée, j'ai proclamé :

– Non, je n'irai plus. Je veux aller chez les sœurs. Je ne veux pas apprendre à broder, je veux apprendre à lire et à écrire.

Je souhaitais aller au couvent car je savais qu'il abritait de nombreuses orphelines comme moi. C'est ainsi que je suis entrée en internat à l'orphelinat des sœurs franciscaines de Meknès. Dans cette communauté située entre l'ancienne médina et la nouvelle, une cinquantaine de bonnes sœurs, en voile noir et habit blanc, s'occupaient de l'éducation de deux cents jeunes filles venues de tous les horizons, des Marocaines, des Portugaises, des Espagnoles, des Juives, toutes vêtues de l'uniforme réglementaire : robe grise à col blanc, sauf les jours de fête, où nous portions une tenue rose.

La première religion que j'ai apprise, comprise et pratiquée fut donc le catholicisme. Matin, midi et soir, j'allais prier dans la belle église aux stucs dorés ; assise sur le coussin bleu des bancs de bois, j'adorais le grand Christ en croix et la statue de la Vierge aimante dont le regard si doux et si pur m'enveloppait. Autour de mon cou, sur mon cœur, je portais avec dévotion la croix et la médaille de Marie... Cela a duré cinq ans, toute la période où mon père était à la guerre, jusqu'en 1946.

Je recevais alors très peu de visites, seul un oncle venait me voir une fois par an. Mais j'étais si bien intégrée dans cette communauté franciscaine que je n'arrivais plus à avoir de contacts avec les gens du dehors, ils appartenaient à un autre univers.

J'apprenais aussi à vivre isolée et à dompter la solitude. J'étais une enfant fragile, souvent malade, atteinte de primo-infections à répétition. On me soignait avec la pharmacopée de l'époque : sirops, cataplasmes, ventouses, autant de moyens rudimentaires qui faisaient souvent un mal de chien et ne guérissaient pas. Je passais la moitié du temps au lit, à méditer.

J'avais pourtant de nombreuses camarades, orphelines de mère comme moi. Nous avions toutes connu le même malheur, nous nous comprenions et nous entendions parfaitement. Je possédais, je pense, le don de me faire des amies, parfois de curieuse manière. Ainsi, pendant la guerre, nous n'avions pas tous les jours de quoi satisfaire notre faim, mais cela ne me posait pas de problèmes. De toute façon, je n'arrivais pas à manger. J'étais cadavérique, mais je troquais aisément mon plat de lentilles ou mon assiette de pommes de terre contre un carré de chocolat ou un petit triangle de fromage. Des échanges de bons procédés qui me valaient l'amitié de toutes les filles.

Cela a duré jusqu'au retour de mon père, en 1946. Quelle a été sa vie pendant ses années en Europe ? Je ne l'ai jamais su vraiment. Peut-être a-t-il eu un enfant avec une Allemande, j'ai vu des photos intrigantes... J'étais petite et je n'ai pas compris immédiatement, mais, plus tard, j'ai fait des rapprochements. Lui qui n'est pas sentimental du tout, pourquoi a-t-il conservé ces souvenirs ? Il n'est pas du genre à éterniser une relation fondée uniquement sur la bagatelle... Si cet enfant existe, il a aujourd'hui plus de cinquante ans. Mais existe-t-il ? Le saurai-je un jour ?

À son retour au Maroc, mon père, qui avait alors une trentaine d'années, s'est remarié avec une jouvencelle choisie par les Ben Zidane, Khadija, une gentille fille qui n'avait rien vu de la vie et n'a connu le visage de son mari que la nuit de ses noces. Après la lune de miel, mon père est venu me chercher pour me sortir du couvent. Tout le monde, dans son entourage familial, le harcelait :

– Comment ? Ta fille est devenue chrétienne ! C'est une honte...

Il est vrai qu'après ces longues années chez les sœurs j'avais adopté les rites catholiques et ils demeurent encore profondément ancrés en moi. Pour faire ma prière, pour parler à Dieu, je passe toujours par la Vierge, cela reste très confus, très mélangé dans ma tête... Musulmane ou chrétienne ? Cela ne veut rien dire. Dans l'islam, on reconnaît les pouvoirs que Dieu a donnés à Marie en la plaçant au-dessus de toutes les femmes. Pour nous, musulmans, la vénération de la Vierge n'est ni blasphématoire ni contradictoire. La seule chose que je ne puis admettre est que le Christ soit fils de Dieu. Cela nous est interdit. Oui, Jésus est un prophète. Oui, Jésus est né du souffle de Dieu. Mais selon notre religion il ne peut être le fils de Dieu. À cette nuance près, je suis restée quelque part entre islam et christianisme.

J'ai donc quitté le couvent et mon père m'a inscrite à l'école française. Changement de décor : instruction laïque et classes mixtes. L'établissement se situait près de la porte Bab Mansour, jouxtant la mellah – le quartier juif – sur une grande place où les artisans travaillaient les métaux, mêlant, dans un concert de couleurs et de sons, fines orfèvreries et martelage du cuivre. À cette époque, Meknès était partagé en plusieurs quartiers spécifiques : celui des Juifs, mais aussi ceux des *chorfas* – descendants du Prophète – selon leurs origines.

Je ne m'adaptais pas à ma nouvelle vie et restais secrètement fidèle à l'enseignement des sœurs. Mon père me retirait régulièrement la médaille de la Vierge que je portais autour du cou. Il me l'arrachait et la jetait au fond du puits de la maison... Je pleurnichais toute la nuit et je me réveillais avec les yeux rougis. Nous étions malheureux tous les deux, mon père et moi : lui de m'avoir brimée, moi de l'avoir été. En sortant de l'école, j'effectuais un grand détour pour aller au couvent, les sœurs me donnaient une nouvelle médaille que je cachais tant bien que mal jusqu'à ce que mon père la découvre.

Les sœurs m'adoraient et je le leur rendais bien. Elles

étaient syriennes d'origine arabe et comprenaient parfaitement mon désarroi, mon trouble, ma double vision des choses. Mon père, de son côté, se donnait un mal fou pour m'enseigner le Coran. Au début je trouvais cela incompatible avec l'éducation religieuse que j'avais reçue, puis j'ai compris que le même Dieu était vénéré partout, il fallait seulement savoir regarder les choses. Que l'on soit musulman, chrétien ou juif, Dieu n'est-il pas le même ?

Mon père, ma belle-mère et moi sommes restés à Meknès pendant deux ans, jusqu'au moment où l'armée française a voulu envoyer mon père faire la guerre en Indochine. Cette fois, il a refusé de partir. Mon frère Fouad était mort à l'âge de huit ans, d'un cancer lymphatique, pendant son absence, et il ne souhaitait pas s'éloigner du seul enfant qui lui restait :

– J'ai perdu d'abord ma femme, puis mon fils quand j'étais à la guerre, je n'ai plus qu'une fille, je ne veux pas continuer à la confier à des étrangers...

Il a donc quitté l'armée. Devenu officier de réserve, il nous a emmenés à Salé, près de Rabat, dans notre région des Zemmour, dans notre tribu. Par ma mère, nous possédions là-bas une belle maison en pleine médina, une villa ensoleillée, avec une grande terrasse d'où l'on voyait tout Salé et tout Rabat, une des rares maisons marocaines de la médina où l'on pouvait entrer avec la voiture jusque devant la porte. Cela ajoutait à son éclat. Mais mon père avait loué cette maison à un dentiste français qui ne désirait plus la quitter. En attendant de récupérer notre bien, nous avons campé dans une petite bâtisse humide et sombre.

Mon père s'est consacré d'abord à l'agriculture, louant des terres à mon oncle Hamida, cultivant la tomate l'été, le chou l'hiver, l'oignon au printemps. Nous entassions nos réserves dans de vastes greniers : les oignons pendaient par gousses et les tomates, plongées dans l'huile d'olive, étaient conservées dans des jarres de terre.

Vêtue du tablier beige à col blanc de rigueur, je continuais d'aller à l'école française, ce qui me valait une longue marche quotidienne, le collège étant situé à la sortie de la ville. Malgré ma maigreur, j'étais devenue une petite terreur, crainte de tous. Mon père m'avait confectionné des chaussures montantes de style militaire car je marchais les pieds en dedans et il pensait qu'ainsi mon défaut se corrigerait. Attention aux garçons qui voulaient s'en prendre à moi : mes godasses devenaient une arme redoutable et j'envoyais de terribles coups de pied dans les tibias de mes assaillants...

Jusqu'au jour où un adolescent de dix-sept ans a décidé de se mesurer à ma petite personne. Il s'est précipité sur moi de toutes ses forces et m'a frappée dans le dos avec une violence inouïe... Sous le choc, un poumon s'est décollé et je suis entrée dans une longue agonie, suspendue entre la vie et la mort durant deux mois. Je ne pouvais plus manger et l'on m'alimentait avec un peu de lait dans un biberon, comme un bébé.

Les médecins se relayaient. En vain. Un jour, désespéré, mon père m'a enroulée dans un burnous et m'a emmenée chez le Dr Jeblli. J'avais douze ans et je n'avais plus que la peau sur les os... Dans ma semi-inconscience, j'ai entendu le pneumologue prononcer ces paroles définitives :

– Vous pouvez la reprendre... Elle ne passera pas la nuit.

Dans ma tête, cette sentence a résonné comme un défi. J'ai voulu braver la mort qui m'avait arraché ma mère et mon petit frère. « Mais pour qui il se prend, celui-là ? Pourquoi veut-il que je ne passe pas la nuit ? » ai-je pensé. Mon père m'a ramenée chez nous, m'a couchée dans mon lit et a lu le Coran à mon chevet. Vers quatre heures du matin, je me suis réveillée avec une quinte de toux qui n'en finissait pas... Enfin, j'ai pu prononcer quelques mots :

– J'ai envie de manger, des vermicelles au lait...

Tout le monde s'est précipité à la cuisine, pensant accomplir la dernière volonté d'une mourante. J'ai avalé mes vermicelles et un peu plus tard, vers huit heures, j'ai demandé autre chose, et puis j'ai dit à mon père :

– Je veux sortir, aller chez grand-père.

Je sentais bien que, dans notre maison humide, je ne guérirais jamais. J'avais besoin de l'air pur et des grands espaces de notre douar familial.

Durant quatre ou cinq mois, mon père, ma belle-mère, ma demi-sœur et moi sommes donc partis nous installer dans une hutte de terre au toit de branchages, avec sur le sol d'épais tapis posés les uns sur les autres. Le ciel était clair, l'eau de la source pure, le printemps magnifique. On mangeait des céréales, du beurre frais, on buvait du lait. Les Berbères faisaient la fête. Il y avait de grands troupeaux, et tous les matins un petit veau ou une petite génisse naissait. Avec le premier lait de la vache qui avait mis bas, on préparait une espèce de crème fraîche épaisse qui faisait le bonheur des enfants. Je renaissais.

Durant deux mois encore, j'ai été incapable de me mettre debout. Comme je ne pesais rien, ma cousine Achoura, qui m'avait accompagnée dans toute mon épreuve, plus âgée d'une année que moi mais plus petite de taille, me prenait sur son dos. Mes pieds traînaient par terre tandis que nous parcourions les champs pour voir les animaux ou cueillir des fleurs. Les forêts qui entouraient nos terres, la fraîche rosée du matin, le calme apaisant de cette nature m'ont ressuscitée. J'étais sauvée car je voulais guérir. C'était pour moi un défi. Mon premier défi. Si le médecin n'avait pas annoncé ma mort d'une manière aussi péremptoire, je me serais laissé engloutir dans l'infini.

*
**

Plus tard, en prison, j'ai sans cesse relevé d'autres défis. Quand j'étais malade, quand les enfants étaient malades, quand nous étions tous désespérés, je repensais à cet instant où j'avais entendu le pneumologue déclarer : « Elle ne passera pas la nuit... » Et je me serinais encore ce que je me disais déjà à l'âge de douze ans : « Tu ne vas pas mourir, tu verras que tout ça va passer, et tu verras qu'un jour tu seras heureuse... ». Quand je ressassais cela à mes enfants, ils me répondaient :

– Maman, tu crois vraiment que tout ira bien ? Mais tu n'es pas du tout consciente de ce que nous sommes en train d'endurer, aucun de nous ne partira d'ici...

Et je leur répétais, inlassablement :

– Moi, je vous le promets, vous allez sortir.

J'en étais certaine. Il y a des choses que je sais, que je sens... Ça arrive peut-être à tout le monde, une sorte d'intuition inébranlable : au fond de soi, on est certain que les événements vont prendre une autre tournure. Personne alors n'aurait pu croire un seul instant que nous allions échapper au mouroir dans lequel nous étions enfermés. J'étais la seule à en avoir la certitude.

La vie ne peut pas être faite que de détresse. Il y a la nuit et il y a le jour, il y a le soleil et il y a la pluie, il y a la jeunesse et il y a la vieillesse, il y a la maladie et il y a parfois la guérison.

Je disais cela à mes enfants, pourtant il me faut admettre que le malheur absolu existe. Beaucoup de gens ont disparu à jamais. Mais je savais que nous, nous allions nous en sortir. Nos vies ne pouvaient pas s'arrêter de cette manière.

*
**

Après mon accident, mon père a décidé de me retirer de l'école où l'on avait risqué de me tuer. Durant trois ans, je suis restée à la maison à ne rien faire. Mes seules lectures étaient *Intimité* et *Nous Deux*. C'est à travers ces revues que j'ai découvert le monde et la culture ! *Le Comte de Monte-Cristo,* par exemple, je l'ai lu en roman-photo. Je me suis organisé une petite vie à moi, seule dans ma chambre, avec les affaires de ma mère, les meubles de ma mère, les objets de ma mère rapportés de Syrie...

Au début, nous ne nous entendions pas très bien, ma belle-mère Khadija et moi. Elle voulait que je l'appelle « maman » et je ne pouvais m'y résoudre. Alors, pour limiter les discussions et les disputes, je m'enfermais avec mes journaux et ma radio. Nous étions les premiers à posséder un poste, mon père l'avait rapporté d'Allemagne. Recluse dans mon univers, je connaissais moins de heurts avec ma belle-mère, moins de problèmes avec les autres.

Je ne puis pas dire que j'aie eu une adolescence heureuse ou malheureuse, j'ai eu une adolescence hors normes, hors société, rien à voir avec la jeunesse des autres filles de mon entourage. Quand on se réunissait entre cousines ou avec les enfants des amis de mon père, j'étais toujours seule dans un coin avec le dernier-né de la famille dans les bras. Et quand je jouais, c'était toujours avec des garçons, dans la bagarre et les coups, même si j'étais frêle et maigrichonne.

*
**

La solitude demeure mon destin. Depuis la mort de mon mari, je suis terriblement seule. Bien sûr, il y a mes enfants. Mais en prison ils étaient soudés entre eux, moi j'étais isolée avec le plus petit. Depuis vingt-huit ans, je me suis recroquevillée sur moi-même. Durant deux décennies cela s'est fait malgré moi, en raison des conditions de notre enfermement, mais nous sommes sortis depuis neuf ans et je reste solitaire, je n'arrive pas à entamer une amitié avec quelqu'un. J'ai parfois l'impression que la boucle est bouclée : je retrouve l'isolement que je connaissais dans la maison de mon père, quand je me retirais avec mes journaux et ma radio.

II

UN INCONNU VÊTU DE BLANC

Très jeune, en écoutant les conversations des adultes, je me suis intéressée à la politique. La plupart des amis de mon père appartenaient aux partis les plus avancés du pays. Lui-même refusait pourtant de s'engager et de se lancer dans l'action. Sans doute aimait-il trop les femmes pour pouvoir se consacrer vraiment à la politique, ses conquêtes dévoraient la plus grande partie de son temps. Mais il recevait chez lui les partisans de l'indépendance et restait des heures à écouter ses interlocuteurs sans ouvrir la bouche.

Au contact de ces gens qui venaient chez nous imaginer le Maroc du futur ou évoquer en termes vibrants les humiliations imposées à la famille du sultan, j'ai senti naître en moi la fibre nationaliste. C'est ainsi qu'à Rabat, chez Mohamed Lyazdi, l'un des dirigeants de l'Istiqlal – le principal parti en lutte pour l'indépendance –, j'ai connu Mehdi Ben Barka, farouche et volubile ennemi du colonisateur français. De cette première rencontre, j'ai retenu essentiellement l'image d'un patriote fervent insistant auprès de mon père pour qu'il me fasse étudier l'arabe, et d'un professeur scandalisé, d'une manière générale, par l'abandon de ma scolarité.

Le Maroc était un protectorat français depuis 1912. Le général Lyautey, premier commissaire-résident, était venu pacifier le pays sur la demande du sultan Moulay Abd el Hafid. En 1925, après le départ de Lyautey, le pays était devenu, de fait, une véritable colonie. Les Français faisaient la loi, ils étaient partout. Le sultan n'était qu'une marionnette. L'indépendance était encore inimaginable et les audacieux qui murmuraient pour réclamer une simple autonomie interne s'en allaient croupir en prison.

En 1927, les Français choisirent Mohammed V comme sultan du Maroc, le préférant à son frère aîné, estimé peu docile. Cherchant à obtenir la paix et le consensus à l'intérieur du pays, l'occupant crut habile d'imposer ce jeune homme de dix-huit ans, effacé et soumis, apparemment malléable à souhait. Il ne sortait de son palais que le vendredi pour se rendre à la mosquée, il était pieux, honnête, réservé, et les Français étaient persuadés que jamais il ne percerait les intrigues de la politique.

Le parti de l'Istiqlal, qui se forma dès 1943 dans le but bien arrêté de chasser l'occupant, croyait également que le sultan était un être faible et sans personnalité, un souverain d'opérette que les événements se chargeraient de renverser. L'Istiqlal comme les Français se trompaient.

Mohammed V s'est révélé grand nationaliste et grand visionnaire. Le 10 avril 1947, à Tanger, son discours réclamant l'indépendance du Maroc fit l'effet d'une bombe. Dès lors, les Français menèrent une guerre d'usure contre le sultan, mettant tout en œuvre pour l'éloigner du pouvoir et l'humilier. Et lui, pendant ce temps, dans ces circonstances difficiles, conduisait lentement son pays vers la liberté. S'il ne possédait peut-être pas la profonde intelligence de son fils Moulay Hassan – le futur roi Hassan II –, il avait néanmoins la subtilité et la patience d'un fin politique.

À la suite du discours de 1947, le parti de l'Istiqlal comprit qu'il ne pouvait pas composer sans Mohammed V, et ce dernier perçut clairement qu'il ne lui était pas possible de continuer à réclamer l'indépendance sans obtenir l'appui de la population et des principaux dirigeants politiques. À ce moment-là, les différentes tendances qui composaient l'échiquier marocain ont commencé à se rapprocher. Elles n'avaient pas la moindre raison de se méfier les unes des autres. Des positions divergentes s'exprimaient ; certains souhaitaient une monarchie puissante, d'autres acceptaient le sultan sous un régime constitutionnel, d'autres encore rêvaient d'un État socialiste. Tous pourtant s'entendaient sur un objectif urgent et immédiat : la lutte contre le colonisateur.

Même Mehdi Ben Barka, devenu leader de la gauche, réservait pour l'avenir ses luttes contre le régime absolu de Mohammed V. Pour l'heure, l'enseignant socialiste se faisait professeur de mathématiques du jeune prince Moulay Hassan. Le maître et son élève ne se sont pourtant jamais beaucoup aimés ni appréciés. Tous deux étaient d'une intelligence parfois diabolique, tous deux étaient brillants et chacun voulait employer ses capacités à faire triompher ses propres desseins. Moulay Hassan a commencé très jeune à faire de la politique, il était terriblement ambitieux, désirait le pouvoir et s'est battu pour l'indépendance tout autant que Ben Barka.

Mon adolescence s'est déroulée ainsi, entre la politique dont je percevais les échos et la solitude du monde que je m'étais fabriqué, heureuse et tranquille, avec une chambre à moi, une radio à moi, des poupées à moi. Jusqu'au jour où j'ai rencontré Mohamed ben Ahmed Oufkir.

Je m'étais encore disputée avec ma belle-mère. Pendant le ramadan, je m'étais réfugiée chez mes oncles à la campagne, gâtée par mes cousins, mes cousines et toute ma famille. Je venais de passer mon premier ramadan hors de la maison de mon père depuis son retour. Le vingt-sixième jour du jeûne, celui-ci est venu me chercher :

– Il faut absolument que tu fasses la paix avec ta belle-mère, ce n'est pas bien, il faut que tu rentres chez nous, ça ne se fait pas...

Je n'avais que quatorze ans et demi, et je lui ai rétorqué :

– Je rentre à la condition que tu me maries.

Il est resté bouche bée :

– Te marier ? Est-ce que tu te rends compte de l'âge que tu as ?

– Mais il y a des filles de mon âge qui sont déjà mariées. Ma mère avait quatorze ans quand je suis née !

– Oui, a repris mon père tristement, et c'est pour ça que je ne veux pas que tu te maries si tôt... Ta mère a eu des enfants trop jeune, elle en est morte.

– Je veux me marier. Je ne rentrerai à la maison que si tu acceptes de me marier.

Nous étions en 1951, au Maroc. Vu l'époque et le lieu, je faisais preuve d'une audace folle. Personne en ce temps-là n'osait dire à son père : « Je veux me marier », surtout une gamine ! Devant mon opiniâtreté, mon père a pourtant vaguement promis et je suis rentrée chez nous le soir même.

***

Il n'y a personne à la maison. Ma belle-mère, mon père et les enfants nés de cette seconde union – mon frère et mes deux sœurs –, ma cousine Achoura, la mère de ma belle-mère et ma dada sont partis avec des amis au bain maure en cette « nuit du destin » où les anges descendent du ciel pour effacer les fautes des fidèles repentants.

Le soir venu, je suis seule à préparer le dîner, à faire cuire la soupe traditionnelle et à installer la table quand tonne le coup de canon qui annonce la fin du jeûne. Je suis plongée dans l'obscurité et, à cet instant précis, je vois entrer un inconnu vêtu d'un costume de soie blanche, cravate bariolée, regard perçant derrière le verre épais de ses étranges petites lunettes, cigarette à la main. Il a les cheveux raides, d'un noir d'ébène, le teint basané. Je n'arrive pas à savoir si c'est un Marocain ou un Asiatique, il n'a en tout cas rien de familier.

Mon père arrive quelques minutes plus tard. Il précède son hôte dans le grand salon où tout est prêt pour rompre le jeûne. Normalement, je dois rester en dehors : la tradition veut que les jeunes filles ne demeurent pas en présence des hommes. Mais mon père a certainement des arrière-pensées. Il me fait venir pour apporter le café. J'entre dans le salon les yeux baissés et je sens le regard de cet inconnu qui me détaille... Je n'ai guère l'habitude de cette insistance masculine. Les hommes que je connais, les amis de mon père, me considèrent encore comme une enfant, pas comme une femme... Quand je lève les yeux, il est déjà debout pour me saluer.

– Je te présente Oufkir, dit mon père.

*
**

C'était un brillant capitaine de l'armée française au palmarès impressionnant. Il s'était engagé en 1939, à l'âge de dix-neuf ans. Après avoir passé un certain temps en Algérie, il avait participé à la campagne d'Italie. Au début de l'année 1944, il avait fait une percée dramatique, perdant une partie de sa compagnie pour permettre l'entrée des Américains à Monte Cassino. Le 4 juin, il avait pénétré héroïquement dans Rome avec le drapeau tricolore.

Je possédais une photo de cet événement, on me l'a prise et on l'a détruite. Une très belle photo... On y voyait Oufkir brandissant le drapeau à la tête du corps expéditionnaire français.

Puis ce fut pour lui l'Indochine, où la France s'engageait dans un nouveau conflit. Il était l'un des officiers les plus décorés de l'armée. Il avait reçu la Légion d'honneur sur le terrain même des opérations, mais aussi la Croix de guerre avec quatre étoiles et trois palmes, la Silver Star américaine, la Médaille coloniale, l'Ordre de Malte, le Mérite militaire chérifien, et encore d'autres décorations, toutes gagnées sur les champs de bataille. Pas dans les salons.

En cette année 1950, il avait obtenu trois mois de congé. Il était allé d'abord chez lui, à Boudnib, un bled du Sud, aux portes du Sahara. Car c'était avant tout un homme du désert, il en connaissait les mystères et les immensités, passant ses journées à arpenter en solitaire les infinis arides. Il se reposait ainsi de dix ans de guerre ininterrompue, dix ans passés les armes à la main. Il oubliait la violence des combats en méditant dans les grands espaces desséchés, partant seul avec son chapeau, sa canne, sa gourde d'eau pour sonder la terre, en quête de minerais... Il cherchait des filons, c'était sa passion. Il a trouvé ainsi du manganèse, du plomb, du fer, du cuivre. Il aimait travailler de ses mains et fabriquait des pièces avec le métal qu'il trouvait, il leur fixait un anneau et les donnait à sa mère. À cette époque, celui qui découvrait un gisement en devenait propriétaire pendant cinq ans renouvelables. Oufkir possédait ainsi plusieurs petites mines, confiées à des amis qui en exploitaient les ressources.

Il avait alors trente ans, c'était un homme qui avait fait déjà sa vie, qui avait vu beaucoup de choses... Non seulement il avait connu la guerre, mais aussi les casinos, les femmes, les aventures. À Saigon, il avait approché toute l'élite de l'Asie du Sud-Est, était devenu un familier de la cour de Bao Daï et avait fréquenté la fille de l'éphémère empereur. Des projets de mariage avaient même été ébauchés... Revenu au Maroc, il travailla à l'état-major français et fut bientôt nommé aide de camp du général Duval, commandant des forces françaises dans le pays.

Toute cette période dans l'armée française a été très bénéfique pour Oufkir : elle lui a permis de trouver ses marques, de savoir de quel côté il se situait. Et il a pris le parti de l'indépendance du pays. Parce qu'il y avait aussi des officiers marocains qui demeuraient très francophiles. Jamais ceux-là n'auraient pensé que le pays pouvait obtenir sa liberté, jamais ils n'auraient cru devoir un jour intégrer une armée spécifiquement marocaine. Oufkir, lui, a pressenti dès la fin de la guerre que les Français quitteraient le Maroc un jour, il voulait être acteur de ce changement et non spectateur. Très vite, il s'est donc rapproché des nationalistes.

*
**

– Je te présente Oufkir, dit mon père.

Je réponds par un petit « bonsoir » indifférent et je pose le café sur la table. Oufkir... Je crois alors que c'est son seul nom et je l'appellerai toujours Oufkir, simplement.

En sortant de chez nous, il est allé voir des amis :

– J'ai vu une fille très mignonne chez Chenna...

– Chez Chenna ? On ne connaît que sa fille, mais elle est très jeune...

– Non, non, c'est une jeune fille très jolie, avec des cheveux longs. Je la trouve à mon goût, elle est merveilleuse !

Et tous se sont exclamés d'une seule voix :

– Mais tu es fou, c'est une gamine ! Elle n'a pas quinze ans...

– Tant pis, j'attendrai, a-t-il conclu.

C'était vraiment le coup de foudre. Enfin, pour lui. Parce que moi, je ne savais même pas ce qu'était un coup de foudre ! Je n'avais pas été éduquée dans ce sens-là. Comme toutes les filles de mon âge, je tombais amoureuse tous les deux jours, d'un passant dans la rue ou d'un chevalier né de mon imagination, mais jamais d'un homme bien réel, bien présent, et qui désirait le mariage.

Trois jours plus tard, en effet, Oufkir a demandé officiellement ma main. Mon père était hésitant, mais je souhaitais me marier et lui ne voulait pas que son ami s'en retourne en Indochine.

– Je n'ai rien à faire ici, répétait Oufkir, à l'époque. Je ne suis pas fait pour l'état-major ou les bureaux. Et puis en Indochine on paye bien, je vais y aller...

– Tu es fou ! se récriait mon père. Tu veux qu'on te troue la peau pour un territoire que les Français vont perdre de toute façon !

Mon père était toujours contre la guerre et, en particulier, il jugeait absurde d'aller mourir pour une colonie, où qu'elle fût. Finalement, il a accepté de donner sa fille et Oufkir n'est pas reparti se battre en Indochine.

Je ne me trouvais pas à la maison quand Oufkir est venu demander ma main. J'étais chez des amis de mon père, au-delà de Fès, lorsqu'on m'informa simplement que j'avais été promise en mariage. L'acte qui scellait cette union était déjà écrit, j'appartenais à un homme.

On ne demandait pas leur avis aux filles. Le père seul décidait. Moi, je n'avais qu'une envie, quitter la maison. On n'aurait pas pu me marier à n'importe qui pour autant : on m'avait proposé d'autres jeunes gens et je ne m'étais pas laissé convaincre. Ils n'étaient pas cultivés, ils n'avaient rien à m'apprendre, et je ne voulais pas vivre avec un imbécile. Pour Oufkir, j'ai gardé le silence, je n'ai pas exprimé mon sentiment. Quand on m'a annoncé que la demande avait été formulée et acceptée, j'ai seulement dit : « C'est très bien. »

La première fois qu'Oufkir et moi nous nous sommes trouvés face à face, j'ai immédiatement compris que c'était un homme avec lequel j'allais m'entendre. Il était généreux, intelligent, il avait beaucoup d'humour et, au début tout au moins, il était très amoureux, s'attachant à exaucer mes moindres désirs. Nos fiançailles ont duré sept jours et sept nuits. Une semaine d'agapes où chacun apportait des moutons et des poulets.

Sur la terrasse de notre maison au sol en tomettes, entre les murs blanchis à la chaux, dans une petite pièce destinée à entreposer le charbon, j'avais rangé tous mes jouets. Au lendemain de mes fiançailles, ma belle-mère m'a surprise dans ce repaire où je continuais à m'amuser avec des poupées que j'avais moi-même confectionnées avec des bouts de roseau. Elle est entrée dans une fureur terrible. Des poupées ! Ce n'était pas une occupation pour une future épouse... Je ne voyais pas le rapport.

– Une fille qui a commencé à faire ramadan, qui est fiancée, et qui joue encore à la poupée ! se désespérait-elle.

Elle me les a toutes confisquées. Il faut dire qu'une fille de quinze ans, à cette époque, n'avait rien de commun avec une jeune fille du même âge aujourd'hui. Il n'y avait alors aucun moyen de mûrir très tôt, si ce n'est l'obsession du mariage.

Devant la disparition de mes poupées, j'ai pleuré, j'ai tellement pleuré que j'en avais mal. Mais Oufkir est venu me consoler. Lorsqu'il a su pourquoi j'étais en larmes, il m'a sans doute trouvée un peu ridicule : il a eu un froncement de sourcils et un sourire qu'il a aussitôt essayé de cacher. Puis il m'a rassurée en promettant de me racheter toutes les poupées que je désirais.

Effectivement, dès le lendemain nous sommes allés chercher une poupée énorme et d'autres plus petites. Cette fois, lui et moi les avons soigneusement cachées, pour que ma belle-mère ne puisse les découvrir.

Et c'est comme ça que ma vie s'est accrochée à cet homme qui a si bien compris mon manque d'affection et ma solitude. Il était tellement généreux, jamais il ne me refusait quoi que ce soit, jamais il ne m'a demandé des comptes. C'était un grand seigneur.

Nous nous sommes mariés le 29 juin 1952. J'avais seize ans. Les fêtes de la noce ont duré vingt-deux jours, vingt-deux jours de musiques, de danses et de festins. C'est fou ce qu'on mangeait à l'époque. À se rendre malade ! Tous les jours, il y avait cinquante poulets sur la table, des moutons entiers, des pièces de bœuf. C'était la tradition.

Les cérémonies se succédaient. Cérémonie du bain maure pour laquelle je suis sortie de la maison de mon père accompagnée d'un cortège de femmes et de musiciens qui jouaient des airs traditionnels à grand renfort de tambourins, de luths et de flûtes. Cérémonie du henné où l'on dessina sur mes mains de délicates dentelles. Cérémonie du bal au mess des officiers. Mais je me souviens particulièrement de la cérémonie des offrandes : j'étais placée au milieu des invités et les cadeaux pleuvaient. Sur un gigantesque plateau de cuivre s'amoncelaient les bracelets, les chaînes, les bagues, les broches, les boucles d'oreille en or... L'époque était ainsi : les invités contribuaient aux festivités, chacun arrivait avec de la viande, du beurre ou de l'huile, avec un cadeau et de l'argent pour les musiciens. Tous participaient à l'organisation de la fête, rendant ainsi possibles des mariages grandioses dans les milieux les plus divers.

Et moi, petite jeune fille perdue dans ces solennités qui n'en finissaient pas, je gardais avec moi mes chères poupées. J'avais emporté les plus belles et, seule sous le dais de voile qui me dissimulait au regard des invités, je jouais à la maman. Discrètement, j'ai coupé un morceau de mon voile pour que mes petites chéries puissent se marier, elles aussi...

Hélas, il ne me reste rien de ce mariage. Aucun souvenir, aucune photo. Ils m'ont tout pris, ils ont tout brûlé.

Oufkir s'est vite rendu compte que je n'avais pas vécu, que je n'étais qu'une enfant. Il ne me faisait pourtant aucun reproche. Nous allions dans des soirées élégantes, et moi, au lieu de faire comme tout le monde, de boire, de m'amuser, de discuter, je restais dans un petit coin bien confortable et je m'endormais... Chez mon père, on se couchait à huit heures et on se réveillait à cinq heures du matin, j'avais donc un peu de mal à prendre le rythme de ma nouvelle vie. Oufkir ne me bousculait pas :

– Tu as envie de dormir, tu dors... disait-il calmement.

J'ai aimé cet homme pour son infinie patience. Par la suite, lorsque je suis devenue plus mûre, je l'ai plaint d'avoir dû supporter une fille comme moi, une gamine qui ne connaissait rien à l'amour, à la tendresse, à la culture. Lui qui avait affaire à toutes sortes de gens, des intellectuels, des avocats, des architectes, des journalistes, des artistes, me traînait dans ces mondanités. Je restais la plupart du temps silencieuse. Quand par extraordinaire je voulais me mêler à la conversation, j'étais hors sujet, hors de leurs préoccupations.

Ma seule qualité, à l'époque, fut d'avoir su être attentive. Je passais des heures à écouter les convives jusqu'à ce que je m'endorme. Le lendemain, j'achetais le livre dont ils avaient parlé, j'essayais de me mettre au diapason, à la hauteur de cette société. C'était un peu par complexe, un peu par orgueil : secrètement, je regrettais que mon père m'ait retirée trop tôt de l'école, alors que j'aurais sans doute eu les capacités de poursuivre des études.

Après le mariage, mon père nous a laissé la maison de Salé, cette belle demeure vaste et ensoleillée que le dentiste avait fini par quitter. Mais l'année suivante, en 1953, après la naissance de Malika, notre premier enfant, nous avons décidé d'aller habiter une petite bâtisse militaire attenante à la caserne du 1er chasseur de blindés, proche d'un quartier populaire de Rabat, avenue Foch prolongée. Mon père nous voyait quitter Salé avec regret, il insistait :

– La maison est à toi, elle vient de ta mère, tu peux rester...

Mais je voulais partager pleinement la vie de mon mari. Et puis nous sortions tous les soirs, Salé était trop éloigné des divertissements de Rabat. Chez les Français comme chez les Marocains se déroulait alors une suite ininterrompue de bals et des réceptions officielles, la société de l'après-guerre se lançait à cœur joie dans les réjouissances. Je découvrais la liberté après avoir été si longtemps enfermée : je ne restais plus dans mon coin, je passais les après-midi au cinéma et les soirées à danser. C'était le bonheur complet.

J'étais une cinéphile mordue et droguée. J'assistais à trois séances par jour, je voyais tous les films qui passaient à Rabat, même les productions arabes et les documentaires ! Et lorsque j'avais épuisé tous les programmes de la semaine dans la capitale, j'allais à Casablanca. Maintenant, j'aime toujours le cinéma, mais je fais une sélection. Et puis, j'ai connu trop de drames pour avoir souvent envie de me distraire... Ils m'ont cassée moralement, ils m'ont brisée avec un vice raffiné, avec la volonté farouche de détruire une famille.

Passant des films aux bals, je m'étourdissais et j'étais heureuse. S'il n'y avait pas eu ces incessants contretemps qu'étaient les grossesses, tout aurait été parfait.

Je n'avais pas ressenti le désir d'avoir un premier enfant si tôt, mais comment faire autrement ? Il n'y avait aucun moyen de contraception, surtout pour une jeune femme qui avait grandi sans mère, sans personne pour lui prodiguer des conseils. Il y avait bien la méthode Ogino, il fallait compter les jours sur ses doigts, calculer la date des rapports prétendument inféconds... Mais ce n'était pas efficace. Les millions de bébés nés après la guerre furent bien souvent des enfants de la méthode Ogino. De plus, j'avais des règles terriblement douloureuses et le médecin m'avait prévenue :

– Vous trouverez le repos le jour où vous serez enceinte.

J'ai donc eu un bébé très vite et, huit mois après l'accouchement, j'étais enceinte à nouveau... Et encore, et encore... À vingt-deux ans j'avais déjà trois enfants et une grossesse interrompue accidentellement à cinq mois !

J'ai été une mère comblée. Mes enfants sont ma famille. J'ai voulu créer quelque chose à moi, car je n'avais pas eu de mère, pas de tante... Quand j'étais petite, je me disais : « Je veux avoir au moins douze enfants. » J'en ai eu six. En prison, j'ai perdu le temps d'en avoir six autres.

Oufkir, lui, après le deuxième, n'en voulait plus. Il me disait souvent :

– Qu'est-ce que tu vas faire de tous ces mômes ? On

n'a pas un trône à assurer. Tu vas te retrouver un jour avec des problèmes...

– C'est que je n'ai pas eu de famille, lui répondais-je.

En fait, la famille qui me manquait était celle de ma mère. Car du côté de mon père, les oncles, les tantes, les cousins et les cousines ne manquaient pas : ils étaient seize frères et sœurs qui ont eu, chacun, une dizaine d'enfants. Chez les Oufkir, ils étaient très nombreux, seize également. Ils sont tous morts aujourd'hui, il n'en reste plus qu'un, et il est à moitié fou.

*
**

Oufkir a connu le prince héritier Moulay Hassan encore célibataire, il l'a vu trois ou quatre fois dans des restaurants sur la côte, ils ont discuté ensemble, ils ont même joué au billard à cette époque-là...

Il a rencontré Mohammed V pour la première fois en 1953, dans une grande réception à Dar-Salam. J'avais dix-sept ans, je venais d'avoir ma première fille. Mon mari et moi étions parmi les invités.

Je revois encore les tables pleines de gâteaux, et moi, habillée bien comme il faut, avec un tailleur noir et un petit chapeau. Tous les convives prennent d'assaut le buffet, avalant à grandes bouchées les cornes de gazelle saupoudrées de sucre glace. Le sultan regarde cette scène de loin. Je suis assise sur une chaise, grignotant à peine. La poudre blanche du sucre tombe sur mon tailleur noir, je suis en train de m'épousseter quand mon regard croise celui de Mohammed V. Il me fait signe de m'approcher. Je me lève, j'abandonne ces hordes jetées sur les gâteaux et je me dirige vers l'estrade où se tiennent aussi ses femmes et ses filles...

– Qui es-tu ?

C'est la troisième fois de ma vie qu'il me pose cette question.

– Je suis la femme d'Oufkir.

– Où travaille-t-il ?

– À la Résidence.

Ma réponse ne lui plaît pas et je vois dans ses yeux comme un éclair. La Résidence, lieu du pouvoir français... cet officier est donc à la solde de l'occupant ! Mais peut-être le sultan songe-t-il à cet instant qu'un homme remplissant de telles fonctions pourrait, un jour prochain, rendre de grands services...

J'ai revu Mohammed V un mois plus tard chez une amie. Elle m'avait dit :

– Amène-moi ta fille.

Dans la tradition marocaine, quand une grande famille vous demande de venir avec un bébé, c'est pour le gâter, pour lui remettre de nombreux cadeaux. Effectivement, elle a offert à Malika des petits bracelets en or, une ceinture, quelques habits... Soudain, j'ai vu le sultan sortir d'une pièce, il avait l'habitude de se rendre chez cette dame. Il a pris ma petite de cinq mois dans ses bras, l'a mise sur ses genoux, a commencé à lui sourire... Il a posé sur son ventre un petit sac de velours vert fermé avec une cordelette en fils dorés : à l'intérieur, vingt-cinq louis d'or. Et il est reparti. Nous ne devions nous revoir que beaucoup plus tard, peu avant l'indépendance.

*
**

Les soubresauts de la politique allaient bientôt bouleverser nos existences. Les Français, décidés à rabattre la morgue du sultan, avaient envoyé au Maroc des hommes comme Maurice Papon, nommé chef de la police, et d'autres hauts fonctionnaires capables d'isoler Mohammed V et de lutter contre le nationalisme naissant.

Dans ce combat diplomatique feutré, la féodalité était encouragée et utilisée par l'occupant. Pour tenter de faire régner l'ordre dans le protectorat, la Résidence a joué la carte des caïds vendus, des collabos, de ceux qui acceptaient de travailler avec elle. Les colonisateurs se servaient de quelques grandes familles pour former un noyau d'opposants au sultanat, leur faisant miroiter les bienfaits que la France apportait au pays. Ils étaient douze en tout, douze caïds qui commandaient les plus grandes tribus du Maroc et allaient accepter de signer la déposition de Mohammed V. La plupart d'entre eux étaient presque illettrés, ils savaient à peine déchiffrer le Coran, et l'on pouvait les faire tourner comme des girouettes... Par la suite ils ont tous mangé dans la main du roi.

Leur chef de file était Thami el Glaoui, le pacha de la région de Marrakech. Pendant longtemps il avait tenu tête à Mohammed V, il voulait sans doute être sultan à la place du sultan... Il vivait dans l'opulence à l'intérieur de son palais, entre ses esclaves et ses concubines, exerçant un pouvoir absolu, disposant de la vie et de la mort de ses sujets selon son bon plaisir. Encouragé par la France, il régnait en despote, imposant sa justice à coups de trique. Le vendredi – jour de la prière – les hommes du Glaoui parcouraient les rues et gare à celui qui gardait son magasin ouvert : il était emmené, subissait la peine du fouet, et sa boutique était fermée durant plusieurs semaines.

J'ai détesté le colonisateur en raison de l'humiliation continuelle qu'il nous faisait subir. Pour certains Français, le Marocain c'était le bougnoule, un être méprisable et négligeable. Un jour, dans une épicerie, une commerçante française m'a apostrophée :

– Fatma, qu'est-ce que tu veux ?

– On n'a pas gardé les vaches ensemble ! Depuis quand on se tutoie ? lui ai-je répondu.

L'épicière était abasourdie, elle ne comprenait pas ma colère :

– Mais tu es une Fatma !

– Je ne suis ni votre bonne, ni votre Fatma, et tant que je ne vous ai pas tutoyée, vous ne me tutoyez pas.

Elle était rouge, grosse, vulgaire, elle suffoquait, elle transpirait :

– Qu'est-ce que tu veux ? Je vais appeler la police !

– Allez, va appeler la police, et tout de suite !

Je me suis saisie d'un cageot de tomates et je le lui ai renversé sur la tête. Elle était hors d'elle, j'ai cru qu'elle allait exploser... Les policiers sont arrivés et ils m'ont emmenée chez Papon.

Le chef de la police connaissait Oufkir :

– Fatéma, la prochaine fois je vous mets en taule.

– Vous voulez me mettre en taule pour une épicière qui me tutoie et qui me traite de Fatma ?

Maurice Papon a voulu se faire amical, conciliant :

– Je vous ai dit cela pour rire, voyons, ma petite Fatéma, je ne vous mettrais pas en prison pour ça. Mais ne recommencez pas, vous me mettez dans une situation difficile...

En revanche, le jour où l'on m'a ramassée dans une manifestation, il a été moins amical. J'étais à la tête du cortège qui réclamait le retour de Mohammed V, exilé en Corse avec toute sa famille. Cette humiliation suprême avait été pour nous le véritable début du combat qui devait mener à l'indépendance. Je me souviens de chaque détail...

Le jeudi 20 août 1953, vers une heure de l'après-midi, nous venons de commencer à déjeuner. Autour de la table, nous avons réuni quatre ou cinq officiers, des hommes politiques aussi, comme le futur ministre de la Défense Mahjoubi Aherdan, qui mènera une lutte farouche pour l'indépendance. Soudain, nous entendons des mouvements venus de la caserne attenante... Tout le monde se fige, comprenant que des événements importants se déroulent à deux pas de la maison. Abandonnant le repas, nous nous précipitons dans le jardin. Des chars montent vers le palais et, deux heures plus tard, des avions passent, emplissant l'air de leurs rugissements... Nous apprenons ainsi que le sultan vient d'être déposé et qu'il part en exil. Pour nous, c'est une catastrophe.

Notre révolte profonde, notre désir d'agir, naît de cet instant. D'un commun accord, dans l'indignation du moment, nous nous ouvrons les veines – j'ai encore les cicatrices – pour signer un pacte avec notre sang. Nous jurons tous de combattre jusqu'au retour du sultan sur la terre du Maroc.

Sur le trône, les Français placèrent un sultan à leur dévotion, Mohammed Ben Arafa, un vieil homme falot qui allait rester deux ans en place, au péril de sa vie, d'ailleurs. Ainsi, lors de la première prière publique à laquelle il assista en tant que sultan, un certain Allal Ben Abdallah se rua sur lui, un couteau à la main. Le combattant nationaliste n'a pas pu atteindre le vieux sultan, mais a été criblé d'une centaine de balles, tiré comme un lapin à la mitraillette. Allal Ben Abdallah a été le premier héros, le premier martyr de l'indépendance.

Si la Résidence cherchait à maintenir son pouvoir coûte que coûte, la situation était plus confuse à Paris. Des hommes politiques s'élevaient, parfois avec véhémence, contre la déposition et l'exil de Mohammed V. Parmi eux, François Mitterrand, qui avait été ministre de l'Intérieur du cabinet Mendès France, et aussi des personnalités influentes comme Pierre July, Georges Bidault, René Pleven. Le maréchal Juin, en revanche, ancien résident général au Maroc, approuvait ouvertement l'éloignement du sultan et des siens. Il aurait pu, à la rigueur, tolérer Mohammed V, mais il se méfiait du futur Hassan II, dont il connaissait l'ambition sans borne et le caractère intransigeant.

La IVe République n'était pas très solide, les gouvernements se succédaient à un rythme rapide et nous pensions que l'occupant devait d'abord faire le ménage chez lui avant de venir nous donner des leçons.

*
**

Au moment même de l'exil de Mohammed V, nous avions donc fait le serment de nous battre pour l'indépendance. À la Résidence, personne ne se doutait que dans notre petite maison s'était tenue une réunion secrète pour organiser une coalition contre le pouvoir français.

Tout devait rester clandestin, nous risquions la peine de mort. Et il fallait protéger Oufkir car il fournissait aux nationalistes de précieux renseignements sur tout ce qui se passait à l'état-major français. Parfois pourtant, exaspéré, il risquait de se trahir lui-même en se dressant contre des officiers français qui maltraitaient des Marocains. Comme moi, il n'admettait pas l'humiliation, cela l'écœurait profondément. Mais il lui fallait dompter sa colère, avaler bien des couleuvres pour que nul ne puisse deviner ses véritables sentiments.

Les réunions secrètes se poursuivaient, au hasard des possibilités, un mariage, une réunion de famille. Pendant que tous faisaient la fête, quelques hommes se réunissaient discrètement autour d'Oufkir...

Et moi, je passais ma vie à dire des énormités. Je me souviens d'une gaffe monstrueuse chez un futur dirigeant politique, alors jeune avocat. Je rougis encore quand j'y pense aujourd'hui. On parlait d'un homme dont j'avais entendu dire qu'il était plutôt en bons termes avec Ben Arafa, le sultan des Français...

– Cet imbécile qui a serré la main de Ben Arafa, me suis-je écriée sur un ton péremptoire.

Cet « imbécile » était le beau-père de notre hôte ! Un silence affreusement gêné a suivi mon imprudente repartie.

Dès 1951, plusieurs chefs de l'Istiqlal avaient été arrêtés et emprisonnés dans le Sud. Certains avaient ainsi échoué à Boudnib, le fief des Oufkir.

C'est maintenant une ville morte. Depuis la disparition de mon mari, le ministère de l'Intérieur a refusé de donner un sou pour cette localité. Il n'y a plus là-bas que quelques vieillards et des chiens errants...

Du temps du protectorat, il y avait vingt-cinq mille hommes en garnison à Boudnib, sans compter la population. Des bals et des réceptions splendides se déroulaient chez les Français.

Dans ce lieu éloigné, à une centaine de kilomètres de la frontière algérienne, dans ce désert de pierres, sous ce climat fait d'étés torrides et d'hivers rigoureux, dans la prison de la ville – réputée la plus dure du pays –, les Français avaient regroupé une partie de leurs prisonniers politiques. Le frère d'Oufkir, Moulay Hachem, a tout donné pour ces détenus, il leur apportait à manger chaque jour, leur offrait le thé, le sucre, et faisait laver leurs vêtements. Oufkir, un nom qui signifie l'« appauvri »... Et c'était vraiment la maison pour les pauvres, une demeure ouverte où l'on pouvait arriver à tout moment et trouver à manger.

Ben Barka se trouvait parmi ces relégués... Quand il sortit de sa prison, en 1955, il chercha à rencontrer Mohamed Oufkir pour l'enrôler plus encore dans le combat indépendantiste. Il lui fallait trouver un moyen de l'approcher, et ce moyen, c'était moi, puisque je l'avais connu autrefois à Rabat.

Ben Barka me retrouve donc, et plusieurs fois je l'amène

secrètement chez nous pour qu'il puisse négocier avec Oufkir. Je conduis une voiture de service de la Résidence avec laquelle je peux passer librement devant les policiers et les gendarmes. Comme le dissident habite à côté d'une épicerie, avenue de Temara (actuelle avenue Hassan-II), je viens le soir y faire mon marché. J'emmène avec moi ma petite fille Malika, je lui donne le biberon puis je l'assois sur le siège et je vais ouvrir le coffre pour y mettre mes courses... Et Ben Barka se glisse parmi les légumes et les fruits ! Je referme le coffre, je passe devant la Résidence et je rentre à la maison. Alors, pendant de longues heures, portes et volets clos, Oufkir et Ben Barka discutent.

J'assiste un peu à ces débats, et je suis souvent indignée par les idées de Ben Barka. Notre hôte secret pense que le sultan ne doit pas revenir immédiatement au Maroc. Il veut le voir résider d'abord à Paris, durant quelques mois, jusqu'à ce que le pays se dote d'une Constitution acceptée par le peuple, une Constitution qui réduirait le sultan à un rôle représentatif. C'est en tout cas ce que j'ai compris à l'époque. Et encore Ben Barka n'accepte-t-il ce compromis que parce qu'il sait que les Marocains sont habités par l'idée de la monarchie et respectent profondément Mohammed V. On ne peut pas ne pas aimer un homme qui veut l'indépendance de son pays et qui l'a payée de son trône. Je veux, moi, que le sultan et sa famille reviennent directement au Maroc et que le palais exerce un véritable pouvoir.

À cette époque, pourtant, je ne pense pas vraiment à la politique. Je ne suis qu'une enfant écervelée. Ma passion, c'est le cinéma, ma passion, c'est de sortir le soir et danser, ma passion, c'est de jouer, de raconter des blagues, d'être avec des amis, de rire. Je fais alors de la politique sans m'en rendre compte, sans même savoir ce qu'est la politique. Je défends une cause qui me paraît juste. Je prononce des mots que personne n'ose exprimer ouvertement. Les gens sont sensés, prudents, je ne le suis pas. Dans les salons, j'évoque ouvertement la liberté du Maroc et l'intelligence pénétrante du jeune prince Moulay Hassan. Je ne le connais pas bien encore, mais on m'en a tant parlé... Je l'ai seulement croisé, peu de temps avant son exil, dans un petit restaurant du bord de mer près de Rabat. Oufkir l'a salué, il me l'a présenté, quelques paroles aimables et c'est tout.

Puis les nationalistes se sont organisés, et la lutte a commencé. Le feu prenait de Taza à Tanger et jusqu'à Casablanca. Je connaissais bien le chef de la résistance, le Dr Abdelkarim Khatib, c'était un ami très proche. Il s'était marié le jour même où Mohammed V avait été exilé et passa sa nuit de noces à organiser la contre-attaque et la future armée de libération. J'allais le voir à Casablanca, dans le quartier populaire où il opérait gratuitement ses patients de modeste condition, et je faisais ce qu'on me demandait de faire. Je convoyais des armes, des insignes, des tenues militaires... En voyant ma petite fille à côté de moi, personne n'aurait eu l'idée de fouiller ma Traction avant. Mais je ne voulais pas qu'on me donne des détails sur ce que je transportais, je craignais de commettre un impair :

– Ne me dites pas ce qu'il y a dans les caisses, je les emporte et c'est tout. Je ne veux pas me sentir responsable de la mort de quelqu'un. Mettez cela dans la voiture, dites-moi à quel endroit le livrer, et rien de plus...

Pendant les deux années d'exil du sultan, nous avons connu une vie tumultueuse et terrible, parce qu'il nous fallait jouer double jeu, parce que nous prenions des risques. Moi, j'avais la témérité de la jeunesse. Dans tout courage réside sans doute une dose d'inconscience, et j'avais bien plus d'inconscience que de courage. J'étais jeune et je voulais faire quelque chose sans trop déranger ma petite vie. Je voulais bien transporter des armes le matin, mais l'après-midi à deux heures et demie je devais être au cinéma. Quoi qu'il arrive.

J'ai accompli mon devoir, comme les autres. Jamais je n'en ai parlé par la suite. Ni au roi ni à personne. Chacun a agi à sa mesure. Certains ont donné leur vie, d'autres ont simplement boycotté les produits français, se sont privés de cigarettes, de livres ou de spectacles.

Certes, en ce qui nous concerne, nous vivions dangereusement, mais nous ne connaissions entre nous ni l'intrigue, ni la fausseté, ni l'hypocrisie. C'était la vie telle que je l'aimais, une vie que je n'ai jamais retrouvée ensuite. Plus tard, au palais, l'atmosphère fut bien différente. Il fallut cacher, murmurer, manœuvrer. Ce fut le triomphe du non-dit et des intrigues parfois mortelles.

III

LES FEUX DE L'INDÉPENDANCE

Été 1955. Oufkir et moi partons pour le voyage de noces que nous n'avons pas encore eu le temps d'effectuer. Nous achetons une Mercedes noire, flambant neuve, et en compagnie de deux amis, les officiers Driss Ben Omar et Hassan Lyoussi, nous traversons l'Espagne et la France jusqu'à Paris.

Voyage de noces, peut-être. Voyage politique, sûrement. Nous prenons des contacts avec des amis français comme Georges Salvi, commandant au SDECE – le Service de documentation extérieure et de contre-espionnage –, et Edgar Faure, président du Conseil. À Dreux, nous rencontrons Pierre July, ministre des Affaires tunisiennes et marocaines. Grâce à ces contacts, les esprits évoluent. À petits pas, l'idée de l'indépendance du Maroc fait son chemin. Dans l'immédiat, les Français admettent qu'ils ne peuvent continuer à soutenir Ben Arafa, le sultan fantoche qui agace tous les Marocains. Il faut obtenir son abdication rapide. Pierre July confie cette tâche à Oufkir :

– Vous avez mon accord, mon soutien, mon

encouragement. Vous n'avez qu'à rentrer et mettre Ben Arafa dans un avion...

Nous rendons visite aussi à quelques exilés marocains : Moulay Hassan, le frère de Mohammed V, Abdelhahim Bouabid, l'un des leaders de l'opposition, Mbarek Bekaï, futur premier chef du gouvernement marocain, et beaucoup d'autres. Il y a alors à Paris de nombreuses personnalités marocaines, et toutes se retrouvent dans une grande foire joyeuse où s'expriment les opinions les plus divergentes.

Leurs théories m'assomment. Je sais seulement que je n'aime pas l'occupant, qu'il doit quitter notre pays, et que, depuis ma place privilégiée, je dois aider les nationalistes. Mais j'ai dix-neuf ans, j'ai aussi envie de vivre, de sortir, de manger des glaces, d'aller au spectacle. Je veux avoir les divertissements d'une fille de mon âge.

À mon arrivée, pourtant, la capitale m'a fait peur. Il pleuvait, tout me paraissait noir et triste... Mais en ce mois de juillet, le soleil est vite revenu. Les rues sont désertes, la ville est à nous, j'adore Paris.

Après trois semaines en France, nous partons pour l'Allemagne. Nous sommes reçus chez le général Kettani, unique général marocain dans l'armée française, commandant des troupes à Coblence. Il me dit, en parlant du sultan Mohammed V et des siens :

– Toi, tu aimes trop cette famille. Tu vas le regretter un jour.

Je ne comprends pas. Il insiste :

– Tu verras, tu diras un jour : le général Kettani m'a prévenue...

Je ne comprends toujours pas. Pour moi, une seule

chose compte : notre sultan doit retrouver sa place au palais.

Après Coblence, c'est Cologne et Hambourg. Puis une petite halte au Luxembourg où les freins de notre Mercedes toute neuve ont lâché. Trois jours de réparation avant de repartir pour l'Autriche, la Belgique, la Hollande.

Le 30 août, après deux mois de vadrouille, Oufkir reçoit l'ordre de rentrer immédiatement. Au Maroc, la situation se dégrade de jour en jour. À Oued Zem, des Marocains ont égorgé plus de quatre-vingts Français, des femmes, des enfants, des vieillards. Une horreur. L'occupant a riposté avec une violence inouïe : alignant plus de deux mille personnes, les soldats ont tiré avec les canons des chars, faisant de la charpie humaine. Puis ils ont enfermé la population dans des camps. C'est l'été, il fait très chaud et les prisonniers restent sans boire.

Dès son retour, Oufkir va voir mon père :

– C'est l'occasion ou jamais de rendre service à ton pays, regarde ce qui se passe à Oued Zem, les gens sont en train de mourir de soif et de faim !

Mon père ne souhaite pas s'occuper de cette affaire.

– Qu'est-ce que tu me veux ? Tu veux me plonger dans le feu maintenant ?

– C'est un ordre ! rétorque Oufkir. Il faut que tu y ailles, tu dois aller rendre service à ces malheureux, tenter d'humaniser un peu leur condition.

Mon père finit par accepter. Il est donc envoyé comme caïd à Oued Zem avec pour mission de sauver la population.

Le Maroc entier s'embrase. À Oujda, à Fès, à Casablanca, à Agadir, à Marrakech, à Ouarzazate, partout ça bouge, partout des attentats, des arrestations, des tortures. La violence règne d'un côté comme de l'autre.

Pour apaiser les esprits, la première chose à obtenir est la destitution immédiate de Ben Arafa. Oufkir – fort du soutien du ministre Pierre July – est le seul à pouvoir convaincre le sultan d'abandonner son trône. Il monte au palais, il menace :

– Vous n'avez aucune chance de rester et pensez bien que l'on aura votre peau d'une manière ou d'une autre. Votre place n'est pas ici, tous les Marocains vous refusent. Réfléchissez : ici vous risquez votre vie, là-bas vous serez installé dans une belle villa de la Côte d'Azur ! Soyez raisonnable, vous me suivez, je vous mets dans l'avion, et demain matin vous serez tranquille au soleil...

Il lui présente les choses sur un plateau d'or. Et Ben Arafa se résout à le suivre. À trois heures du matin, le sultan fantoche monte dans un avion à destination de la France. Il vivra à Nice sous la protection des forces de l'ordre jusqu'à sa mort en 1976.

Avec l'éviction de Ben Arafa tout devenait clair et les événements se précipitèrent. Les Français ramenèrent aussitôt Mohammed V à Paris. J'étais à Villacoublay, le 12 septembre 1955, au moment de son arrivée en provenance de Madagascar, dernière étape de son exil. À l'heure où prenait fin sa relégation, le sultan tenait à recevoir ceux qui avaient lutté durant deux ans pour son trône et je crois qu'il a insisté pour que mon mari soit présent.

Pourtant, il ne connaissait Oufkir que de réputation, comme un valeureux guerrier. Certes, il l'avait entr'aperçu deux ans auparavant lors de la réception à Dar-Salam, mais ce n'était encore qu'un invité parmi les autres. Dans ce premier face-à-face, sur le tarmac de l'aéroport, les deux hommes construisaient l'avenir. Le sultan voyait en Oufkir un homme extrêmement efficace dont il ferait bientôt son aide de camp, et Oufkir s'apprêtait à offrir au sultan ses compétences et son expérience.

À peine Mohammed V était-il à Paris que les tractations commencèrent, au Maroc, entre les différents partis. Qu'allait-on faire du sultan ? Quel serait son rôle ? Devait-il rentrer immédiatement ? Fallait-il attendre la formation d'un gouvernement à Rabat ?

La population était impatiente. Elle réclamait le retour immédiat de Mohammed V. Cet homme de quarante-six ans, très pieux, très beau, était toujours autant aimé. Il possédait un charisme particulier, une véritable aura. Et c'est justement parce qu'il était à ce point vénéré par le peuple que de nombreux hommes politiques marocains pensaient nécessaire d'organiser le pays et de mettre en place un régime démocratique avant son arrivée. Avant que ne s'installe une monarchie absolue.

Mais peut-être la lutte pour l'indépendance n'avait-elle pas été assez rude, peut-être les partis n'avaient-ils pas assez payé pour pouvoir exiger quoi que ce soit. Le sultan, lui, avait souffert autant que tous les chefs politiques, il avait abandonné un trône, il avait été exilé, humilié, rabaissé. Et il avait accepté tout cela pour le bien du pays. Eux, les leaders de l'opposition, qu'avaient-ils fait ? À l'exception d'Allal El Fassi, exilé neuf ans au Gabon, les autres avaient subi à peine quelques mois de prison. Ils ne pouvaient rien contre Mohammed V.

Après la rencontre de Villacoublay, nous ne nous sommes pas attardés en France. Il fallait rentrer au Maroc pour préparer le retour tant espéré du sultan. Celui-ci ne pouvait pas arriver dans la pagaille ambiante, dans un pays en proie au désordre. Les Français tenaient encore les rouages de l'administration, mais les foules, galvanisées par l'indépendance prochaine, sortaient dans les rues, ardentes, passionnées, cherchant l'image de Mohammed V partout, jusque dans la lune et dans leurs rêves. C'était un libérateur, un père et un mythe que l'on attendait, et les Français, gens rationnels, se trouvaient totalement dépassés par cette ferveur qui montait des foules exaltées.

Au palais, tout avait été détruit par les partisans de Ben Arafa. Les moquettes et les tapis étaient brûlés, les chambres saccagées, les lustres arrachés et brisés. Il ne restait plus rien.

Nous, on nous a fait bien pire plus tard. On a rasé notre maison, on a mis nos affaires dehors et les gens se sont servis. Nous n'avons rien retrouvé. Nous sommes des gens sans souvenirs, nos photos ont été brûlées, nos affaires dispersées.

Mais pour l'heure, il nous fallait préparer l'arrivée du sultan. J'avais reçu beaucoup de cadeaux pour mon mariage et pour la naissance de mes deux filles : vaisselle en abondance, draps, serviettes, ménagères en argent. J'ai enfoui tout cela dans des sacs que j'ai apportés au palais. Puis j'ai mis un peu d'ordre dans les pièces et couloirs dévastés qui attendaient leurs hôtes.

Mohammed V et sa famille arrivèrent à Rabat le

16 novembre 1955. Jour de liesse pour tous les Marocains, les rues étaient noires de monde, un spectacle impressionnant, à peine imaginable. Et l'on entendait des cris trop longtemps contenus :

– Vive le roi, vive l'indépendance !

En effet, le pays se dirigeait vers l'indépendance. La France venait de perdre l'Indochine et son nouveau souci était l'Algérie, où l'insurrection avait éclaté. Dans ces circonstances, le Maroc – officiellement protectorat – ne méritait pas une guerre longue et coûteuse. Les Français ont tiré quelques coups de feu, un baroud d'honneur, et ont rapidement renoncé à se battre. Cette victoire relativement facile n'a pas été bénéfique aux Marocains. Un peuple qui ne paie pas vraiment sa liberté reste toujours à claudiquer comme un boiteux.

Dans cet affreux palais de Rabat, tant bien que mal relevé des ravages commis par Ben Arafa et ses alliés, j'ai reçu le sultan et sa famille. Par la suite, sous Hassan II, le palais est devenu somptueux, mais à cette époque ce n'étaient que des chambres vides, quelques petites salles à peine aménagées, un véritable monastère.

En arrivant, Mohammed V a été heureux de reconnaître en moi une figure amie. Déjà, à Villacoublay, il s'était souvenu de m'avoir vue jadis chez sa sœur à Meknès, puis à Rabat juste avant son exil, et il était à présent soulagé de découvrir quelqu'un qui pourrait l'aider à s'installer dignement, quelqu'un capable d'apporter à la cour un souffle de nouveauté, un souffle de liberté. Tout naturellement, je suis devenue une familière du palais.

***

À la fin de l'année 1955, Oufkir quitta l'armée française avec le grade de commandant. Il reçut une retraite proportionnelle à ses dix-sept ans de service et à ses nombreuses décorations : dix-huit millions de francs de l'époque. Pour nous, c'était une véritable fortune. Nous avons acheté trois terrains de six mille mètres carrés – trois dirhams le mètre carré – proches de l'endroit où résidait le prince héritier, allée des Princesses, dans le quartier résidentiel de Souissi, qui regroupait, au-dessus de l'hippodrome, quelques villas avec de grands jardins. L'un de nos terrains, resté vide, nous évitait un voisinage trop immédiat et assurait notre tranquillité. Sur l'autre nous avons fait construire un garage et, sur le troisième, une maison. C'était une demeure très américaine, très moderne, avec baies vitrées, chambres ouvertes sur le salon et portes coulissantes.

Par ailleurs, mon mari avait acquis autrefois en viager une fermette avec vingt-cinq hectares de terres près de Rabat. Il avait payé immédiatement cinquante mille francs et versait vingt mille francs tous les ans. Il possédait aussi un terrain de dix-sept mille mètres carrés à Marrakech et un bout de terre à Agadir sur lequel s'élevait une petite maison préfabriquée. Plus tard, il allait encore faire l'acquisition de deux cabanons sur la plage dont il aurait seulement le temps de payer un acompte, cinq mille francs pour chacun.

Voilà le seul patrimoine que nous ayons accumulé. Rien à voir avec les millions de dollars que l'on nous accusera, plus tard, d'avoir amassés. Tous ces biens m'ont été confisqués. Des services de la police œuvrent maintenant dans la fermette, la maison d'Agadir est occupée par l'armée, les cabanons de la plage profitent à d'anciens conseillers de Hassan II et la maison de Rabat a été détruite. Il ne nous reste rien. Quelques années après notre sortie de prison, l'administration marocaine a voulu me payer les terrains de Rabat quatre-vingt-dix dirhams le mètre carré, un prix qui, aujourd'hui, n'est même pas pratiqué au fin fond du Sahara. J'ai refusé :

– Mon mari a payé ces terrains de sa sueur et de son sang. Ils sont à lui et je ne les vendrai pas à ce prix-là.

Pour me faire taire, on a voulu me donner en échange quatre-vingts hectares de cailloux à Marrakech, une étendue de pierres, aride, sans construction. Qu'allais-je faire de ce terrain à peine agricole ? Je ne suis pas fermière. J'ai encore refusé.

Jusqu'alors aide de camp du dernier véritable résident, le général Boyer de La Tour, Oufkir devint donc aide de camp du sultan. Ainsi se transmettaient les pouvoirs, car les Français étaient pressés de quitter le Maroc et les Marocains avaient hâte de les voir partir.

Le 2 mars 1956, le Maroc accédait à l'indépendance et, peu après, le sultan devenait roi. L'occupant laissait un grand vide car rien n'avait été préparé pour le remplacer. Jusque-là, tous les leviers de commande, de l'agriculture jusqu'à l'armée, avaient été tenus par les Français et soudain l'administration se trouvait désorganisée. Il fallait tout réinventer.

La position d'Oufkir était un peu celle du pétard envoyé un peu partout pour disloquer complots et subversions. Il était là pour garantir la survie de la monarchie par tous les moyens. Mais on ne peut pas dire – comme l'ont écrit des journalistes en mal de copie sensationnelle – qu'il fut un tortionnaire, un éventreur, un assassin. Je m'élève en faux contre ces mensonges. Les hommes politiques du Maroc savent que ce ne sont que des slogans politiques et des rumeurs diffamatoires.

Pendant les cinq ans de règne de Mohammed V, il y a eu un flottement, une incertitude sur le fonctionnement de l'État. Il y avait un gouvernement, certes, mais dans les ministères, dans les directions administratives, les dossiers avaient disparu, tout manquait. L'État était à reconstituer.

Oufkir a été un homme précieux dans ces circonstances difficiles : il avait l'expérience de la Résidence et de l'état-major français, il possédait de véritables atouts pour organiser les structures autour du roi. Il a mis en place le cabinet des aides de camp et constitué la garde royale avec des officiers marocains qui avaient servi dans l'armée française. Il a édifié l'armée marocaine en bénéficiant de l'aide de la France, qui nous a refilé tout le mauvais matériel dont elle n'avait plus besoin après l'Indochine. Un armement que nous avons ensuite repassé aux Algériens et qu'ils ont retourné contre nous en 1963, durant la « guerre des sables » qui opposa les deux pays pour des problèmes frontaliers.

Sous l'autorité française, les Berbères étaient quasiment les seuls à accéder à des postes d'officiers dans l'armée. Le roi a voulu en terminer avec cette politique de séparatisme entre Berbères et Arabes instituée par l'occupant. Une formation accélérée de neuf mois a permis d'enrôler des sous-lieutenants venus de tous les horizons. Des Rifains, des Tétouanais, des Tangerois, des Fassi, des Casablancais formés à Tolède et à Saint-Cyr ont accédé à des fonctions de responsabilités. C'était la « promotion

Mohammed V ». Elle a permis de construire une armée comprenant toutes les ethnies du pays.

Après l'indépendance, le pays a connu des moments pénibles. Le Maroc paraissait impossible à diriger, divisé qu'il était entre plusieurs factions. Le roi a désiré être l'arbitre au-dessus des formations politiques, mais les tendances les plus radicales de la gauche – Ben Barka en tête – n'acceptaient pas cette autorité : le palais devait marcher droit, le parti de l'Istiqlal seul devait détenir le véritable pouvoir, comme dans les pays de l'Est. Seulement les partis eux-mêmes s'affrontaient. Il y avait le PDI (Parti démocratique de l'indépendance) qui se prononçait pour une monarchie de style britannique, l'Istiqlal qui réclamait une Constitution et se scinda en 1959, formant une droite conservatrice et une gauche révolutionnaire réunie sous la bannière de l'UNFP (Union nationale des forces populaires). Ben Barka, meneur de cette nouvelle UNFP, régnait dans le sud. Un autre leader avait pris pied dans le nord, un autre encore dans l'est. Et ces factions défendaient leur fief à coups d'intimidations. Des gens étaient enlevés chez eux en pleine nuit. Des caïds, des khalifas, des mokadems – collabos du temps des Français – ont été arrêtés et mis dans des camps d'internement. Oufkir possédait des photos de ces prisons, il les avait déposées à la maison pour éviter de les confier aux archives de la police, craignant de se voir accuser de vouloir régler des comptes avec la gauche.

Après la mort de mon mari, quand on a commencé à m'interroger, je ne savais à qui confier ces photos et ces papiers. J'ai tout brûlé. Je ne voulais pas que ces preuves puissent tomber entre les mains du colonel Dlimi, le directeur de la Sûreté devenu notre geôlier.

Pendant plusieurs années, tout le territoire fut en ébullition, pas un endroit n'y échappait. Le pays était complètement divisé et le roi ne savait plus par quel bout le prendre.

Le Maroc se décomposait, mais seuls les gens véritablement touchés par le problème savaient à quel point la situation était grave. Des bandes tuaient, pillaient, braquaient les banques pour acheter fusils et revolvers. Les nationalistes et les terroristes du temps de l'occupation française conservaient leurs arsenaux et inquiétaient le pouvoir. Des gens étaient brûlés dans la rue parce qu'ils avaient travaillé avec les Français, des personnalités disparaissaient et on retrouvait leur tête dans un endroit, leur corps dans un autre.

Chaque groupement avait alors sa propre milice. Pendant tout ce tumulte, cette pagaille, ces règlements de compte, l'armée du vol a parcouru le pays pour piller : des hordes inorganisées entraient chez les grandes familles, s'emparaient du bétail, des bijoux, de la laine. Dans les villes, régnait le terrorisme. De soi-disant nationalistes, qui se prévalaient d'avoir chassé les Français, avaient conservé des armes et commettaient impunément leurs exactions. On a même tué Touria Chaoui, à l'époque seule femme pilote du pays. Dans toutes les guerres, dans toutes les révolutions, dans toutes les libérations, certains profitent des événements pour faire fortune, pour asseoir leur autorité.

Pour Mohammed V, c'était une nouvelle humiliation. D'un côté il était adoré et respecté par le peuple ; de l'autre, les partis et les opposants mettaient le pays sens dessus dessous. Et cette situation a duré cinq ans.

Périodiquement, Mohammed V sortait Oufkir de son

cabinet royal et l'envoyait pendant deux ou trois mois combattre pour imposer l'ordre. Ensuite, on lui disait de rentrer dans son bureau et de se faire oublier. Il a ainsi éteint le feu dans plusieurs régions.

Car toutes les provinces se soulevaient et sous tous les prétextes. Dans le Tafilalet, deux caïds destitués par les Français pour leur attachement au sultan, Lahcen Lyoussi et Adi Ou Bihi, se rebellèrent contre les décisions arbitraires du parti de l'Istiqlal. Oufkir balaya ce soulèvement. Le premier de ces insoumis eut le temps de passer en Espagne, l'autre fut arrêté, condamné à mort puis gracié. Et le pays continuait de se craqueler de tous côtés.

***

Mes rapports avec Mohammed V étaient parfaits. Je le respectais énormément, et lui avait l'élégance de respecter les autres. Il montrait de la considération même pour les plus humbles. Nous, nous faisions en quelque sorte partie de ses serviteurs et il nous regardait comme des gens de sa famille. Jamais il n'élevait la voix, il prenait régulièrement des nouvelles de nos enfants, de nos proches. S'il me voyait un peu fatiguée ou de mauvaise humeur, il m'en demandait la raison, essayant toujours de trouver le mot juste pour m'aider. Il me parlait gentiment de ma beauté, de ma jeunesse.

– Si tu étais ma femme, je ne te laisserais pas voir la lumière, me disait-il.

J'étais la femme de l'aide de camp, certes, mais j'étais surtout l'amie, la fille de la maison. Je n'ai jamais voulu jouer le rôle de l'épouse d'Oufkir, même quand nous étions à la Résidence.

Je n'étais jamais présente aux rencontres entre Mohammed V et mon mari, j'étais toujours du côté des femmes. Mon rôle, c'était la décoration du palais. J'aidais les dames à obtenir ce qu'elles voulaient, à arranger les salons, à acheter ce qu'il fallait. Je passais ma vie avec la famille royale. J'allais où elle allait, en Suisse, en France, en Italie, en Espagne, en Amérique, pour des voyages officiels ou des séjours privés.

Ma vie dans l'entourage du palais était merveilleuse. Il y avait plus que de l'amitié entre la famille royale et moi, plus que de l'amour, plus que de l'admiration. C'était ma famille. Je n'ai pas quitté Mohammed V pendant les cinq ans de son règne après l'indépendance. Je n'avais plus d'existence personnelle, je partais le matin à huit heures pour prendre le petit déjeuner avec le roi, parfois je ne rentrais qu'après minuit, il m'arrivait même de rester la nuit au palais. Pendant cinq ans j'ai été extraordinairement gâtée et choyée. Mohammed V me dotait, me parait et m'habillait comme ses femmes et ses filles.

L'épouse du roi, Lalla Abla, était exceptionnelle de discrétion et de classe. Elle avait pour surnom Oum Sidi (la mère du maître), mais dans ce monde qui ne voulait voir en elle que la mère des princes, elle révélait une véritable personnalité. Moi, sur sa demande, je l'appelais Kheti (ma grande sœur), c'était plus gentil, plus chaleureux. On aurait pu croire qu'elle était née princesse, alors que c'était une Berbère qui avait été volée toute petite à ses parents... Elle avait un port de reine, le comportement d'une reine, elle était faite pour régner. Elle était très douce et si elle ne possédait sans doute pas l'extrême intelligence de son fils, le prince Moulay Hassan, elle faisait montre d'un esprit diplomatique, d'une intuition fine et d'une grande habileté. Elle connaissait si bien la nature humaine ! Ses échecs, ses déceptions l'avaient formée. Si par la suite son fils l'avait parfois écoutée, il aurait commis moins d'erreurs.

Mes enfants étaient encore très petits. Je les voyais en rentrant à la maison le soir, jusqu'au jour où mon aînée Malika a été choisie par Mohammed V pour vivre avec sa fille Lalla Amina, sa petite dernière née en exil et qui avait été pour lui un cadeau du ciel lorsqu'il croyait que la chance l'avait abandonné.

Lorsque la famille royale vous demande un enfant pour l'élever avec le sien, la coutume considère cela comme un honneur et un privilège. Pour moi ce fut une torture et pour ma fille une souffrance. C'était une enfant d'une vive intelligence et qui m'était très proche ; la séparation a été un drame pour toutes les deux. Elle avait cinq ans quand le roi a voulu en faire la camarade de jeux de sa fille. Dès lors, Malika a vécu avec Lalla Amina dans la villa que le roi leur avait réservée. On ne la voyait pas, on ne la connaissait pas. Même maintenant quand elle est avec nous – nous avons eu quand même la prison pour nous unir – elle reste très différente. Elle pense comme les gens du palais, elle parle comme eux, elle réagit comme eux et, au milieu de ses frères et sœurs, elle paraît un peu incongrue, encore aujourd'hui.

Peu à peu, Oufkir devint un personnage puissant et redouté. Mohammed V l'a maintenu longtemps comme aide de camp tout en lui donnant des responsabilités de plus en plus importantes. Le Maroc, comme le monde, ne s'est pas fait en un jour. Chaque fois qu'un feu s'éteignait quelque part, un autre s'allumait ailleurs. Et Oufkir continuait à briser les rébellions.

Le 29 février 1960, Agadir fut détruit par un séisme. Dans les décombres de la ville, les soldats procédaient à des pillages et le général Driss avait pour mission de rétablir l'ordre. Il fit fusiller deux ou trois soldats pris la main dans le sac, et ces mesures de rétorsion indignèrent le roi. Oufkir fut alors envoyé en tant que commandant de la place, il y resta quatre mois et remit la région au pas.

À son retour à Rabat, le 13 juillet, le roi le fit appeler et lui dit simplement :

– Je te donne la police.

Sur les conseils de Ben Barka, Mohammed V nommait Oufkir directeur de la Sûreté.Le jour où mon mari prit son poste, quatre cent cinquante fonctionnaires français pliaient bagage, selon les accords signés avec l'ancienne puissance coloniale. Le nouveau chef de la police trouvait une direction vide, il fallait tout reconstruire, tout reconstituer. Même les services secrets.

Pendant ce temps, Mohammed V, qui avait voulu rassembler dans le pouvoir toutes les tendances politiques du pays, se trouvait dans une position instable. Abderrahim Bouabid, le ministre de l'Économie nationale du gouvernement d'Ahmed Balafrej, aux tendances de gauche, se montrait tellement pressé de limiter le pouvoir royal qu'il épluchait les comptes du palais jusqu'à restreindre les aspirines et les pansements. Par ailleurs, il attribuait cent dirhams par domestique. Que pouvait-on faire avec cent dirhams, même à l'époque ?

Dès le mois de décembre 1958, le gouvernement

d'Abdallah Ibrahim tenta non seulement de freiner le pouvoir royal, mais aussi de faire triompher le socialisme. Un curieux socialisme... Par exemple, une loi fut édictée pour fournir aux mères trente dirhams par mois et par enfant. Trente dirhams ! Vingt francs ! Une aumône ! Et sans aucune couverture sociale. C'était la misère organisée. Mesure d'autre part limitée à six enfants par famille, ce qui était en contradiction avec les déclarations d'un des leaders influents de la gauche, Allal El Fassi, qui rêvait d'un Maroc de cinquante millions d'habitants. D'un côté, ils encourageaient la natalité ; de l'autre, ils bloquaient les naissances par des décrets absurdes.

Le Maroc n'était pas seul dans cette illusion de socialisme. L'Afrique entière et l'Amérique du Sud partageaient le même mirage, pour le communisme aussi d'ailleurs. Au Maroc en revanche, si l'attraction pour le socialisme a été réelle, le communisme n'a jamais trouvé un véritable écho. C'est une idéologie qui cherche à bannir Dieu de la société, et cela n'est pas acceptable pour nous. Ne pas croire en Dieu paraîtrait impossible à un Marocain.

Certains veulent aujourd'hui nous apprendre à être des musulmans, mais nous l'avons toujours été. On n'a pas besoin de ces gens qui veulent faire de l'islam une politique. Nos parents ont prononcé leurs prières, ils ont fait le ramadan, ils ont donné l'aumône. L'intégrisme, c'est de la stratégie politique ; il ne devrait jamais se développer au Maroc. L'islam, ce n'est pas ça. Si l'on suivait l'islam tel qu'il est écrit, tel qu'il est dit, le Maroc serait un paradis, le monde serait un paradis. L'islam est une religion propre qui rend l'homme propre, qui lui interdit la médisance, lui interdit de faire du mal, lui suggère de faire le bien, d'aider les pauvres, de respecter la veuve, de respecter l'orphelin. Peut-on tolérer un islam à la manière algérienne ? On n'a jamais vu l'islam inciter à tuer des femmes, des enfants, des vieillards ou à violer des jeunes filles et à les éventrer. L'islam est avant tout la religion de la tolérance : personne ne peut vous obliger à prier, personne ne peut vous obliger à jeûner, c'est un lien personnel entre Dieu et l'individu. Le bon musulman règle ses comptes avec Dieu, pas avec les hommes.

Fin mai 1960, le roi dissolvait le gouvernement et annonçait son intention de diriger l'État par l'intermédiaire du prince héritier. Déjà, il préparait sa succession.

Mohammed V savait analyser les gens. Il avait percé la différence de mentalité entre son fils et Oufkir, il avait conscience qu'un heurt se produirait un jour ou l'autre entre les deux hommes. Le prince Moulay Hassan avait cette terrible arrogance du commandement qui divisait le monde entre lui et les autres. En tant qu'Alaouite, en tant que chef spirituel, il se voulait le maître absolu. Oufkir aussi était d'une très grande famille. Si Moulay Hassan était descendant du Prophète depuis trente-cinq générations, la famille Oufkir en descendait depuis vingt-huit ou trente. C'était une famille très noble, mais une famille du désert qui ne cherchait pas le luxe, qui ne comprenait pas le mépris. Son état d'esprit était différent. Le prince Moulay Hassan n'a pas saisi la subtilité qu'il fallait déployer pour en imposer à Oufkir. Son père, en revanche, avait parfaitement appris à manœuvrer cet officier ambitieux, orgueilleux et efficace.

En pèlerinage à La Mecque avec Oufkir, Mohammed V l'a supplié de servir son fils dans l'avenir :

– Je n'exige pas que tu me dises si tu vas le trahir ou non ; tout ce que je te demande, c'est de travailler avec lui dans l'intérêt du Maroc.

Lors de ce voyage, Mohammed V était déjà souffrant et nous ne le savions pas. Un mois plus tard, durant le ramadan, alors qu'un soir nous rompions le jeûne, il nous a lancé :

– Mangez, mangez, vous allez bientôt manger à l'enterrement de votre roi.

Tout le monde prit cette remarque pour une boutade. Comment aurions-nous pu deviner ? Il avait les joues roses, il était beau, il n'avait que cinquante-deux ans et paraissait en pleine santé. Quand nous nous retrouvâmes seul à seule, je lui dis combien il semblait bien portant...

– Non, Fatéma, si tu savais comme je souffre ! Parfois, j'ai envie de me jeter par la fenêtre.

Peut-être voulait-il mourir, peut-être s'est-il laissé glisser. Il sentait le pouvoir absolu lui échapper et peut-être désirait-il transmettre le trône à son fils au plus vite. Il savait que le prince Hassan devenu roi n'accepterait jamais qu'on lui dicte sa conduite et qu'on le confine à l'inauguration des chrysanthèmes.

Personne n'a su exactement quel mal rongeait le roi. Je pense pour ma part qu'il était atteint d'un cancer dans la région de l'oreille. Il avait constamment de violentes douleurs, c'était une souffrance lancinante, affreuse, à la fin il ne parvenait plus à supporter le bruit autour de lui.

Les médecins lui avaient déconseillé l'intervention chirurgicale, mais il avait trop mal. Il se fit opérer le dimanche 26 février 1961, sans cardiologue, simplement par un otorhino. Il savait qu'il ne se réveillerait pas. Il nous le disait, l'annonçait à son entourage. Je crois qu'une douleur peut vous indiquer l'approche de la fin.

C'était une opération peu complexe, mais des problèmes cardiaques ont surgi, on lui a fait un massage du cœur, il était trop tard. Déjà, il perdait sa respiration.

J'ai été anéantie, je ne voulais pas comprendre qu'une époque se terminait. Je fus la seule à porter son deuil pendant un an, alors que l'usage et la tradition n'imposent que quarante jours de deuil. Sa mort a été pour moi un choc terrible. Comment un homme encore jeune peut-il vous quitter pour se rendre à pied à la clinique et disparaître ainsi, brusquement ?

Dans son livre *Notre ami le roi*[1], Gilles Perrault prétend que le prince héritier a tué le roi. C'est ridicule. Hassan II aimait et admirait son père plus que tout au monde. Il en faisait d'ailleurs un complexe qu'il a traîné avec lui jusqu'à la fin de ses jours, jusqu'à son dernier discours du 9 juillet 1999. Il ne pouvait prendre la parole sans parler de son père, c'était pour lui comme un talisman, comme un leitmotiv répété dans ses discours pour leur donner un contenu, une profondeur, une légitimité.

1. Éd. Gallimard, 1990.

IV

DANS L'INTIMITÉ DE HASSAN II

Avec l'accession de Hassan II au trône, tout changea. Âgé de trente-deux ans, le nouveau roi avait besoin d'amusements et de compagnie. On vit alors autour de lui des essaims de très jeunes femmes dont il se lassait rapidement, remplacés aussitôt par d'autres volées de jouvencelles. Le palais, jusqu'ici très fermé, s'ouvrit à une société que l'on n'avait guère l'habitude de croiser dans cet univers feutré. Des petites coiffeuses au minois agréable, des inconnues aux formes charmantes et même des filles de mauvaise vie connues de tout Rabat parvinrent à se faire embaucher comme secrétaires de certains ministres. Tout ce mouvement introduisit dans le sérail une foule de gens venus de l'extérieur, et quelques secrets du palais commencèrent à être divulgués. Bientôt, plus personne n'ignora que le roi menait une existence hors du temps avec un harem de quarante femmes.

J'ai tenté de faire pression sur Hassan II afin qu'il épouse seulement une femme.

– Vous devriez changer les choses, ne pas avoir la même vie que votre père. Lui a commencé son règne en 1927, c'était différent...

Peine perdue. La vieille garde des concubines de Mohammed V, soucieuse de maintenir les traditions, l'a emporté et le roi a eu plusieurs femmes. On ne les connaît pas bien, elles sont considérées comme des concubines. La seule épouse officielle, c'est la mère de ses enfants, Lalla Latéfa, une personnalité étonnante. On a pu l'apercevoir publiquement une seule fois, au mariage de sa dernière fille, mais à peine. C'est un petit bout de femme, d'une intelligence, d'un orgueil, d'un courage vraiment admirables.

Elle était arrivée à la cour avec l'une de ses cousines, Fatéma, amenée par sa famille venue du Moyen-Atlas. Son oncle était l'un des douze caïds qui avaient signé jadis la déposition de Mohammed V, un homme puissant régnant en maître sur une immense tribu dans la région de Khénifra.

Tout d'abord, le jeune roi porta son regard et sa préférence sur Fatéma, petite fille de treize ans, belle comme le jour. On le savait, on le disait : cette fillette était destinée à devenir la première épouse. Au point que les médecins, la sachant encore impubère, avaient commencé à la traiter à coups d'hormones afin qu'elle puisse enfanter dans les plus brefs délais et donner au trône l'indispensable héritier.

Un jour, au cours d'un repas au palais, Hassan II a annoncé :

– Je n'aurai d'enfants qu'avec une seule femme et ce sera Fatéma.

La cousine de Fatéma avait dix-sept ans, un petit corps de jade, des cheveux longs qui lui arrivaient en bas des cuisses, de grands yeux, une grande bouche, peut-être pas une réelle beauté mais quelque chose de plus que la beauté. Peu encline à jouer les concubines effacées, elle a déposé sa fourchette et s'est tournée lentement vers le roi :

– Comment, *Sidi* ? Vous ne voulez avoir d'enfants qu'avec Fatéma ?

– Oui, c'est la tradition instaurée par mon père, a répondu le roi. Celui-ci n'a eu d'enfants qu'avec une seule femme, et je n'aurai d'enfants qu'avec une seule femme. Nos ancêtres ont eu beaucoup d'épouses et de nombreux fils qui entraient en rébellion les uns contre les autres et créaient des troubles incessants, je ne veux pas que cela se reproduise.

Alors la jeune Berbère, qui parlait pourtant à peine l'arabe, a laissé tomber ces mots devant l'assemblée abasourdie :

– *Sidi,* si vous ne voulez pas me faire d'enfants, je dois partir. Moi, je ne pourrais pas vivre sans enfants.

Trois ou quatre jours plus tard, on lui organisa une sorte de cérémonie de mariage, mais elle n'était encore qu'une concubine et non l'épouse. La petite Fatéma, l'épouse pressentie, faisait des crises d'hystérie – des crises d'épilepsie, disait-on, en raison des hormones dont on la gavait et qui la rendaient nerveuse. En fait, elle était jalouse. Réellement amoureuse de Hassan II, elle craignait de voir une autre prendre sa place.

Finalement, la petite Fatéma, Lalla Abla, mère du roi, et moi-même au sein de toute une délégation, sommes allées en pèlerinage à La Mecque. Là-bas, nous avons appris que la cousine était enceinte. Elle avait gagné ! Comme elle s'appelait elle aussi Fatéma, Hassan II lui a donné ce nom de Latéfa pour la distinguer de la première. Et elle est devenue ainsi l'épouse du roi et la mère de ses cinq enfants : le futur Mohammed VI, son frère Moulay Rachid, les princesses Lalla Meriem, Lalla Asma et Lalla Hasna.

Elle a donné une vraie éducation à ses enfants. Plus que cela, elle est parvenue à les unir au lieu de les désunir. Depuis la nuit des temps, la famille alaouite isolait les enfants les uns des autres pour éviter les clans, les trahisons et les coalitions. Elle, au contraire, a tout fait pour que sa progéniture soit soudée. Et je crois qu'elle a réussi.

Mohammed V connaissait ses amis comme ses ennemis. Son fils n'a pas fait preuve de la même sagacité. Il a ainsi appelé auprès de lui certains individus totalement corrompus qui ont impunément pillé le pays.

Mais le souverain donnait-il le meilleur exemple ? Il a amassé une immense fortune. Tout le monde le savait, il ne pouvait donc que se taire. Quand ses zélés serviteurs mouraient cousus d'or, le roi se contentait de reprendre discrètement les sommes détournées, tout en en réservant une partie à leur famille pour lui imposer le silence.

Si tous ces beaux messieurs n'avaient pas autant détroussé le Maroc, le pays ne serait pas dans la situation difficile où il est. Car, encore aujourd'hui, on ignore où va l'argent des phosphates, nul ne peut dire où disparaît le produit de la première richesse de la nation. Pas plus qu'on ne sait ce que deviennent les *habous,* ces successions attribuées aux pauvres en application de la loi musulmane, régies au Maroc par un ministère particulier qui engloutit la totalité de ces dons dans les mystères abyssaux de l'administration.

À l'opposé de ce monde de requins, j'ai connu des gens qui avaient lutté pour leur pays, qui avaient agi parfois héroïquement et qui ont disparu. On les a oubliés, ils n'ont jamais obtenu les places qu'ils méritaient, ils n'ont jamais reçu la récompense de leurs sacrifices.

On se demande comment Hassan II, tellement intelligent, tellement intuitif, pouvait parfois aussi mal s'entourer. Comme dit Victor Hugo : « Les rois n'ont d'oreilles qu'à leurs pieds. » Vérité emblématique du Maroc où les sujets de Sa Majesté, ravalant toute dignité, ont l'habitude d'embrasser les pieds et les mains du souverain... Après tout, n'est-il pas le descendant du Prophète, n'est-il pas celui qui nous dirige et nous représente ? Mais tout de même, lui baiser les pieds, se courber jusqu'à terre ! Je ne puis le concevoir. On ne doit se prosterner que devant Dieu. Moi, je lui embrassais la main par respect et aussi par amour – parce que je l'aimais infiniment – mais de là à tomber à genoux... Lui-même n'aurait pas admis cela de moi. De ceux pour qui il avait une certaine considération, il acceptait quelques marques de déférence, mais rien de plus. En revanche, il laissait volontiers certains courtisans se jeter à terre et les regardait de loin avec hauteur et mépris. À chacun il savait assigner sa place.

Hassan II n'est pas monté sur le trône dans les mêmes conditions que récemment son fils Mohammed VI. En 1961, le roi a hérité d'un régime disloqué où chacun cherchait à exercer l'autorité. Les partis et les dirigeants voulaient leur part du gâteau. Les gens de la gauche, ceux de la droite, les militaires et les civils, chacun désirait se saisir du pouvoir et, au moment où le jeune souverain était intronisé, les observateurs ne lui donnaient pas une année de règne. Pas un parti, pas un politicien, pas un éditorialiste ne lui accordait plus de quelques mois avant d'être renversé.

Hassan II se retrouvait à la tête d'un pays en ébullition, écartelé. Les uns voulaient le socialisme, les autres le conservatisme, d'autres encore souhaitaient composer avec les religieux, chacun tirait la couverture à soi.

Et le pouvoir était menacé non seulement de l'intérieur, mais aussi de l'extérieur. Le panarabisme cherchait à s'étendre de l'Orient jusqu'à l'Afrique du Nord, échauffant les esprits, faisant des monarchies sa cible principale. Il y eut d'abord la chute du roi d'Égypte, puis l'assassinat du souverain d'Irak, enfin le mouvement s'en prit à la monarchie chérifienne, qui paraissait vulnérable. Du Caire, Nasser se faisait un point d'honneur de détrôner ce jeune roi qu'il prenait pour quantité négligeable. Tout a été tenté pour déstabiliser le régime, même la culture. Des Syriens et des Égyptiens venaient arabiser les masses, comme à présent les intégristes islamistes veulent nous apprendre la religion. Hier comme aujourd'hui, ce n'étaient que des prétextes pour prôner l'insurrection, la résistance, la dissidence.

Mohammed V avait sans doute été le seul à pressentir, juste avant sa mort, que son fils parviendrait à sauver la monarchie telle qu'elle a toujours été : un régime où le roi est le Commandeur des croyants, le maître qui prononce les édits et demeure l'arbitre de la nation.

Mohammed V avait vécu dans l'humilité et la simplicité,

il avait reçu des coups très rudes des Français, il avait donné ensuite une part du pouvoir à l'opposition qui avait cherché à l'étouffer avec des lois absurdes. Il n'était pas animé par la fougue du jeune homme qu'était Hassan II à son accession au trône, il ne montrait pas cet orgueil bafoué qui cherche à prendre sa revanche.

Un jour, au théâtre Marigny, près des Champs-Élysées, devant un parterre de personnalités politiques, alors qu'il n'était encore que prince héritier, le futur Hassan II avait prononcé en substance cette phrase lourde de sens :

– Moi, je veux régner avec le peuple, régner comme Louis XI.

Quand on sait ce qu'a fait Louis XI, quand on sait comment il a enfermé ses ennemis dans des cages, on peut considérer ces paroles comme prémonitoires. À Tazmamart, ce bagne du désert où furent envoyés croupir et mourir les opposants au régime, Hassan II s'est effectivement comporté comme Louis XI. Seulement nous ne sommes plus au XVe siècle. De nos jours, on ne peut pas accepter de pareilles abominations.

Hassan II était doué d'une grande intelligence, mais il a régné comme un monarque absolu dans un XXe siècle qui ne permettait pas cela. Un roi doit être roi selon son époque. Mohammed V nous avait tirés cinquante ans en avant, Hassan II nous a ramenés cinquante ans en arrière.

Le jeune roi était un être à multiples facettes. À la fois rétrograde et moderne, fortement attaché aux coutumes les plus ancestrales et extrêmement séduit par la mentalité européenne, pudique et excentrique, il aimait parfois s'habiller d'une manière fantasque, colorée et bariolée, avec ceinture et chapeau extravagants. Il savait aussi être sobre, strict dans sa tenue, avec toujours la même cravate sombre... Un véritable dédoublement de personnalité. D'ailleurs, son plus grand défaut était l'instabilité. Il n'était pas rare de le trouver joyeux le matin et de le voir d'une humeur exécrable un instant après. Ce caractère inconstant, imprévisible, était extrêmement déconcertant pour son entourage. Nous ne savions jamais face à qui nous allions nous trouver. Son père, en revanche, avait été la simplicité même, dans sa vie comme dans ses gestes, dans sa manière de se comporter comme dans sa façon de donner. Il était direct et, quand il retirait sa confiance à l'un de ses collaborateurs, il chassait l'intrus ouvertement. Son fils ne vous annonçait jamais que vous étiez en disgrâce, jusqu'au jour où il vous faisait disparaître.

Hassan II était tellement contradictoire ! Il adorait le luxe, l'argent, la bonne cuisine, les objets raffinés... Et pourtant, entouré des plus belles choses dans son palais, il mangeait assis sur un petit tapis de prière devant une simple table en Formica, utilisant des couverts rudimentaires.

Mais surtout – et c'était son trait de caractère le plus effrayant – il ne respectait personne. Il n'hésitait pas à humilier proches et serviteurs. S'il voyait une tête dépasser des autres, il fallait la couper. Elle devait disparaître, se mettre en arrière, rentrer dans le rang, car tout sujet qui n'était pas dans les normes n'avait pas le droit de vivre, en tout cas pas dans son entourage. Et si elle continuait à être heureuse au-dehors, il fallait la brimer pour lui apprendre le malheur.

Pourtant, mes rapports avec lui n'ont jamais été mauvais. Ils ne furent pas aussi bons qu'avec Mohammed V, mais c'est sans doute parce que je ne le souhaitais pas. Mon amitié pour le fils résonnait en moi un peu comme une infidélité à la mémoire du père. Ensuite, j'ai compris que c'était une conduite ridicule, la réalité imposant partout la même logique : « Le roi est mort, vive le roi ! » Pendant plus de six mois, j'ai pourtant continué à l'appeler *Smitsidi,* Monseigneur, titre attribué au prince héritier, et non *Sidi,* Sire, terme consacré pour s'adresser au roi. Je n'arrivais pas à passer de l'un à l'autre. Mon attitude a d'abord jeté un froid entre lui et moi, mais par la suite il a compris.

Plus tard, le roi a bien changé. Il a eu de nombreuses déceptions, il a reçu des coups et s'est endurci. Il n'était plus le même, il n'avait plus confiance en personne, jusque dans sa chambre à coucher il devait se méfier, il dormait avec un revolver à portée de main. Les événements ont fait de lui un homme soupçonneux.

La chronique de l'histoire de France rapporte qu'à l'instant où Mazarin agonisait, le jeune Louis XIV s'est rendu au chevet du puissant cardinal.

– Je me meurs... a murmuré le vieil homme.

– Ne me laissez pas, parrain. Pas maintenant. Je suis tellement désespéré...

– Pourquoi, Sire ?

– Je n'ai plus confiance en personne.

Alors, fermant les yeux, rassuré, Mazarin a soufflé :

– Vous allez être un grand roi.

Quand un roi n'accorde plus sa confiance à personne, il est un grand roi et peut œuvrer pleinement pour le pays. Ce fut le cas de Hassan II. Après la mort d'Oufkir, le souverain chérifien parvint certainement à réaliser de grandes choses. Mais le pouvoir absolu connut aussi sa part d'ombre : le Maroc subit le régime de terreur, lot de toutes les dictatures.

Peut-être ai-je détesté Hassan II au temps où il m'a fait souffrir, mais un lien très profond a toujours perduré entre nous. Un sentiment que même les épreuves, la douleur, l'injustice, la cruauté de notre destin ne sont pas parvenues à étouffer. La vie que l'on a connue, l'affection qui nous unissait, l'intimité qui nous attachait n'ont pu se dissoudre.

Quand j'évoque cette intimité, il me faut préciser qu'il ne s'agissait évidemment pas d'une intimité physique. Parce que l'on a dit tant de choses... Dans son livre *Notre ami le roi,* Gilles Perrault va jusqu'à écrire que ma fille Soukaïna est née des œuvres du roi ! Quand elle a lu ces abominations, la petite a été bouleversée :

– Maman, m'a-t-elle dit, je veux bien que ce soit avec n'importe qui, mais pas avec celui qui a brisé ma vie, celui qui m'a envoyée en prison à l'âge de huit ans. Dis-moi que ce n'est pas vrai...

Ce n'était pas vrai, bien sûr. Mon intimité avec Hassan II impliquait simplement que je pouvais lui parler sans crainte, lui dire la vérité en face sans qu'il se froisse, sans qu'il en prenne ombrage. C'est cela, l'intimité avec un roi.

Hassan II était un homme tellement orgueilleux que son entourage évitait bien souvent d'évoquer devant lui les problèmes trop épineux. Moi, je n'hésitais jamais à lui rapporter ce que ses sujets disaient de lui. Sur leur hauteur, les dirigeants ne connaissent jamais la vérité, la vraie. On a beau leur faire des rapports, on ne leur avoue jamais tout ce qui se passe dans la population. Je me souviens d'une plaisanterie qui courait les rues et que je lui ai racontée...

Une femme très pauvre accouche de triplés. Le roi se déplace pour lui rendre visite et demande quels noms elle a donnés à ses enfants. « Le premier, je l'ai appelé le Gouvernement, le second le Peuple, et le troisième Hassan II. – Où sont-ils ? » interroge Sa Majesté. Et la mère de répondre : « Le Gouvernement tète, le Peuple pleure et Hassan II dort. »

Le roi a compris. Le gouvernement s'enrichit, le peuple est dans la misère, le souverain ne fait pas son travail. En arabe, les termes sont plus percutants... L'histoire lui a plu, mais il s'est senti atteint. Cette entrevue se déroulait devant trois ou quatre personnes de sa famille. Quand nous sommes sorties, elles paraissaient décomposées :

– Tu es folle de lui répéter des choses pareilles ?

– Mais non, je ne suis pas folle, ai-je répondu. Ce sont des histoires qui se colportent. Je lui ai toujours dit la vérité quand il était prince héritier ; devrais-je la lui cacher maintenant qu'il est roi ?

Ce sont les autres qui ont miné notre relation. Toutes ces femmes que j'avais fait entrer au palais et qui, plus tard, ont répandu des rumeurs incroyables sur mon compte. Toutes ces femmes qui ont voulu ma place, se pousser du col, être les premières et qui ont laissé entendre que j'incitais mon mari à la dissidence... Finalement, elles m'ont évincée. C'est grâce à elles que j'ai fait presque vingt ans de prison. Dans sa grande sagesse, le Coran nous prévient : « Méfiez-vous des gens pour qui vous faites le bien, soyez toujours vigilants... »

*
**

Sous le règne de Hassan II, Oufkir obtint infiniment plus de pouvoir que sous Mohammed V. Il fut fait général et chargé de poursuivre la réorganisation de la police et celle des services secrets avec l'aide – discrète mais efficace – des Français, des Américains, des Anglais, des Espagnols et des Israéliens. Ensuite, il fut nommé ministre de l'Intérieur. Le soir même où il a obtenu cette haute fonction, il est rentré tard à la maison. Je dormais déjà et il m'a tirée de mon sommeil pour m'annoncer la nouvelle. Je ne sais pas trop pourquoi, par une sorte de prémonition, je lui ai dit :

– Tu ne sortiras du palais que les pieds devant !

– Pourquoi ? a-t-il demandé, stupéfait.

– Il va te corrompre, il va te salir et un jour il te fera assassiner ! C'est comme ça que font les rois.

J'ai vu alors dans ses yeux une lueur de tristesse.

Commença dès lors une vie officielle dans la lumière des projecteurs, une vie que je n'attendais pas. Moi, je voulais une petite existence toute simple dans une caserne, au côté d'un militaire, élevant mes enfants comme tout le monde. Je ne cherchais pas ce destin tout à fait exceptionnel qui s'est ouvert devant moi. Qui, jadis, aurait donné cher de cette petite fille toute maigrichonne, toute noiraude, perpétuellement malade ? Qui aurait pensé que cette enfant souffreteuse deviendrait une jeune femme pleine de santé, pleine de bonheur ? Dans les réceptions et les soirées, je ne passais pas inaperçue, j'étais la plus joyeuse, la plus gâtée, la plus choyée, je ne pensais qu'à rire et à m'amuser, à chanter et à danser.

L'ascension d'Oufkir, pourtant, ne changeait rien pour moi. Depuis mon mariage, ma vie s'était toujours déroulée dans les arcanes de l'État, avec des serviteurs, des jardiniers, des chauffeurs. Quand Oufkir est devenu ministre, les choses n'ont pas été tellement différentes. Je faisais toujours mon sport le matin, je sortais, je lisais... toujours le même programme. L'après-midi, c'était le cinéma, les amis, le thé, les papotages. J'adorais les ragots et il se trouvait toujours quelqu'un pour m'en rapporter de très frais. Les femmes étaient jeunes et belles, les cancans ne manquaient pas. On parlait d'amants, d'amours, de tromperies, de liaisons... Et les journées passaient ainsi, à ne rien faire.

Même avant que mon mari eût occupé des postes importants, je vivais dans le luxe. Je portais les plus belles robes du soir, les plus beaux tailleurs, je m'habillais chez les plus grands couturiers. Une certaine Mme Roussy tenait, sur l'avenue Mohammed-V, une belle boutique de mode, dans le style parisien, très garnie, décorée de fleurs, de dentelles... L'élégance en plein Rabat ! Souvent je m'y rendais avec Oufkir et je choisissais les plus somptueuses parures. Je n'ai pas eu besoin de fréquenter la famille royale pour savoir m'habiller, prendre du plaisir, danser... Bien sûr, dans le sillage du roi j'ai connu un monde nouveau, j'ai approché les chefs d'État, participé à des voyages officiels, mais bien avant j'avais vécu dans la pompe et l'abondance.

Oufkir était propriétaire de mines dans le Sud qui lui rapportaient un petit pécule et, pour ma part, je détenais des biens que m'avait laissés maman. J'en avais hérité une partie à mon mariage, le reste à vingt et un ans, âge de la majorité à l'époque. J'ai porté de somptueux atours longtemps avant de connaître la famille royale, avant qu'Oufkir travaille avec eux. Je leur ai plus donné que je n'ai reçu. Un jour, tout de suite après l'indépendance, le prince héritier était entré chez moi et il avait vu mes placards bourrés... J'étais sans doute la seule jeune femme de l'époque à pouvoir aligner plus de cinquante paires de chaussures, plus de cinquante pulls, je ne sais combien de foulards, de manteaux, de tailleurs... Je possédais de nombreux bijoux et tous les jours j'en vendais un pour aller faire la fête. Je brûlais la vie par tous les bouts. Des petits plaisirs qui peuvent paraître puérils et anodins : aller au cinéma, manger un gâteau, prendre une glace chez Jean de la Lune à onze heures du soir, courir sur la plage avec des amis, me baigner, jouer, manger, rire... Voilà ce qui m'apportait un bonheur infini. En revanche, je n'aimais pas du tout ce qui me semblait malsain. Les bains de minuit après le dîner, par exemple, me déplaisaient fortement. J'étais une fille du jour, une fille pudique. Et pas seulement par éducation, par tempérament aussi. Aujourd'hui, mes enfants me reprochent d'être un peu rétrograde de ce point de vue.

Au moment où Oufkir fut chargé du portefeuille de l'Intérieur, j'ai commencé à perdre mon insouciance. Tout devenait artificiel, superficiel, hypocrite. Du matin au soir, des gens nous saluaient respectueusement alors que nous savions très bien qu'ils souhaitaient notre mort. Dès qu'un homme assume le pouvoir, il n'est plus le même et le regard des autres n'est plus le même. J'avais beau, moi, traiter Oufkir exactement comme avant, j'étais dépassée. Il m'imposait des gens que je ne voulais pas voir, des inconnus que je ne voulais pas recevoir... J'étais la seule à lui dire ses quatre vérités, à lui soutenir qu'il avait tort quand il le fallait, alors que tous lui assuraient perpétuellement qu'il avait raison. J'étais celle qui mettait les pieds dans le plat, répétant à son entourage :

– Vous n'avez pas le droit de le tromper... Ce que vous dites ne sert pas le pays.

J'étais la gêneuse, la mauvaise conscience de tous les arrivistes, de tous les égoïstes. Moi qui ne voulais que le bien du Maroc, on m'a fait passer pour une femme ambitieuse qui cherchait le pouvoir. Au contraire, j'aime la liberté, j'ai un côté bohème, une joie de vivre qui apprécie certes les divertissements, mais pas les intrigues. J'ai été propulsée malgré moi dans cette société par la vie de mon mari.

Si, aujourd'hui, je veux ouvrir mon cœur, c'est aussi un peu pour faire savoir qui je suis : pas du tout celle que certains se sont plu à imaginer. J'ai seulement voulu le bien de mon pays en m'opposant à ceux qui étaient en train de le piller, de se bâtir des fortunes sur le dos de tous les Marocains.

***

Un jour, j'ai découvert que mon mari avait des maîtresses depuis fort longtemps. Au début de notre union, j'avais été tellement stupide, tellement naïve ! Ensuite, sous Mohammed V, je n'étais jamais chez moi, je ne savais même pas ce qui s'y passait, j'étais constamment au palais et Oufkir en a profité... Aujourd'hui, je comprends qu'il m'ait trompée avec des femmes plus intelligentes, plus féminines, plus attirantes peut-être. J'avais peur de faire l'amour parce que je craignais de tomber enceinte, je pouvais me refuser à lui durant plusieurs mois. C'est comme ça que tout a commencé.

Il partait des jours entiers et, à son retour, je trouvais du rouge à lèvres sur ses chemises... Les femmes perçoivent ces choses-là, et quand elles veulent trouver, elles trouvent. Je ne lui adressais pas de reproches, j'étais trop orgueilleuse pour me livrer à des scènes. J'encaissais. Mais un soir, je lui dis avec un calme qui me surprit moi-même :

– Le jour où moi je te tromperai, tu pleureras des larmes de sang.

– S'il y a quelqu'un qui peut vouloir de toi, vas-y ! me répondit-il méchamment.

Il y eut quelqu'un... Et la pilule fut amère pour Oufkir. Je n'ai pas voulu me venger, je suis réellement tombée amoureuse. Pour la première fois de ma vie. Grâce à cet homme courageux, j'ai eu la force d'affronter mon mari, de prendre mon envol, de connaître des instants merveilleux dans l'exaltation d'une passion partagée.

*
**

Tout commence en 1963 dans un hôtel de Tanger. Nous sommes à table avec Ahmed Dlimi, le collaborateur d'Oufkir, et toute une suite de personnalités proches du gouvernement. Soudain, je sens dans mon dos des yeux qui me transpercent... Je me retourne lentement, un jeune homme m'observe. Je croise son regard, et dans cet échange muet, il se passe quelque chose d'inexplicable. Je ne m'y attendais pas, je n'étais pas prête pour cela.

Un instant plus tard, on appelle Mme Oufkir au téléphone... Au bout du fil c'est lui, l'inconnu à peine aperçu.

– Bonjour, on se rencontre demain...

Il me donne rendez-vous. Je veux parler, refuser peut-être, mais déjà il a raccroché. Ce jeune homme défie Oufkir dans toute sa puissance ! Et c'est ainsi que je me trouve emportée dans une histoire d'amour rocambolesque.

Le lendemain nous nous voyons et apprenons à nous connaître. Hassan, appelé Hassanito parce qu'il est originaire d'une région proche de l'Espagne, est un militaire de vingt-six ans, un peu plus jeune que moi. Il est fougueux, audacieux, autoritaire. Immédiatement, il décide que nous devons nous voir régulièrement. Moi qui ai toujours été fidèle à Oufkir, me voilà indécise, tremblante, timide... Durant huit jours, je tergiverse, malade, torturée, tordue de vomissements. Avant de me décider, je maigris de plusieurs kilos, déchirée par mes hésitations.

Et puis j'accepte. On commence à s'aimer clandestinement, mais un jour il m'annonce :

– Je ne veux pas te partager.

Mon bel amour refuse les rencontres furtives, il veut voir notre relation se développer au grand jour. C'est lui qui pose les conditions, ce n'est plus Oufkir. Celui-ci est d'ailleurs bien trop occupé pour se soucier des sentiments de sa femme. Mais il sent bien que je ne suis plus la même, il perçoit mon malaise. Je suis surmenée moralement, je maigris, je n'ai pas la conscience tranquille.

Hassan fait partie d'un service d'intervention et de sécurité, et, à ce titre, suit les déplacements du roi. Un jour, à Tétouan, alors que sa compagnie vient de rendre les honneurs à Sa Majesté, mon beau chevalier servant quitte ses hommes, prend le volant d'une Jeep et s'arrête devant moi qui me tiens au bord de la route. Il se penche, me fait monter et m'emmène ainsi au vu et au su de tout le monde... Quel scandale !

Ses amis lui disaient bien qu'il était fou de provoquer Oufkir, mais lui n'entendait rien et refusait obstinément de se cacher, il ne dissimulait pas qu'il était amoureux de la femme de l'homme fort du régime et qu'il la voulait pour lui seul. Situation curieuse et inconfortable : je me trouvais écartelée entre ce jeune homme que j'aimais et mon mari que je respectais et craignais tout à la fois.

Oufkir ne disait rien, ne m'adressait aucun reproche, le sujet n'était jamais abordé, la question jamais posée. Sans doute voulait-il me laisser le temps de me ressaisir, sans doute pensait-il que je n'irais pas au bout de ma passion, que cette amourette dépérirait d'elle-même. J'avais alors cinq enfants que j'adorais, cinq enfants qui me retenaient et, aussi loin que j'aille, mon mari était persuadé que je lui reviendrais.

Pour mon amant et moi a commencé une vie difficile, ponctuée de rumeurs et de sous-entendus. Le jeune homme étant originaire de la région du Rif, certains sont même allés jusqu'à prétendre que sa relation avec moi n'était que le fruit d'un complot visant à assouvir une vengeance dirigée contre Oufkir à la suite de la répression qu'il avait menée contre les rebelles du Nord. Personne ne voulait comprendre qu'il y avait simplement entre nous un sentiment très profond.

Pour briser notre amour, la hiérarchie militaire a tenté d'éloigner Hassan. On lui a imposé, dans les lieux les plus lointains, tous les stages que peut suivre un officier. Plongée sous-marine, ski alpin, tir, parachutisme... Il a tout fait. Grâce à moi, il a reçu une formation très complète ! Soldat parfait, il suivait cette instruction et terminait toujours parmi les premiers.

Durant près de quatre ans, Hassan et moi avons vécu une histoire chaotique et merveilleuse. Nous ne pouvions nous rencontrer que sporadiquement, mais nous avons connu de très beaux moments. Quand il était en Espagne pour ses stages, j'allais voir mes enfants, Myriam et Raouf, alors en pensionnat à l'école Marie-José de Gstaad, en Suisse. Au retour, je retrouvais mon grand amour à Jaca, station de ski dans les Pyrénées, à la frontière hispano-française. Oufkir ne savait pas où j'étais, il me faisait chercher partout. Quand il m'avait localisée, il envoyait sur place mon père avec mission de me surveiller.

Parfois aussi, nous nous retrouvions en France. Un jour que je ramenais les enfants de leur école suisse, ils ont eu une poussée de varicelle en plein Paris. Ça m'arrangeait. Je passais les journées et les nuits avec Hassan dans la chambre d'un hôtel de la rue Sainte-Anne, et je surveillais les enfants en même temps. L'escapade n'eut qu'un temps, car Hassan dut repartir pour Jaca... Je l'ai accompagné jusqu'à Bordeaux, nous pleurions l'un comme l'autre, déchirés à l'idée de nous quitter. Nous avons ravalé nos larmes, je lui ai dit au revoir sur le quai de la gare et il est parti... Alors, je me suis assise sur un banc et j'ai encore éclaté en sanglots, submergée par le chagrin.

Soudain je l'ai senti près de moi, je l'ai vu, il m'a serrée dans ses bras, me disant simplement :

– Je suis là... Tant pis, je vais leur raconter que je suis tombé malade.

Et nous sommes remontés à Paris. Nous avons passé deux nouvelles journées ensemble. Nous avons vécu la folie. Plus c'était interdit, plus nous sentions le danger, plus notre relation devenait exceptionnelle.

Au Maroc, nous nous sommes aimés partout. Même dans des égouts en construction ! Dans le nord du pays s'effectuaient alors des travaux de grande envergure, d'immenses canalisations avaient été apportées et nous y avons trouvé un abri précaire. Munis de deux couvertures et de provisions, nous y sommes restés cachés durant vingt-quatre heures... Personne ne savait où nous avions disparu. Il fallait oser, avec Oufkir aux trousses !

Nous nous sommes aimés en mer, aimés dans la forêt, aimés dans la campagne et dans la ville. On aurait pu croire qu'Oufkir n'était plus dans le pays. Grâce à ce jeune homme, j'ai connu ce qu'était l'amour, l'amour d'un amant audacieux. Auparavant, j'avais rencontré des hommes qui disparaissaient sous terre dès qu'ils entendaient prononcer le nom de mon mari. Lui, il me téléphonait en pleine nuit, alors que j'étais à côté d'Oufkir, ou alors il me réveillait tôt le matin et m'ordonnait :

– Tu viens tout de suite.

Je me glissais hors du lit pour aller le rejoindre et, quand j'arrivais pour me perdre entre ses bras, il me questionnait :

– Tu jures qu'il ne t'a pas touchée...

Je devais jurer. C'était terrible.

Je commençais à fuir mon mari et il a fini par comprendre que c'était sérieux. Je rencontrais Hassan dans sa garçonnière, mais tout autour flottait l'ombre de l'époux. Dans l'ascenseur, je sentais son parfum, et je retrouvais parfois les essuie-glaces de ma voiture tordus... Des signes semés par Oufkir pour me signifier qu'il était au courant de tout. Je ne pouvais plus vivre dans la peur et le mensonge. Alors un soir je lui ai avoué :

– J'aime quelqu'un d'autre. Je voudrais partir.

Il a d'abord essayé de rester gentil, de se montrer compréhensif pour me donner la possibilité de comprendre que, dans la balance, il y avait cinq enfants.

Mais je désirais ma liberté. Je voulais vivre avec mes enfants, bien sûr, mais aussi avec l'homme que j'aimais. Pendant des mois, j'ai insisté auprès d'Oufkir pour qu'il consente à me rendre ma liberté. J'ai lutté pour obtenir mon indépendance jusqu'à le faire céder. De guerre lasse, il a fait appeler le cadi, le magistrat musulman. Et c'est comme ça que nous avons divorcé le 16 juillet 1964. Une fois les papiers signés, le cadi, en se retirant, a cru bon de signaler au général qu'il avait une fille très charmante, étudiante en pharmacie... Déjà, les ambitieux manœuvraient pour me remplacer.

Les arrivistes me tournèrent le dos. Je n'étais plus la femme du puissant général, je n'avais plus à être courtisée et ne restèrent autour de moi qu'une poignée d'amis sincères. Comme je n'avais plus besoin d'être en perpétuelle représentation, je suis allée habiter avec mes deux plus jeunes filles, Maria et Soukaïna, une maisonnette à Rabat, une maison très mignonne comme celle de Blanche-Neige, avec des chambres minuscules, un salon miniature, une jolie cheminée...

Selon la loi coranique, je n'avais pas le droit d'avoir des relations avec un homme pendant trois mois et dix jours après mon divorce, le temps de s'assurer que je n'étais pas enceinte. Cela ne m'empêchait pas de sortir avec Hassan, de dîner ou d'aller danser publiquement avec lui.

Jusqu'alors en garnison à Rabat, il a été éloigné et a dû

intégrer une caserne à Bouârfa, près de la frontière algérienne, à plus de six cents kilomètres de la capitale. Pour me voir, il traversait la moitié du pays dans sa Jeep militaire, passant la nuit entière à rouler, et nous nous retrouvions au petit matin, heureux à la perspective des moments que nous allions passer l'un près de l'autre. Puisque la distance ne suffisait pas à nous séparer, tout a été tenté contre lui : la pression, la menace, et même l'enlèvement...

Un soir, nous revenons du cinéma et il me ramène chez moi. Soudain, la voiture est percutée par l'arrière, nous coinçant contre un mur. Un groupe d'hommes de main revêtus de la djellaba des *moukhaznis,* les forces auxiliaires, fait irruption, se saisit de Hassan, le jette dans une Jeep et démarre en trombe... Je suis seule, désemparée, il est près de minuit, je cours vers le palais en pleurant. Je me précipite dans la chambre du roi, car je suis la seule femme hors du sérail à détenir le mot de passe. Éperdue, désespérée, je lui raconte ce qui vient d'arriver.

Tout en essayant de se montrer sévère, Hassan II sourit de mon culot :

– Tu viens me déranger pour ça à minuit ! Est-ce que tu n'as pas honte ?

Il ne veut pas s'occuper de cette affaire. Il s'est prononcé contre le divorce et se refuse à choisir entre Oufkir et moi. Mon ex-mari est son principal ministre, je suis une familière du palais, il est assez déconcerté. Mais j'insiste, comme s'il était mon frère ou mon père et non le roi du Maroc. Devant moi, il téléphone alors, donne des ordres, et c'est un peu grâce à cette audace dont j'ai fait preuve que mon jeune officier peut échapper aux malfrats qui l'ont kidnappé.

Je n'ai jamais su qui avait organisé ce rapt. Oufkir m'a assuré qu'il n'avait donné aucun ordre en ce sens. Et je l'ai cru. S'il avait voulu faire disparaître son rival, il aurait agi lui-même, d'homme à homme. Quelqu'un de son entourage a sans doute montré un peu trop de zèle. Ce qui m'a fait le plus de peine, c'est que ce jeune homme avait vraiment confiance en moi, et à cause de moi il a été enlevé et bastonné. Blessé – surtout dans son amour-propre –, il est resté trois jours sans sortir de chez lui, me répétant :

– Au moins maintenant je suis sûr que tu ne lui reviendras pas.

Et je lui promettais de rester auprès de lui. Sur le moment j'étais sincère, mais je me trouvais entre le marteau et l'enclume. Hassan m'implorait de ne pas le quitter, Oufkir me demandait de lui revenir... Et il y avait mes enfants : Malika élevée par le palais, Myriam et Raouf à Gstaad, Maria et Soukaïna chez moi, sous la garde d'une nurse.

Alors, pour forcer la main à mon beau militaire, ses supérieurs l'ont convoqué et lui ont imposé un choix :

– C'est l'armée ou elle.

Il a répondu sans hésiter :

– C'est elle.

Il a effectivement démissionné de l'armée à ce moment-là.

Pendant le temps de notre séparation, Oufkir a eu le temps de se remarier avec une femme plus jeune que moi de huit ans, prénommée Fatéma elle aussi. Malgré tout, il ne voulait pas me laisser en paix, il insistait pour que je reprenne la vie commune. Il n'avait donc accepté le divorce que pour céder à ce qu'il croyait être un caprice de ma part. Ce que le cadi avait défait, il pouvait le refaire.

J'aurais pourtant voulu me marier avec Hassan, mais Oufkir ne le permettait pas. Si je convolais, il me perdait définitivement. En dernier recours il menaçait de ne plus me laisser approcher mes enfants... Comment aurais-je pu abandonner ma propre famille ?

Hassan et moi avons connu des moments terribles, notre relation devenait de plus en plus difficile à assumer. Nous étions constamment surveillés, mon ex-mari passait des nuits entières sous ma fenêtre. Pour ma part, j'étais tiraillée entre les deux hommes qui étaient toute ma vie. La passion brûlait mon âme, mais Oufkir demeurait présent dans mes pensées, il restait l'indispensable repère de mon existence.

V

À L'OMBRE DE L'AFFAIRE BEN BARKA

Une de mes amies de l'époque me disait toujours, parlant d'Oufkir :

– Tu es sa Joséphine.

Comme Napoléon qui n'a eu que problèmes et déboires quand il a répudié son épouse, Oufkir a rencontré de multiples difficultés pendant les vingt-deux mois de notre séparation. En mars 1965, de terribles émeutes ont secoué Casablanca. Ces manifestations purement estudiantines au départ ont vite mobilisé les ouvriers puis les chômeurs et enfin tous les insatisfaits. Le mouvement est alors devenu incontrôlable, versant dans la violence et adoptant des accents anticapitalistes mais aussi racistes, antisémites, anti-Français. Pendant trois jours, Casablanca a bouillonné, mis à feu et à sang. Le quatrième jour, les agitateurs se sont attaqués aux commissariats et aux casernes lors de batailles de rues qui firent une trentaine de tués dans les rangs de la police. Oufkir, survolant ces scènes de désolation à bord d'un hélicoptère, reçut l'ordre de faire ouvrir le feu au moment où ces bandes armées se dirigeaient vers les quartiers d'Anfa et de Bourgogne, là où résidaient une partie des ressortissants juifs marocains...

La presse française s'est déchaînée contre le ministre de l'Intérieur, baptisé le « boucher de Casablanca ». Aurait-il dû laisser les événements dégénérer encore ? Ne l'aurait-on pas accusé alors de laisser assassiner les populations ? Mais il fallait un bouc émissaire. Les journalistes n'osaient pas s'attaquer franchement à la politique de Hassan II, sous peine d'être privés des séjours dans les hôtels de luxe et des cadeaux somptueux dispensés par le souverain marocain... Il était infiniment plus aisé de s'en prendre au général qui imposait l'ordre de manière musclée, réprimant des manifestants dont le but était d'instaurer le règne de la peur et du chaos.

Et puis, il y a eu l'affaire. Le vendredi 29 octobre 1965, Mehdi Ben Barka disparaissait en plein Paris. On se souvient combien cet événement, jamais élucidé, a ébranlé le régime gaulliste. On sait que des agents français ont prêté la main à l'enlèvement et peut-être à l'assassinat de l'opposant marocain. « Rien que de vulgaire et de subalterne », selon de Gaulle, alors en pleine préparation des élections présidentielles. La boue remuée par cette opération de basse police a secoué les fondements de la Ve République, éclaboussant même la figure tutélaire du Général. Dès lors, il fallut trouver un responsable, blanchir l'Élysée, innocenter les services français. Oufkir était évidemment le coupable idéal. De Gaulle dit alors : « Il faut qu'Oufkir paye. » En accusant le ministre marocain, Paris tentait de présenter cette affaire comme un épisode concocté dans quelque nébuleuse officine chérifienne et dont les répercussions ne concernaient que le Maroc.

Pendant tout le temps de l'affaire, je suis séparée d'Oufkir et je vis ma passion pour Hassan. Le 30 octobre à une heure du matin, pourtant, mon ex-mari vient me chercher à Orly, où atterrit l'avion de Rabat. Il est arrivé de son côté, vers vingt-trois heures, venant de Fès. Le temps de prendre nos bagages et de gagner le centre-ville, nous arrivons à trois heures du matin au Royal Monceau, avenue Hoche, lui dans sa chambre, moi dans la mienne.

Notre rencontre n'a d'autre but qu'un voyage en Suisse pour rejoindre les enfants à l'occasion des vacances de la Toussaint. L'école nous a prévenus que Myriam est malade, nous partons donc pour Gstaad dès le lendemain. Après deux jours passés à la montagne, le vol parti de Genève nous ramène à Paris le mardi 2 novembre. C'est en lisant *Le Monde* pendant le trajet que nous apprenons la disparition de Ben Barka.

À l'aéroport, une meute de journalistes attend Oufkir. Mais que peut-il répondre aux questions pressantes qui lui sont posées ? Rien, sinon qu'il est lui-même le premier surpris. On trouve la ville chamboulée et les gens bouleversés, l'affaire occupe tous les esprits. Nous restons trois jours dans la capitale, le temps pour Oufkir de se faire poursuivre par les reporters et d'assister à une réception offerte par Roger Frey, ministre de l'Intérieur.

Bientôt, tout le monde, les politiciens effarouchés comme les éditorialistes disciplinés, les barbouzes bavards comme la rumeur publique, va faire d'Oufkir l'unique responsable de l'enlèvement. Dans un délire médiatique, les journaux français publient des articles monstrueux accusant mon mari d'un crime révoltant, des titres effroyables barrent les unes des périodiques et tous répètent le même refrain : Oufkir a tué Ben Barka... Peu leur importe que le ministre marocain n'ait pas même été présent sur le sol français au moment de la disparition de l'opposant. Peu leur importe qu'il ait passé son temps avec moi, une soirée à Paris et les jours suivants en Suisse.

Peut-on réellement imaginer Oufkir venant dans un pays étranger, enlevant un dissident connu, le tuant et faisant disparaître son corps ? Pourquoi aurait-il eu besoin de se compromettre personnellement ? Journalistes et enquêteurs prennent les gens pour des imbéciles en essayant de leur faire avaler cette version farfelue.

Des truands ont-ils kidnappé, torturé et assassiné Ben Barka ? A-t-il été emmené au Maroc ou ailleurs clandestinement ? Personne ne connaîtra la vérité.

Oufkir gardait le silence, il ne répondait jamais aux attaques, indifférent à ce qu'on pouvait dire de lui. Il a eu tort de ne pas s'expliquer parce que ses ennemis et ses détracteurs en ont profité pour lui bâtir une effrayante réputation. Il a tout accepté, s'arrangeant toujours pour préserver d'abord le prestige du roi.

Tout le monde savait, en effet, qu'Oufkir recevait des ordres. Hassan II n'était pas homme à se laisser dicter sa conduite. Le seul pouvoir de son ministre était d'exécuter les instructions royales. Oufkir n'avait pas même la latitude de nommer les gens de son cabinet ! Quand il voulut, une seule fois, choisir ses propres collaborateurs, le souverain les destitua sur-le-champ et les remplaça aussitôt par des hommes désignés par lui seul. Hassan II n'était pas le genre de personnage que l'on pouvait manœuvrer, à qui l'on pouvait imposer une idée : il décidait de tout. Ses ministres pouvaient travailler pendant six mois sur un dossier, quelques minutes suffisaient au roi pour en prendre connaissance, en tirer les conclusions et imposer son avis.

Mais en l'occurrence, Hassan II n'était ni plus ni moins susceptible d'avoir organisé la disparition de Ben Barka que les Français, les Britanniques, les Américains ou les Israéliens. Tout un monde voulait se débarrasser de cet activiste dérangeant.

Le roi avait peut-être même moins de raisons que les autres de voir disparaître le célèbre opposant. La marge de manœuvre de Ben Barka dans son propre pays était extrêmement limitée. Il était condamné à mort au Maroc : en 1963, il avait été accusé de haute trahison à la suite d'une tentative de complot, et la peine de mort avait été prononcée contre lui par contumace. L'amnistie décrétée par le roi en mars 1965 ne changeait pas fondamentalement la donne : les forces politiques qui soutenaient le leader de la gauche étaient sous la pression de l'État, le personnage était donc contrôlable. La seule crainte pour le pays était de le voir équiper des groupements clandestins en vue d'une insurrection. Oufkir y veillait : aucune arme ne pouvait franchir les frontières. De plus, le gouvernement marocain restait en très bons termes avec l'URSS – alors unique puissance susceptible de fournir un arsenal aux forces révolutionnaires.

En revanche, Ben Barka représentait une réelle menace pour toute une partie du monde, en particulier pour les États-Unis. Qui disait Ben Barka disait décolonisation, émancipation, libération... Il suivait les traces de Che Guevara, en plus dangereux. Alors que le Che était un idéaliste, il était, lui, un politique, un meneur du tiers monde, un allié des Soviétiques. Et, à l'époque, tous ceux qui passaient dans le camp de Moscou étaient considérés comme des ennemis de l'Occident. On comprend dès lors que des puissances bien plus importantes que le Maroc avaient intérêt à éliminer cet « agitateur ».

Pour des raisons politiques, la France a chargé Oufkir. La nation pour laquelle il avait donné dix-sept ans de sa vie a su le mettre en pièces pour son propre bénéfice et cela, je ne l'accepterai jamais. Parfois je suis saisie d'une impérieuse exigence de vérité, je me dis que je devrais contacter le fils Ben Barka, tous deux nous parviendrions peut-être à faire surgir la lumière. Et puis, l'instant suivant, je me demande si j'ai tellement envie de savoir... Trente-cinq ans après, que peut-on encore découvrir ? Ne faut-il pas laisser dormir les morts ?

Le fils Ben Barka cherche à connaître l'emplacement où son père a été enterré, il veut une tombe où le pleurer... Est-ce vraiment important ? Mon mari repose depuis vingt-huit ans sous un arbre dans le sud du Maroc, je ne m'y suis jamais rendue, pourtant il reste constamment en moi. Il est bien plus présent de cette manière que si j'allais tous les vendredis prier sur sa tombe. Un mort disparaît à jamais lorsqu'il ne demeure plus dans le cœur des siens.

L'affaire Ben Barka a changé nos vies. Dès lors sont apparus autour de nous la suspicion, les doutes, les rancunes. Aux yeux du monde, Hassan II a officiellement soutenu Oufkir condamné par contumace à la prison à perpétuité par la justice française : il a gelé les relations diplomatiques avec la France pendant cinq ans, imposé le silence à tous ceux qui dénigraient ou tentaient d'évincer son ministre et lui a rendu un hommage appuyé « pour son attachement indéfectible à notre personne ». Mais plus le roi agissait ainsi et plus il retenait Oufkir comme esclave. Le puissant général était étouffé, il devenait un simple exécutant des décisions prises par Hassan II, on ne lui demandait plus ni de penser ni de réfléchir. Le fossé entre les deux hommes se creusait. L'un, éduqué en militaire, voulait des situations claires. L'autre, élevé en roi, savait qu'il devait se méfier de tous.

Or la seule erreur à ne pas commettre avec Oufkir était de lui refuser une confiance absolue. Ses relations avec le roi se dégradaient lentement. Jusque-là, il avait travaillé avec sérieux et intégrité, maintenant il devenait désinvolte. Rien n'allait plus. Il jugeait de loin, il était indifférent à ce qui se passait. Il laissait les gens voler et répétait, fataliste :

– Ce n'est pas mon problème. Après tout, puisque le roi le veut ainsi...

Je ne vivais plus avec lui, mais comment rompre définitivement avec cet homme qui avait marqué ma vie ? Je le voyais régulièrement. Pour les enfants, mais aussi parce qu'il restait entre nous le lien puissant d'un amour toujours vivant. Je le mettais en garde contre le laisser-aller qu'il affichait désormais :

– Tu sais, Oufkir, je suis désolée mais tu es en train de déconner à plein tube. Ce que tu fais n'est pas honnête. Si tu ne veux pas travailler avec le roi, tu le lui dis et tu pars, voilà tout.

– Où veux-tu que j'aille ? Tu crois qu'avec tout ce que je sais, tout ce que j'ai partagé avec lui, il va me laisser partir tranquillement ?

À cette époque pourtant, Oufkir était toujours considéré comme l'homme le plus puissant du Maroc. Le roi s'amuse, le général commande, disait-on. En fait, je l'ai dit, Hassan II est toujours resté très vigilant sur ses affaires, sur la manière dont le pays était dirigé. Il laissait Oufkir mener les enquêtes, dénouer les séditions, arrêter les coupables, et le monarque avait ensuite le loisir de relâcher les prisonniers. La police travaillait pendant un an ou deux, accumulait des dossiers, des interrogatoires, confisquait des armes et Sa Majesté, comme si tout cela n'avait aucune importance, se donnait le beau rôle en graciant les coupables et en accordant son royal pardon.

Au moment où Oufkir voulut faire marche arrière, il était déjà trop tard. Il en savait trop. Aurait-il pu tout quitter et se retirer dans une caserne ? On n'allait pas laisser un homme pareil à la tête d'un bataillon armé. On le craignait...

Depuis qu'il avait été en charge du ministère de l'Intérieur, il avait compris combien le pays était exsangue, combien l'administration était inefficace. Il avait travaillé non seulement sur le rétablissement de l'ordre, mais aussi sur le fonctionnement de l'État. Il faut savoir que, de 1956 à 1964, le Maroc aurait pu brûler tant il y avait de fusils, de mitraillettes et de grenades en circulation. Oufkir a désarmé les milices combattantes, recruté et formé les officiers et les sous-officiers de l'armée régulière, enrôlé les illettrés dans les forces auxiliaires. Il a créé tout un système assez policé, mais où subsistait une réelle liberté. Les gens pouvaient parler, les partis avaient la faculté de s'exprimer, même s'ils étaient contrôlés.

Tout changera après sa mort. La terreur sera instaurée, chacun aura peur et nul n'osera parler politique ouvertement. Comme dans les pays communistes.

Oufkir a tout repris en main, organisant même élections et référendums, bien sûr toujours truqués. La raison d'État était la plus forte et il devait s'y plier. Je me moquais régulièrement de lui à chaque veille des scrutins :

– Oufkir, quel sera le score demain ?

Il riait franchement :

– Tu le sais bien, 99,99 %... Ce n'est même pas la peine d'en discuter.

Il raillait lui-même cette mainmise sur l'expression des sujets de Sa Majesté. Mais il reprochait aussi aux partis de jouer le jeu avec trop de complaisance. Quand le roi avait besoin d'eux, il les convoquait. À la première incartade, il leur donnait un coup de pied et ils repartaient ; quand il les rappelait, ils revenaient. Cette attitude servile heurtait Oufkir :

– Ce ne sont pas des partis, disait-il, ce ne sont pas des hommes ! Moi, quand on me fiche dehors, je m'en vais...

Tant de fois, il a répété :

– Mon Dieu, donnez-moi des ennemis à la hauteur pour que je puisse à la fois les combattre et les respecter.

Ses ennemis n'étaient pas à la hauteur. Au Maroc, on se débine facilement devant la force. Et on prend pour des fous ceux qui se lèvent et se battent. Vous passez pour un imbécile ou un irresponsable si vous essayez de montrer un peu de courage, un soupçon d'indépendance d'esprit. La mentalité marocaine est très surprenante.

Oufkir a fini par disloquer les partis d'opposition. Aujourd'hui, ils sont très affaiblis par quarante ans de persécutions. C'est grâce à l'œuvre d'Oufkir, de par la situation laissée après lui, que la monarchie a pu se maintenir. Plus tard, quand Hassan II tombera malade, à la fin de sa vie, il appellera les forces politiques du pays à l'alternance. Quelle alternance ? Pour obtenir une majorité, l'opposition est obligée de tendre la main à des partis qui ont toujours été à l'ombre du pouvoir.

Le roi respectait Oufkir jusqu'à une certaine limite parce qu'il le craignait et avait besoin de lui. Oufkir se faisait respecter car il refusait la corruption. Le roi ne pouvait pas lui ordonner d'aller commettre un mauvais coup et lui donner ensuite une ferme pour qu'il se taise. Quand Hassan II a voulu lui proposer de l'argent et des propriétés, Oufkir a refusé en lui disant :

– Si j'étais corrompu, je ne pourrais plus travailler pour vous. J'accepterai de vous vos vieilles chemises, mais pas plus...

Oufkir faisait du 39 d'encolure, le roi du 37 ! Elles ne lui allaient pas, mais il les portait tout de même, le col ouvert.

Il avait d'ailleurs un rapport très particulier à l'argent : il n'en avait jamais sur lui, n'en discutait jamais et, si quelqu'un abordait ce sujet, il l'envoyait promener. Ses comptes s'arrêtaient à deux mille francs, montant de sa dernière solde avec les Français. Deux mille francs, pour lui, c'était le sommet, le grand maximum. Un jour, je lui avais acheté une chemise à six cents francs, à l'époque c'était une somme importante. Il n'avait pas compris :

– Mais qu'est-ce qui te prend ? Pourquoi vais-je mettre, moi, une chemise qui coûte six cents francs ? Tu n'as pas le droit, six cents francs c'est la solde d'un officier ! Moi, je suis un officier, je n'ai pas le droit de mettre une chemise d'un prix pareil.

– Et si tu meurs ? lui ai-je demandé un peu étourdiment.

– Si je meurs sans avoir mis une chemise à six cents francs, la Terre ne va pas s'arrêter de tourner. C'est dans ta tête que ça se passe. Pour moi une chemise en Nylon, en coton, en soie, ça m'est égal, pourvu que je sois bien avec moi-même. Ce n'est pas ce que je porte qui fait de moi ce que je suis...

Je voulais simplement lui faire plaisir. Je sentais qu'il avait si peu de satisfactions : il ne sortait pas, ne voyageait pas, ne se reposait pas, était entouré de pique-assiette qui lui souriaient par pur intérêt. Je désirais le gâter de temps en temps, mais à quoi bon puisqu'il n'appréciait pas ?

En revanche, quand il faisait une partie de poker avec ses amis, il misait des sommes invraisemblables, qui n'avaient aucun rapport avec la réalité. Des sommes si délirantes que personne ne les lui faisait payer. Les gens adoraient jouer avec lui, il mettait de l'ambiance, racontait des histoires, et quand il se mêlait d'être drôle, personne ne pouvait le battre. Il était ainsi, très généreux de cœur, de pensée, mais très détaché dans le domaine de l'argent. Il disait toujours :

– Avant de signer un contrat, je laisse mon stylo suspendu pendant des heures en me demandant s'il est honnête. Je peux être en prison pour tout sauf pour vol. Je ne veux pas voler, je ne veux pas avoir d'argent.

Un été, il a été choqué de voir nos deux filles faire payer leurs camarades pour un spectacle qu'elles avaient organisé dans leur petit cabanon de Kabila, station balnéaire dans le nord du Maroc.

– Mais comment prépares-tu ces petites ? À leur âge ! À huit et neuf ans, elles sont en train d'exploiter les autres, m'a-t-il reproché.

Je lui ai rétorqué que c'était la vie, qu'il fallait apprendre aux enfants à compter sur eux-mêmes.

– Pas les filles ! s'est-il exclamé, indigné. Je ne conçois pas que mes filles fassent payer des gens qui entrent chez elles !

Il n'a rien voulu entendre et les petites ont dû rembourser intégralement leurs jeunes spectateurs. Il avait parfois des réactions excessives. On ne pouvait pourtant pas faire vivre les enfants du début des années soixante-dix avec la mentalité des années quarante.

Après l'affaire Ben Barka, bien des choses se sont modifiées autour de nous. Un jour, la directrice de l'école suisse où mes enfants étaient en pension m'a téléphoné, affolée :

– Il y a des hommes qui tournent autour de vos enfants avec des voitures, on a peur qu'ils tentent de les enlever. Venez les chercher...

Des forces de police munies de tout un armement sont montées jusqu'à Gstaad, mais je n'ai pas pris ce cinéma au sérieux. Je suis certaine que jamais les hommes de l'UNFP – le parti marocain de l'opposition de gauche –, que ce soit à l'intérieur ou à l'extérieur du pays, ne se seraient attaqués à des enfants. Mais le colonel Dlimi, collaborateur d'Oufkir, cherchait par ces menaces supposées à affaiblir son supérieur. Il nous a d'ailleurs refait le même coup quelques années plus tard, en 1972. Un matin, il est venu me voir, les yeux exorbités :

– Malika est en danger. Kadhafi va l'enlever. Il faut absolument qu'elle rentre au Maroc.

Mon aînée poursuivait alors des études à Paris. Encore une fois, je n'ai pas cru un instant à ce prétendu danger. Le colonel libyen n'aurait jamais fait ça, il s'en prend à des hommes, pas à des femmes, pas à une jeune fille. Et Malika est restée à Paris.

*
**

Pendant que l'affaire Ben Barka ne cessait de faire des vagues, j'étais sous l'emprise de Hassan. Jusque-là, personne ne m'avait modelée ni manipulée, et lui faisait de moi ce qu'il voulait. Je n'arrivais pas à l'admettre et pourtant j'étais devenue un simple objet pour un homme qui décidait ce que je devais manger et comment je devais m'habiller. Si j'avais les seins un peu dénudés, il me faisait une scène et m'ordonnait d'aller me changer. Je n'étais guère habituée à être traitée de cette manière.

Mon mari n'avait jamais eu ce comportement possessif et tyrannique. Il me laissait porter les vêtements qui me plaisaient, heureux de me voir belle, de me sentir épanouie. J'étais habituée depuis toujours à faire ce que bon me semblait, mais avec Hassan c'était impossible.

Je sentais confusément que je ne pourrais m'entendre durablement avec lui... Une accumulation de détails finissait par m'agacer. Par exemple, il était amoureux de mes pieds parce qu'ils étaient petits. Comment admettre que l'on puisse disloquer une femme en morceaux épars ? Elle a ceci de bien, elle a cela de moins bien, elle a ceci de joli, elle a cela de vilain, elle parle fort, elle parle doucement... Une femme, c'est un ensemble, un esprit, une manière d'être. On ne tombe pas amoureux pour des yeux en amande ou un nez retroussé, pour de longues jambes ou de petits pieds.

Et puis il y avait Oufkir, qui nous harcelait. À la fin, quand mon ex-mari a su que son rival avait démissionné de l'armée pour m'épouser, il s'est mis en tête de se battre pour me récupérer et me faire revenir au foyer conjugal.

Je ne savais plus que décider. J'étais écartelée entre un amour dévorant et un homme solide que je ne voulais pas voir sortir de ma vie. La situation était sans issue. Avec l'un ou avec l'autre, j'étais incomplète et déchirée. Désespérée, j'ai voulu en finir. J'ai mis une belle chemise de nuit blanche en soie et j'ai avalé une quantité effroyable de tranquillisants...

C'est une amie, Sylvia Doukkali, l'épouse du secrétaire particulier du roi, qui m'a trouvée le lendemain. Elle a frappé à la porte. Personne n'a répondu. Elle a frappé encore. Rien. Alors elle est entrée. J'étais étendue, immobile, elle a cru d'abord que je dormais...

Transportée d'urgence à la clinique, je suis restée huit jours dans le coma. Jusqu'au moment où je me suis réveillée comme un fauve, j'ai tout renversé, mon lit, la table de nuit, les bouteilles de sérum... Je me demande quelle force me poussait à tout saccager, et puis je suis tombée et je me suis blessée. Quand j'ai émergé de ce cauchemar, je me suis trouvée tellement maigre, tellement ridicule, tellement idiote, tellement inconséquente ! Et ce fut le retour à la vie. Quand on passe si près de la mort, quand on vous dit que pendant une semaine vous avez été tout à fait absente, on voit l'existence d'une autre manière. J'ai commencé à être un peu plus lucide et des questions tournaient dans ma tête : tu as tout quitté pour qui ? Pour quoi ?

Je revois néanmoins Hassan. Une fois. En mon for intérieur, je sais déjà que cette rencontre sera la dernière. Nous louons une chambre sordide dans un marché en plein Casablanca, le marché de la criée, où nul ne peut nous trouver. Pendant trois jours, nous restons enfermés, vivant uniquement de pain et de lait. Nous profitons l'un de l'autre dans un amour fou, insensé. Ensuite, nous décidons de nous réfugier chez l'épouse d'un médecin célèbre, une très jolie femme passionnée de sport, mais écervelée et sans scrupule. Je lui téléphone :

– J'arrive avec Hassan.

– Avec plaisir, répond-elle, je te donne la chambre d'amis.

Elle nous reçoit dans un déshabillé transparent, scandaleusement échancré, et se baisse voluptueusement sous le nez de Hassan en lui servant le thé... Et lui a les yeux fixés sur ses charmes offerts. Elle ne recule devant rien et n'a aucun sens moral. Moi, j'assiste à cette scène de séduction comme une idiote, mais j'ai le sang chaud, je suis quelqu'un de très impulsif : je me lève brusquement pour partir. Hassan me retient, me jure un amour éternel... Lui et moi passons encore la nuit ensemble mais, tôt le matin, je prends mes affaires et je m'esquive.

Je n'ai pas supporté le désir de ce jeune homme pour cette femme, ce désir qu'il n'a pas su maîtriser. Je n'ai pardonné ni à l'un ni à l'autre, j'ai fait passer mon amour-propre avant mon amour. J'étais devenue très exigeante et j'en avais le droit : pour Hassan j'avais quitté toute une vie. Et lui osait se comporter envers moi avec une telle désinvolture ! Cela ne m'était pas tolérable.

Je suis rentrée dans ma petite maison de Blanche-Neige et quand, le lendemain, il m'a appelée, je lui ai répondu sèchement :

– Tu ne me téléphones plus jamais.

Il a voulu alors se lancer dans des explications :

– C'est de chez elle que je te téléphone, je n'ai pas pu....

Je l'ai interrompu brusquement :

– Je sais très bien que tu es chez elle et tu peux rester là-bas jusqu'à ce que tu en aies ta dose. Au revoir et merci.

Ainsi s'est terminée notre histoire. Je n'ai plus jamais revu Hassan. Mais il a marqué ma vie, il a bouleversé tous mes principes, ma raison d'être, ma façon de voir les choses. Durant plusieurs mois, j'ai été déchirée entre une passion irréfléchie et mon mari que j'aimais avec respect.

En sortant de chez cette femme, abandonnant Hassan à son sort, je suis passée chez une amie. La nouvelle femme d'Oufkir venait de partir... Et l'on m'a rapporté les propos qu'elle avait tenus :

– Elle nous a soutenu qu'Oufkir ne te reprendrait plus après tout ce que tu lui as fait. Maintenant, c'est lui qui te rejette, il ne veut plus de toi...

– Ah bon. C'est ce qu'elle t'a dit ? Eh bien, va donc lui annoncer tout de suite que dans quinze jours je serai avec lui !

Et je suis rentrée chez moi. Peu de temps après, Oufkir est venu me trouver pour m'expliquer que le roi devait effectuer une tournée officielle dans son bled de Boudnib et dans toute la région du Tafilalet.

– Est-ce que ça te dérangerait d'aller t'occuper de la réception à Boudnib ? m'a-t-il demandé.

Non, ça ne me dérangeait pas. Je suis allée organiser des festivités d'une semaine pour plus de deux mille personnes chez le jeune frère d'Oufkir, caïd de Boudnib. Quand Hassan II m'a vue, il a marqué un temps d'arrêt :

– Qu'est-ce que tu fais là ?

– C'est tout simplement Oufkir qui m'a demandé de venir...

Le roi a un peu froncé des sourcils, il ne comprenait pas. Si Oufkir avait décidé de reprendre sa femme, pourquoi n'en était-il pas informé ? Sa Majesté est partie pour Marrakech, Oufkir et moi sommes rentrés à Rabat. Le soir même, Oufkir a voulu pénétrer dans ma chambre... J'ai refusé. Je pensais à cet axiome arabe : « Elle est ma femme et je dois lui faire la cour pour la séduire... » Comme il insistait pour passer la nuit avec moi, je l'ai vertement remis à sa place :

– Je ne suis pas du genre à vivre en compagnie d'une autre épouse. Et puis, on est divorcés, tu n'as pas à me toucher.

– S'il ne tient qu'à ça, on appelle tout de suite le cadi.

En fait, Oufkir s'était détaché de sa seconde femme depuis plusieurs mois. Il lui avait fait un enfant et puis le travail l'avait absorbé. Aussitôt, il a appelé son ami Mohamed Ben Alem, son bras droit, secrétaire général de l'Intérieur, et lui a demandé de venir avec le magistrat musulman.

Les deux hommes sont arrivés rapidement. Vers vingt-trois heures, les papiers étaient signés. C'est ainsi que nous nous sommes remariés. J'aurais mieux fait de me casser une jambe ce soir de mai 1966, je n'aurais pas subi dix-neuf ans de prison par la suite.

L'autre épouse, l'autre Fatéma, étant encore à Marrakech avec la famille royale, Oufkir a pris l'avion dès le lendemain matin pour lui annoncer la nouvelle... Vers onze heures, elle est entrée dans sa chambre à l'hôtel juste à l'instant où j'appelais mon mari. Elle a décroché :

– Allô, qui est à l'appareil ?

– Mme Oufkir, ai-je annoncé tranquillement.

– Comment ?

Ainsi, il n'a pas eu besoin d'inventer des mensonges ou d'élaborer des scénarios. Elle avait compris. En lui passant le combiné, elle a dit simplement, un peu amère :

– Tiens, il paraît que c'est Mme Oufkir.

Moi, plutôt amusée, j'ai eu cette réflexion :

– Je crois que ça ne va pas bien se passer pour toi, tu vas avoir ton petit moment d'explication...

– Oui, chérie, je m'y attends, je vais m'arranger.

Quand il a raccroché, Fatéma lui a demandé de clarifier la situation :

– Qu'est-ce que c'est que cette histoire ? Si tu as repris ta femme, moi tu me divorces.

– D'accord, c'est comme tu veux.

Vers midi, Oufkir est allé saluer le roi, accompagné de Fatéma. Celle-ci en a profité pour se plaindre :

– *Sidi,* il a repris sa femme et maintenant, moi, je veux le divorce.

Hassan II s'est retourné vers son ministre :

– Qu'est-ce que tu en dis ?

– Si elle veut divorcer, elle est divorcée.

Cela suffisait, en effet, pour prononcer la séparation définitive. Les choses se sont passées ensuite sans que j'intervienne. Oufkir a fait envoyer un camion des forces auxiliaires afin que sa seconde femme puisse récupérer ses affaires dans la maison qu'elle habitait et qui m'appartenait. Elle est arrivée, a pris ses objets personnels, ses habits, les cadeaux qu'on lui avait faits, et elle est partie. Elle n'a jamais revu Oufkir, elle avait sa vie et lui la sienne.

Sept ans plus tard, quand Oufkir est mort, des *adouls,* notaires de la loi, ont tenté de soutenir qu'elle était toujours son épouse et qu'elle devait hériter une partie des biens du défunt. Sa demande a été rejetée car elle n'a pas pu présenter de documents officiels, elle a seulement exhibé une vague photocopie, les actes authentiques ayant prétendument brûlé dans un incendie. Pourtant, on lui a permis d'occuper une maison qui m'appartenait et dans laquelle elle a vécu pendant vingt-cinq ans, alors que j'étais en prison...

J'ai donc réépousé mon mari et nous avons repris la vie commune. De son côté, Hassan a réintégré l'armée peu après, puis ses parents l'ont obligé à épouser l'une de ses cousines. Il a continué à vivre sa petite vie tranquille, mais il a tourné en orbite durant longtemps. Pendant trente-cinq ans, il n'a presque pas habité le Maroc, passant d'un pays à l'autre en tant qu'attaché militaire. Aujourd'hui, m'a-t-on dit, il a pris sa retraite.

Je possédais des lettres et des photos, témoignages tangibles de cette belle histoire d'amour. Je les avais placées à la banque, dans un coffre, et je les ai retrouvées à ma sortie de prison. Puis on me les a volées... Qui donc a pu me dérober ces papiers personnels ? Qui a voulu s'emparer de ma mémoire ?

J'ai tout perdu, je n'ai plus de repères et je n'arrive pas toujours à remettre mes souvenirs en ordre. J'ai vécu tellement de choses, j'ai eu tellement peur, j'ai été si longtemps perdue, égarée, désespérée, et tant de gens m'ont fait mal...

Pour quelle raison tous ces ennemis se sont-ils dressés contre moi ? Je n'avais pris le mari d'aucune femme, ni la place de personne. Je partageais ce que j'avais avec les plus humbles, je consacrais des sommes à envoyer des fidèles en pèlerinage à La Mecque tous les ans. Ai-je blessé quelqu'un sans le savoir ? J'ai toujours veillé à être aimable avec mes amis, avec mon entourage, même avec les inconnus. Je n'ai jamais été ni agressive, ni jalouse, ni envieuse. Pourquoi l'aurais-je été ? J'ai connu tous les bonheurs de la vie.

VI

CRIMES ET TRAHISONS

Il fait beau, ce samedi 10 juillet 1971. Le sable de la plage est brûlant et les vagues de l'Atlantique glacées. Mes enfants, Maria, Soukaïna et Abdellatif, jouent dans l'écume revigorante et je goûte ces heures de sérénité volées au temps. Un peu plus loin, dans le palais de Skhirat, le roi célèbre ses quarante-deux ans en recevant une assemblée exclusivement masculine, composée de ministres, de généraux, d'industriels et d'ambassadeurs.

Suite de petits bâtiments construits en bord de mer, le palais a l'air fait pour la détente : golf de dix-huit trous où un tournoi s'est déroulé le matin même et piscine dans laquelle quelques invités plongent pour se rafraîchir de la touffeur estivale.

Tout paraît immuable, figé dans le protocole qui régente nos vies. Rien, semble-t-il, ne peut venir troubler l'ordre tranquille de nos existences. Soudain, dans l'après-midi, apportée par le vent du littoral, une odeur de poudre balaye la plage. Senteur âcre qui pue le drame et la mort...

Il ne nous faut pas longtemps pour apprendre qu'un coup d'État est en marche. Placés sous les ordres du lieutenant-colonel Mhamed Ababou, des cadets de l'école militaire d'Ahermoumou ont assailli le palais de Skhirat dans une confusion de rafales et d'explosions, fauchant au hasard une soixantaine de convives. Le chef suprême du complot, le général Mohamed Medbouh, jugé trop hésitant au moment de la confrontation, a été lui-même abattu par ses complices.

En maillot de bain, sortant de la piscine, Oufkir a échappé aux assaillants en se réfugiant dans les toilettes avec le roi et quelques invités parmi lesquels le bijoutier Pierre Chaumet, le Premier ministre Ahmed Laraki, le conseiller Driss Slaoui, deux professeurs de médecine et deux députés français. Les mutins ont longuement cherché le souverain. En vain. Finalement, ils ont commis l'erreur d'abandonner le palais à la garde de deux commandos, une centaine d'hommes à peine, pendant que le gros de leurs troupes remontait vers Rabat pour prendre possession des points stratégiques de la capitale.

Vers dix-sept heures, la radio annonçait la victoire du putsch : « Le système monarchique a été balayé. L'armée du peuple a pris le pouvoir... » Pendant ce temps, Hassan II et Oufkir sortaient de leur cachette... Face au Commandeur des croyants, la détermination des rebelles faiblit. Après quelques instants de flottement, les canons des mitraillettes se détournèrent et un impeccable garde-à-vous salua le roi. La victoire avait changé de camp. Oufkir s'habilla à la hâte d'une tenue militaire que lui prêta un pilote et, à la tête de ses unités spéciales, fila vers Rabat pour étouffer l'insurrection. Le soir même, à vingt-trois heures, tout était terminé. Dans la nuit, Hassan II pouvait déclarer au micro d'Europe 1 :

– Je suis encore un peu plus roi qu'hier...

Le putsch manqué de Skhirat a profondément marqué Oufkir. D'abord, il a été humilié de devoir se cacher des heures durant en maillot de bain dans les toilettes du palais :

– Si je dois mourir, que je meure au moins dans la dignité, pas en slip ! répétait-il.

Ensuite, il y a eu la répression. Dix officiers mis aux arrêts ont été passés par les armes sans autre forme de procès. Ces condamnés – dont quelques-uns, assurément, étaient innocents – avaient été confiés à la garde du colonel Ahmed Dlimi, le subordonné d'Oufkir. Avant d'être fusillés, ils avaient été effroyablement bastonnés. Quand on les mena devant le poteau d'exécution, ils avaient le visage tuméfié, bouffi par les coups.

Or ces hommes étaient les frères d'armes d'Oufkir, il en avait connu certains à l'école primaire d'Azrou dans le Moyen-Atlas, ils avaient été de la même promotion à l'Académie militaire de Meknès, plus tard ils avaient participé ensemble à la campagne d'Italie et à la guerre d'Indochine... Sur les ordres du roi, Oufkir a dû assister au supplice de ses compagnons et ces exécutions sommaires l'ont écœuré. Il a vu ses amis humiliés et torturés, il les a vus tomber sous les balles d'un peloton, et il s'est senti tellement impuissant, tellement inutile, qu'il en a perdu le goût de vivre. Il est devenu amer, aigri.

Oufkir ayant tenté de défendre l'honneur de ces soldats, la rumeur n'a pas tardé à laisser entendre qu'il avait été lui-même l'un des inspirateurs de la tentative de coup d'État de Skhirat. Hassan II eut bien sûr vent de ces commérages, mais il avait alors une foi totale en son ministre. Un jour, après avoir reçu plusieurs lettres de dénonciation, le roi vint vers Oufkir, les bras écartés :

– On me dit que tu veux me tuer, me voilà !

C'était sa manière à lui de témoigner sa confiance.

Sans doute le putsch n'avait-il pas été une véritable surprise pour Oufkir. Depuis deux ans, ses camarades lui laissaient entendre que les choses devaient changer et qu'ils envisageaient de passer à l'action. Mais lui se refusait à les prendre au sérieux... Un soir, en riant, il a apostrophé devant moi l'un de ses amis :

– Si tu touches un cheveu de Hassan II, je te descends.

Il a même menacé le propre frère du roi, Moulay Abdallah. Ce dernier, un garçon très bien et que j'aimais beaucoup, avait une conscience politique aiguë et portée vers l'avenir. Il critiquait son frère sur beaucoup de points mais le respectait aussi pour sa grande intelligence, tout en flirtant un peu avec l'opposition. Oufkir l'a croisé dans une réception où il était entouré de personnalités politiques peu en grâce au palais. Mon mari s'est tourné vers lui et a lancé sur le ton de la plaisanterie :

– Dites-moi, Moulay Abdallah, si jamais vous traficotez quelque chose contre le roi, c'est moi qui vous ferai la peau. Je suis le garant du trône...

– Eh, Oufkir ! Tu ne vas pas nous gâcher la soirée ! a répliqué le prince, plutôt agacé.

– Je vous préviens, tout simplement. Si vous complotez contre votre frère, c'est moi que vous aurez sur le dos, a insisté Oufkir.

Ce qui n'a pas empêché Moulay Abdallah de rester un ami. Nous le fréquentions régulièrement, il emmenait mon fils Raouf en voyage et lui a offert sa première moto.

J'ai donc entendu Oufkir défendre la monarchie contre

tous ceux qui, de près ou de loin, murmuraient contre Hassan II. Avec mon mari, j'ai rarement eu l'occasion d'en parler à cette époque car, aussitôt après Skhirat, le roi lui a confié le ministère de la Défense. Dévoré par ses responsabilités nouvelles, il travaillait du matin au soir, dormant seulement quelques heures par nuit. Notre maison de l'allée des Princesses était transformée en véritable état-major : les enfants et moi, coincés dans nos chambres, n'avions plus de place où vivre. Parfois, je ne pouvais même pas descendre au rez-de-chaussée, partout des inconnus s'affairaient fébrilement autour du ministre. Certains matins, je devais prendre mon café dans les escaliers : toutes les pièces étaient occupées par des officiers. Ce fut une année terrible.

Une année où je m'échappais le plus souvent possible du Maroc pour aller à Paris et surtout à Londres, où j'avais acheté une petite maison, dans Hyde Park Street. En effet, nous étions en délicatesse avec la France à la suite de l'affaire Ben Barka. Condamné par la justice française, Oufkir ne pouvait plus mettre un pied dans l'Hexagone. Bien sûr, cette mesure ne frappait ni mes enfants ni moi, mais j'évitais de m'y rendre pour de trop longs séjours. Comme je ne suis pas polyglotte du tout, je prenais des cours d'anglais avec Anne Brown, une jeune fille que j'avais engagée et qui ne me quittait pas.

Le 6 mai 1972, ma fille Malika eut un terrible accident de voiture à Paris. La Porsche de Luc, le fils du grand industriel André Guelfi, percuta un poteau... Malika, le nez coupé, une lèvre déchirée, les joues balafrées, fut complètement défigurée. Je restai avec elle pendant plus de deux mois, totalement ignorante de ce qui se tramait au Maroc.

Notre amitié pour André Guelfi a excité bien des imaginations. Récemment, quand il a eu quelques problèmes avec la justice, Malika a reçu la visite d'un de ses camarades journalistes qui lui a fait cette surprenante révélation :

– Guelfi a pris l'argent de ton père... Vingt-cinq millions de dollars qu'il lui avait confiés ! C'est avec ce dépôt qu'il a bâti sa fortune. Maintenant, il va falloir que tu lui réclames cette somme.

Malika m'a demandé mon avis.

– Celui qui t'a dit cela est un imbécile, ai-je répondu. Il voulait la peau d'André Guelfi et la peau d'Oufkir, car cette médisance peut le salir même dans la tombe. Crois-tu un instant que cela puisse être vrai ? Penses-tu que ton père était un voleur ? D'où aurait-il tiré vingt-cinq millions de dollars ? Même le roi ne disposait pas de fonds pareils.

Le 14 mai, alors que Malika était hospitalisée, Oufkir fut victime d'un accident d'hélicoptère au Maroc. Il s'en tira avec trois côtes cassées. Certains murmurèrent qu'il s'agissait d'un attentat... Était-ce vraiment une tentative d'assassinat déguisée en accident ? Le monarque a-t-il voulu supprimer son ministre déjà à ce moment-là parce qu'il en savait trop et qu'il n'était pas d'accord sur tout ? Je ne l'ai jamais su et je n'ai jamais pu me faire une opinion définitive.

Quoi qu'il en soit, l'affaire Ben Barka et le putsch de Skhirat ont définitivement fait d'Oufkir un autre homme. Désormais, il ne supportait plus le goût du secret cultivé par Hassan II ni son entêtement de monarque absolu, ni ses emprisonnements, ni ses exécutions sommaires. En petit comité, il se permettait de parler, de critiquer le roi, il avait connu trop de drames, il avait trop de secrets en lui, tant de choses lui faisaient mal, tant de choses le révoltaient. Et il n'avait pas d'amis. Il se sentait cerné de tous les côtés. La plupart des gens qui gravitaient autour de lui, qui venaient le voir en famille, étaient des agents du roi. Même certains de nos domestiques étaient des espions, ils rapportaient au souverain des informations sur ce que nous avions mangé, ce que nous avions bu, ce que nous avions dit, comment nous étions habillés, quel diamant je portais, quelle nouvelle ceinture j'arborais... Hassan II jouait son rôle de monarque, il avait des oreilles partout, il voulait savoir ce qui se passait dans l'intimité du foyer de l'homme fort de son régime.

Début juillet 1972, je suis encore à Paris pour veiller sur Malika qui se remet lentement de son accident. Sur la demande de mon mari, je rends visite à quatre officiers marocains hospitalisés dans la capitale française. Parmi eux, le général Abdelkader Loubaris qui, dans une clinique de Créteil, se rétablit peu à peu de graves blessures infligées lors de l'attentat de Skhirat, et un certain Amokrane, jeune colonel atteint d'un cancer des reins, admis à l'hôpital militaire du Val-de-Grâce. Je ne me m'attarde pas au chevet du colonel. Entubé, il peut à peine parler et moi-même, le voyant pour la première fois, je ne sais pas quoi lui dire. Je le salue, je lui offre un livre, je reste cinq minutes les yeux baissés et je m'éclipse.

Je reviens au Maroc à temps pour assister à

l'anniversaire du roi, le 9 juillet. Je participe aux festivités comme chaque année, apportant mes cadeaux ainsi qu'il est d'usage. Lalla Latéfa, la femme de Hassan II, me propose d'accompagner la famille royale en France quelques jours plus tard et j'accepte avec enthousiasme. Mais Oufkir ne l'entend pas de cette oreille, il refuse que je m'absente à nouveau. Le soir même, il me fait une scène :

– Tu es folle ou quoi ? Tu es à Paris depuis quatre mois, tes enfants ne t'ont pas vue durant tout ce temps et tu veux retourner là-bas à peine arrivée ? Tu ne peux pas t'en aller encore. Tu leur diras que ce déplacement est impossible !

– Tu le leur diras toi-même...

Et c'est Oufkir qui va expliquer à Hassan II que sa femme n'accompagnera pas Lalla Latéfa dans son voyage car elle doit s'occuper des enfants et de la maison...

Au palais, cette rebuffade a choqué. Et j'ai commis de mon côté une erreur. Au moment où Hassan II s'apprêtait à partir pour la France, je suis venue le saluer, selon la coutume, juste avant son embarquement. Quand le roi se déplaçait, toutes les femmes de la cour devaient porter une tenue sobre, généralement de soie, sans parures ni bijoux. Puisque le maître s'absente, il n'est plus question de se faire belle ni de plaire... Mais j'étais invitée à un mariage dans l'après-midi, je me suis donc présentée devant Sa Majesté toute pimpante, avec des brillants et une robe d'un tissu assez éclatant... Il n'a rien dit, mais s'est retourné vers moi, visiblement exaspéré. A-t-il eu l'impression que je venais le narguer ? Je n'allais tout de même pas interrompre le cours de ma vie parce qu'il partait en voyage ! J'aurais dû le lui expliquer, il aurait compris. Je n'ai pas eu l'occasion de le faire...

Car je ne l'ai jamais revu. C'était la veille des événements. Par la suite, certains ont cru pouvoir faire des rapprochements : si j'avais refusé de partir avec la famille royale, si je m'étais présentée devant le roi dans une tenue jugée trop recherchée pour la circonstance, c'était évidemment parce que je savais ce qui se manigançait. J'aurais bien aimé être au courant, je ne me serais pas fait prendre comme un lapin. Comme le roi, j'ai été trahie. Oufkir ne m'a rien dit : il a passé cinq jours avec moi avant l'attentat et il ne m'a pas révélé le moindre détail de ce qui se préparait.

*
**

Le mercredi 16 août 1972, je suis à Kabila, petite station balnéaire dans le nord du Maroc, avec mes enfants, à l'exception de Malika qui, après son accident, s'est installée à Casablanca pour préparer son baccalauréat. Revenant du bain maure en fin d'après-midi, je trouve un attroupement devant mon cabanon et j'entends des murmures :

– Quelque chose se passe à Rabat. L'avion du roi a été bombardé...

Bientôt mon salon est rempli de gens qui ne savent pas encore sur quel pied danser. Rien n'est sûr. Qui a perpétré l'attentat ? Quel est le sort du roi ? Qui détient les rênes du pouvoir ? Vers vingt heures, la radio commence à donner quelques bribes d'informations... Hassan II est sain et sauf. Je ne sais pas encore qu'Oufkir est impliqué dans ce nouveau complot... Le cabanon se vide, les plus prudents se retirent déjà. Il ne reste que quelques amis sincères. Moi, je suis abasourdie, je vis ces événements en spectatrice, comme s'ils ne me concernaient pas. À vingt et une heures, Oufkir me téléphone et tente de me rassurer. Certainement les choses vont rentrer dans l'ordre, mais je ne sais pas encore dans quel ordre... Je suis totalement amorphe, incapable du moindre jugement et de la moindre décision.

Vers vingt-deux heures, des amis espagnols viennent me trouver. La Méditerranée est démontée ce soir, comme si elle voulait accompagner la tristesse du sort qui va nous être réservé. L'un de ces amis me dit :

– Écoute, le bateau est là. Tu prends les gosses, tu viens avec nous, on file à Ceuta, enclave espagnole à dix-sept kilomètres d'ici. On y passe la nuit et, si tout va bien, on revient demain...

– Non, je ne vois pas pourquoi je devrais partir.

Mon visiteur ne peut pas parler ouvertement devant des gens qu'il ne connaît pas. Il me regarde droit dans les yeux et insiste :

– Il vaut mieux partir, Fatéma. On reviendra demain...

Je ne saisis pas ce qu'il essaie de me dire et je refuse de quitter le Maroc. Je ne parviens pas à me faire une idée claire de la situation. Je ne parviens à joindre personne au téléphone ; quelle importance ? Je prends mon petit garçon à côté de moi, je me couche et je m'endors.

Vers huit heures du matin, mon chauffeur vient me réveiller. Il me secoue :

– Madame, madame...

– Que se passe-t-il ?

– Madame, le général...

– Quoi, le général ?

– Le général est mort.

Je me lève tout doucement, j'essaie de comprendre ce

qu'on vient de m'annoncer. Mais je n'arrive pas à avoir une pensée cohérente. Le chauffeur me brusque :

– Il faut rentrer à Rabat.

J'appelle les employés de maison, leur demande de tout ramasser et nous partons. Avec les enfants, quelques amis, le personnel et les bagages, nous formons un petit convoi de trois ou quatre véhicules. Le chauffeur conduit la voiture où ont pris place les enfants. Une amie, Mama Guessous, tient le volant dans la mienne. Nous nous arrêtons dans une station-service sur la route : j'ai l'impression que le regard des gens n'est plus le même, ni leur manière de nous saluer... Au téléphone, je joins Malika qui dort encore :

– Allô, ton père est mort.

Elle pousse un hurlement. J'ajoute seulement avant de raccrocher :

– Je te retrouve à Rabat. Au revoir.

Pourquoi suis-je si dure ? Je l'ignore. Je suis hébétée, je ne maîtrise ni mes pensées ni mon langage. Nous mettons trois heures pour rejoindre la capitale. Trois heures insupportables. J'essaye d'écouter les informations sur le poste de la voiture, mais la radio marocaine ne diffuse que des versets du Coran et sur les stations espagnoles je ne capte que de la musique classique. Je n'arrive toujours pas à prendre conscience de ce qui se passe. Je n'ai entendu sur aucune radio l'annonce de la mort d'Oufkir, il me reste donc un espoir... Impression étrange et irréelle : je me rends à Rabat sachant mon mari disparu, mais sans en être vraiment convaincue.

J'ignore pour quelle raison j'ai si peur durant tout le trajet. Je sursaute chaque fois que la voiture fait le moindre mouvement de côté. Je crois sans cesse que nous allons déraper, j'ai l'impression d'être dans une automobile qui roule sur des savonnettes... Le sentiment dominant qui m'habite est un manque de sécurité.

Quand j'arrive à Rabat, un attroupement m'attend devant chez moi. Un petit attroupement... Je pense à ce proverbe marocain : « Quand l'esclave du cadi est morte, toute la tribu est venue. Quand le cadi est mort, personne n'est venu. » Si la veille, au moment de la puissance d'Oufkir, un de nos domestiques était mort, tout Rabat se serait déplacé pour nous présenter ses condoléances. Mais c'est Oufkir qui a disparu et les lendemains sont incertains, alors beaucoup se sont abstenus de venir... Malgré tout, il y a quelques amis, le Premier ministre, des membres du gouvernement. Tous répètent la version officielle : Oufkir s'est suicidé « par fidélité ». Personne n'évoque directement l'attentat. L'ordre est rétabli, on n'en parle plus.

Pourtant, la veille, tout a failli basculer. J'ai appris plus tard que le Boeing 727 du roi en provenance de Paris avait été pris en chasse au-dessus de Tétouan par une escadrille de F5 de l'armée marocaine sous le commandement du colonel Amokrane, celui-là même à qui j'avais rendu visite à l'hôpital du Val-de-Grâce à Paris quelques semaines plus tôt. Les militaires avaient pour mission d'escorter l'appareil et de le forcer à se poser sur la base de Kénitra, où l'attendaient Oufkir et l'état-major de la rébellion. Le pilote du roi a joué le tout pour le tout : afin d'échapper à ses agresseurs, il s'est dirigé pleins gaz sur l'aéroport de Rabat-Salé. Les chasseurs ont alors serré le Boeing au plus près et ont ouvert le feu. Mais ces coups de semonce tirés avec des munitions à blanc n'ont pas empêché l'appareil de se poser sans encombre. C'est à cet instant seulement – quand l'avion était déjà à terre – que les F5 ont mitraillé la carlingue à balles réelles, dernier et vain baroud d'honneur. Bilan de cette folie : dix morts et quarante-cinq blessés.

D'après ce que j'ai su – et je n'ai rien appris d'Oufkir lui-même –, le but de l'opération était d'immobiliser le Boeing, de mettre la main sur Hassan II, de l'enfermer avec ses femmes dans l'un de ses palais et d'instituer un Conseil de régence en attendant la majorité du futur Mohammed VI.

Mon mari ne cherchait pas à abattre la monarchie. Il voulait évincer Hassan II tout en créant les conditions permettant, plus tard, au prince héritier de monter sur le trône. Il ne rêvait pas non plus d'un régime militaire comme on l'a parfois prétendu. Dans toute l'Afrique, on a vu comment les choses se sont passées chaque fois que des soldats ont instauré une dictature. Moi-même, j'ai en horreur les régimes militaires, bien que je sois née et que j'aie grandi dans une caserne. L'armée doit être forte, garante des institutions, mais elle ne doit jamais toucher à la politique.

Oufkir n'a pas davantage voulu confisquer le pouvoir pour lui-même. De toute façon, il le possédait déjà, réunissant sous sa férule l'armée et la police. Que pouvait-il souhaiter de plus ? En revanche, les gens qui l'entouraient cherchaient à imposer leur autorité sur le pays. Ils espéraient amener le général aux plus hautes fonctions de l'État, bien décidés à éliminer plus tard ce gêneur pour régner sans partage et faire fructifier leurs propres intérêts.

Tout ce petit monde d'arrivistes poussait depuis longtemps Oufkir à se débarrasser du régime monarchique, mais lui-même refusait de marcher dans leurs combines. S'il a accepté de tenter l'expérience d'une régence, il n'a jamais voulu attenter à la personne du souverain. Pourtant, combien de fois par la suite n'a-t-on pas dit et écrit qu'Oufkir avait tenté d'assassiner le roi ? Accusation ridicule : s'il avait voulu tuer Hassan II, il s'y serait pris différemment. Sa Majesté est venue cinq ou six fois seule chez nous, il n'y avait ni amis, ni domestiques, ni gardes. Nous nous retrouvions en famille : le roi, mon mari, mon fils, ma fille et moi... Tout aurait été possible. Il y avait pour Oufkir mille possibilités de supprimer le monarque d'une manière plus facile, plus rapide, plus discrète et moins périlleuse que d'attaquer un avion en plein ciel en mettant en jeu la vie de soixante-dix passagers ! Le Maroc n'est pas l'Afrique de l'Ouest, où l'on peut assassiner un chef d'État en massacrant allègrement quelques civils au passage sans que personne y trouve à redire ; notre civilisation, notre passé, notre culture s'y opposent. Les officiers marocains ont été formés par une vieille armée avec des traditions et des principes. Un coup d'État ne peut réussir dans le sang des innocents.

À Skhirat en 1971, comme l'année suivante en plein ciel, les officiers, âmes de la rébellion, ont été débordés par leurs subordonnés : de jeunes soldats incompétents, révoltés ou ambitieux. Les deux coups d'État ont échoué, ensanglantés par des incapables. Quand le colonel Amokrane a compris que le putsch était raté, il s'est mis à tirer sur l'avion, au hasard, inutilement, peu préoccupé par le sort des passagers qu'il considérait comme des corrompus dont la fortune s'était faite sur le dos du peuple marocain.

Je n'admets pas que l'on prétende que c'est Oufkir qui a fait tirer sur l'avion royal. Ce n'était pas un imbécile, c'était un homme extrêmement sage et qui voyait loin. Avec son sang-froid britannique, il n'aurait pu commettre une gaffe aussi énorme.

Personne n'a su véritablement ce qui s'est passé ce jour-là. Pour ma part, je suis certaine que les services secrets occidentaux ont prêté la main à cette opération... Ils étaient tous impliqués, même s'ils ont nié l'évidence après la déroute. Hassan II lui-même n'était pas dupe : peu après, par mesure de rétorsion, il a chassé du pays les derniers Français qui y possédaient encore des fermes.

On ne saura jamais le fin mot de l'affaire car Oufkir ne s'est pas ouvert à toute l'armée, quelques officiers supérieurs seulement ont peut-être reçu ses confidences : ils ont presque tous été arrêtés, mis au secret et exécutés. Ceux qui sont restés en vie se sont tus, et pour cause. Le régime de terreur installé ensuite sur le Maroc a fait triompher la seule version officielle, réduisant au silence les ultimes témoins. Même dans l'intimité, chez soi, au sein de la famille, nul ne se permettait désormais de discuter politique. La suspicion et la peur étendaient sur le pays une chape de plomb.

Le soir même de l'attentat, vers minuit, Oufkir s'est rendu au palais de Skhirat, où il avait été convoqué. Il savait qu'il allait vers une mort certaine. Dignement, courageusement, il a fait face à ses ennemis.

Notre chauffeur a raconté comment les choses se sont passées. Ahmed Dlimi était devant la porte du palais pour accueillir Oufkir. Il lui a donné l'accolade et en a profité pour le tâter afin de s'assurer que le général ne dissimulait pas un revolver. Oufkir n'avait évidemment aucune arme sur lui : il était venu pour mourir. Il a été introduit par Dlimi dans une pièce où se trouvaient déjà Hassan II et Abdelhafid Alaoui. Mon mari a été abattu sous les yeux du souverain avec la complicité active de ces deux sinistres personnages : Dlimi et Alaoui.

Chef du protocole et ministre de la Maison royale pendant plus de trente ans, le général Abdelhafid Alaoui a, durant tout ce temps, volé, pillé, menti. Un monstre ! Le seul être pour lequel je garde du venin, pour lequel je n'ai aucun respect. Pas même, aujourd'hui, le respect dû aux trépassés. Pourtant, je suis profondément croyante et le Coran nous commande de ne jamais parler en mal de nos morts, mais là je n'y arrive pas. Le général Alaoui n'était pas seulement un ennemi du roi, c'était un ennemi du pays tout entier. N'avait-il pas dit jadis aux Français que le sultan devait quitter à jamais le Maroc ? Tout le monde le savait, et cela seul aurait dû suffire à le disqualifier. Mais il ensorcelait. Tout roi, tout chef d'État a besoin d'une âme noire capable d'incarner sa mauvaise conscience, susceptible de faire les basses œuvres à sa place sans même qu'il soit besoin de le lui demander, un homme de main habile à précéder la pensée de son maître. Tout le côté sombre du règne de Hassan II se personnifie en cet être malfaisant. La corruption, c'était lui. Les arrestations arbitraires, c'était lui. Les exécutions sommaires, c'était lui. Les bagnes du désert, c'était lui.

Hassan II faisait confiance à cet immonde individu. Et j'ai vu à l'œuvre cette vermine. Toute occasion lui était bonne pour filouter. Quand le souverain lui remettait de l'argent à distribuer en aumône à La Mecque, une toute petite partie allait aux pauvres et le reste disparaissait dans sa poche. À sa mort, en décembre 1990, il a laissé une telle fortune que le roi lui-même, m'a-t-on dit, apprenant à quel point cet homme avait pu s'enrichir, a mis la tête dans ses mains pour pleurer... Il avait dû voler pendant des décennies pour posséder tous ces milliards, il avait dû racler les fonds de tiroir de l'État.

Alaoui savait que je connaissais beaucoup de choses sur lui, que je n'avais pas hésité à le blâmer publiquement ; il me haïssait et s'acharnait à me détruire. Plus tard, quand nous serons emprisonnés, nos bourreaux nous diront :

– Ce n'est pas la mort de Hassan II qui vous fera sortir d'ici. Il y a une autre personne qui vous veut plus de mal encore que le roi, c'est Abdelhafid Alaoui.

Ahmed Dlimi, lui, était un intrigant. Il devait tout à Oufkir mais se sentait mal dans la peau du subalterne. Sous le règne de Mohammed V, Dlimi avait été éloigné de la cour par le roi qui le méprisait profondément, lui reprochant de s'être conduit comme un goujat avec la fille du ministre de l'Intérieur de l'époque. Fiancé à la demoiselle, il était tombé amoureux d'une autre une semaine seulement avant les noces. Pour se débarrasser de la première, il avait imaginé un stratagème révoltant. Au lendemain du mariage, il s'était rendu auprès du père de sa jeune épouse et lui avait déclaré froidement :

– Je n'ai pas trouvé votre fille vierge.

C'était évidemment un motif de répudiation pour le mari, une honte pour la mariée et un scandale pour la famille. Mohammed V n'a jamais admis l'attitude indigne de Dlimi.

Après la mort du roi, la femme que Dlimi avait réussi à épouser, après avoir chassé la première, est venue me demander si je pouvais faire quelque chose pour son mari afin qu'il travaille avec Oufkir... Et j'ai été assez idiote pour accepter. Très vite, Dlimi est devenu le bras droit de mon mari et le directeur de la Sûreté. Je considérais sa femme comme une amie, mais pour elle j'étais une rivale.

Dans un article du périodique *Jeune Afrique,* le journaliste Hamid Berrada a rapporté récemment le jugement porté par Mohamed Heykal, rédacteur en chef du quotidien égyptien *Al Ahram :* « Oufkir était un chien, il est mort comme un chien. » Non, Oufkir n'est pas mort comme un chien, il est mort comme un homme, il est allé vers son destin en sachant ce qui l'attendait. Mais ce chroniqueur haineux ne pouvait que s'exprimer ainsi. Jadis, il avait croisé Oufkir dans des conditions assez humiliantes pour lui... En 1963, le colonel Nasser intriguait pour déstabiliser le Maghreb et faire triompher le panarabisme. Oufkir avait fait arrêter des Égyptiens venus organiser l'agitation. Ils étaient accompagnés par des journalistes. L'un d'entre eux était Heykal et, quand il s'est trouvé face au général, il a été pris de panique... Dès lors, il n'a cessé de dénoncer le « chien » qui l'avait vu se déballonner, l'accusant même de tortures et de sadisme.

Journaliste à *Libération,* Stephen Smith a demandé un jour à Abraham Serfaty, l'opposant le plus virulent à l'époque, si Oufkir l'avait maltraité au cours d'un interrogatoire ou dans sa prison. La réponse a fusé :

– Non, jamais.

Venant d'un des pires ennemis du régime, la réponse vaut son pesant d'or.

Oufkir n'était pas un chien, c'était un homme fier. Certes, il n'était pas un ange, il a eu des adversaires et les a combattus. Mais tout ce qu'il a fait était pour le bien de la monarchie et du Maroc, non pour ses intérêts personnels. Même dans un pays démocratique comme la France, un ministre de l'Intérieur n'a pas que des amis, c'est vrai a fortiori sous un régime totalitaire où le roi a quasiment droit de vie ou de mort sur ses sujets. Le pouvoir pouvait enlever un citoyen, le battre jusqu'à la mort et invoquer ensuite un accident ou une crise cardiaque... Qui aurait osé intenter un procès au souverain, à un ministre ou même à un policier ?

« Suicide de fidélité », me disait-on. Et j'y ai cru tout d'abord. Oufkir avait été si mal dans sa peau durant toute cette année ! Peut-être, effectivement, Oufkir avait-il voulu en finir, déjà rassasié de la vie. Et je me souvenais des quatre derniers jours passés à Kabila juste avant sa mort. C'est vrai qu'il avait eu un comportement inhabituel : il passait des heures entières assis seul sur le sable, face à la mer, regardant le soleil se lever à l'horizon. Au moment de quitter ses enfants, lui qui était si peu démonstratif, il les avait observés longuement et les avait embrassés avec tant d'amour... Il semblait dire adieu à tout.

*
**

À peine suis-je arrivée chez moi, au retour de Kabila, qu'une amie se précipite, me serre dans ses bras et me souffle :

– On n'attend que toi pour fermer le cercueil.

La veille, le corps, enveloppé dans un drap, a été jeté dans une fourgonnette et amené jusqu'à l'entrée de Rabat, où mon père, appelé d'urgence, est venu en pleine nuit se charger de la dépouille. Une bière est maintenant déposée dans notre salle de projection. L'atmosphère est intenable, les pleureuses hurlent, une poignée de pieux personnages lisent des passages du Coran, pas très convaincus de ce qu'ils font. Je me baisse pour embrasser le corps et un cri m'échappe :

– Mon Dieu, il est froid !

Son visage est glacé... Je le regarde, intensément, je vois un trou, un trou sur la tempe gauche... Et dans ma tête tout commence à bouillonner. Un trou sur le côté gauche... Il n'était pas gaucher. Avec le peu d'entendement qui me reste dans ces instants insupportables, je commence à entrevoir la vérité.

Je reste près de lui à pleurer, les mains posées sur son corps. Il a les yeux fermés, les sourcils froncés, la mine sévère comme à son ordinaire. Il n'y a aucun signe d'apaisement sur son visage. Je reste fascinée par ce trou au côté gauche. On me tire de là, on m'entraîne, on me propose une piqûre calmante :

– Jamais. Je ne veux ni tranquillisant, ni piqûre !

Je veux vivre mon drame et mon destin jusqu'au bout.

Je sors de la pièce et ils soudent le cercueil qui doit être expédié demain dans le Sud. Je voudrais qu'il soit enterré à Rabat, mais on me fait comprendre que le roi s'y oppose formellement. Oufkir a naguère exprimé devant moi le désir d'être inhumé le plus simplement du monde, seulement enveloppé dans un vulgaire morceau de tissu, à même la terre, comme les pauvres. C'était son vœu le plus cher. Souvent, il me disait :

– Le jour où je mourrai, j'aimerais être enterré sous un palmier. Je ne voudrais avoir sur moi ni marbre, ni sculpture, rien que la terre...

Seulement il est mort au mois d'août et il faut transporter son corps en avion à sept cents kilomètres de là. Un cercueil est donc nécessaire. On est obligé d'enfreindre sa volonté.

Je n'ai pas assisté à l'enterrement, c'est mon fils aîné Raouf qui a mené le cortège. Après vingt-huit ans, quand j'y pense, j'en ai encore la gorge qui se serre. Il avait alors treize ans et demi et il a organisé la cérémonie avec des amis de la famille qui ont fait preuve, en ces circonstances, d'un véritable courage. Hamid Ben Abès, Habib Tayeb, deux commissaires de police, ont assisté ouvertement à l'enterrement et cela leur a coûté leur poste. Ils ont été exclus de la police ; le premier a fait carrière dans le tourisme, le second dans la librairie.

Oufkir a été enseveli près de son père, un homme considéré jadis un peu comme le marabout de la région parce qu'il était d'une grande bonté, d'une grande générosité et d'une foi parfaite. Les gens du lieu lui avaient construit un petit caveau tout simple fait de terre et de chaux. Depuis que son fils se trouve à son côté, ce modeste monument s'est écroulé trois fois déjà, comme si Oufkir refusait de reposer sous ce mausolée...

Dernièrement, on m'a encore appelée pour me demander ce qu'il y avait lieu de faire. J'ai répondu de ne rien réparer. Il refuse de dormir sous ce monticule. Pourquoi s'acharner à le relever ?

Le frère d'Oufkir avait fait examiner le corps par un médecin français, ancien directeur de l'hôpital d'Avicenne. Le rapport de ce médecin était accablant : « Le général Oufkir a été tué de cinq balles, une dans le foie, une dans le cœur, une dans la clavicule gauche, une dans le bras droit, et le coup de grâce sur le côté gauche. » La thèse du suicide s'effondrait définitivement.

Deux jours après la mort d'Oufkir – il n'était pas encore enterré –, j'ai reçu la visite du directeur général de la police. Je l'avais connu naguère ; un pique-assiette qui restait à la maison tard dans la nuit, à rire, à raconter des histoires... Je l'ai accueilli sur la terrasse, je pleurais, je n'arrivais pas à m'arrêter, un œdème s'était formé sur une paupière tant j'avais versé de larmes... Amicalement, j'ai pris ses mains et je lui ai murmuré entre deux sanglots :

– Ils l'ont tué.

Et j'ai vu une lumière s'allumer dans ses yeux, une étincelle, comme s'il avait appris quelque chose qui allait sauver sa propre situation... Cet ancien ami était prêt à trahir pour préserver sa carrière. Il allait rapporter mes propos au roi en les enjolivant un peu :

– Elle dit que vous avez tué son mari...

Je ne savais que penser et je ne pensais rien. Je remarquais bien, pourtant, que les regards et les comportements changeaient autour de moi. Même le personnel de maison prenait peur et commençait à déserter les lieux. Nous avions alors vingt-deux domestiques, des cuisiniers, des bonnes, des serveurs, des jardiniers, des nurses, tous payés par l'État. Au fil des heures et des jours, la moitié d'entre eux a décampé.

Des amis venaient encore me voir, un peu hésitants toutefois, cherchant à savoir d'où soufflait le vent et de quel côté il fallait se situer. Moi, je percevais à peine le monde qui m'entourait, retirée dans mon malheur, absente, noyée dans ma peine, incapable de comprendre ce qui se passait. Au-delà du chagrin, je sentais peser sur mes épaules le sort de mes six enfants. Je pressentais que le drame n'était pas terminé et que la mort d'Oufkir n'était que le début d'une tragédie.

VII

LE VENT DE LA COLÈRE

Trois jours après l'attentat, le samedi 19 août 1972, le roi s'adresse aux chefs de l'armée et révèle qu'Oufkir était responsable du putsch avorté... À la version du « suicide de fidélité » succède la thèse du « suicide de trahison ». Le lendemain soir, le directeur de la police se rend chez nous, autoritaire, le visage fermé. D'un jour à l'autre, il a radicalement changé d'attitude et de regard. C'est cela, le visage de la vie : seuls les êtres qui ont connu de tels instants connaissent le fond de l'âme humaine.

Il donne ses ordres : la maison est bouclée et devient un camp retranché. Plus personne ne peut entrer, les derniers visiteurs, les ultimes domestiques partent. Le pillage commence : les amis de la veille emportent de la vaisselle, des vêtements, des tapis.... Seuls restent fidèles ma dada, quelques neveux de mon mari, deux amis de la famille, Salem Layachi et Houria Oubéja, ma cousine Achoura, Anne Brown, notre professeur d'anglais, la sœur de la nurse et un cuisinier qui me répète :

– Si vous partez, je pars avec vous. Si vous mourez, je meurs avec vous.

Nous sommes désormais prisonniers à domicile, et les interminables interrogatoires commencent... Douze soirs consécutifs, un commissaire imperturbable vient me questionner de vingt heures jusqu'au lever du jour. Il ne perd jamais son sang-froid, il n'est pas agressif, mais c'est pire car il revient sur les mêmes points mille fois de suite, jusqu'à ce que je dise n'importe quoi. Et son disque ne change pas. Il veut savoir où sont mes valeurs, mon argent... Voilà surtout ce qui l'intéresse.

D'ailleurs, plus tard, les équipes de Dlimi mettront la main sur tout ce que je possédais. Je n'ai rien retrouvé, ni les meubles, ni les bijoux, ni les tableaux. Rien. Avant de quitter la maison pour aller affronter la mort au palais de Skhirat, Oufkir avait confié à Omar Akkouri, le mari d'une de ses nièces, des bijoux et de l'argent en lui demandant de me les remettre... Pour s'emparer de ce butin, on allait faire disparaître Akkouri durant dix-sept mois dans des geôles secrètes. De la même manière, notre avocat Reda Guedira, par ailleurs conseiller du roi, détenait les titres de notre terrain de Marrakech. Cette propriété a été vendue et le produit dispersé. Au profit de qui ?

Le commissaire continue à me poser des questions. Aux interrogations sur notre fortune supposée se mêlent des allusions plus politiques : pourquoi, au mois de juillet, ai-je rendu visite au colonel Amokrane, alors hospitalisé à Paris ? Je l'ai fait à la demande de mon mari, comme épouse du ministre de la Défense, mais cette explication ne semble pas satisfaire le policier. Alors, il répète ces questions à longueur de nuit :

– Pourquoi êtes-vous allée voir cet officier ? Que lui avez-vous dit ? Que vous a-t-il dit ?

***

Après l'attentat, Amokrane a fui le pays à bord d'un hélicoptère pour se réfugier à Gibraltar. Le rocher, alors soumis à un embargo sévère par l'Espagne de Franco, était approvisionné presque exclusivement par le Maroc. Les Anglais n'ont donc pas résisté aux pressions du roi : ils ont livré un homme malade contre des fruits et légumes.

Au mois de novembre, après un procès vite expédié, onze condamnations à mort seront prononcées, Amokrane et ses compagnons tomberont sous les balles d'un peloton d'exécution durant la « nuit du destin ».

Avant de mourir, Amokrane est passé à de prétendus aveux : lors de ma visite au Val-de-Grâce, je lui aurais dit que Hassan II ne devait pas rester sur le trône... Comment aurais-je tenu de tels propos devant un homme que je ne connaissais pas ?

Plus tard, alors que nous étions déportés dans le Sud, un policier m'adressa la parole à travers le mur qui nous coupait du monde. Il avait été l'un des gardiens d'Amokrane à la prison de Kénitra et le colonel condamné à mort lui avait confié un ultime message... Au-delà de la tombe, Amokrane me demandait pardon. Le général Abdelhafid Alaoui lui avait fait un chantage odieux : il pouvait échapper à l'exécution capitale, il pouvait sauver ses officiers et ses soldats en chargeant la femme d'Oufkir.

– Elle, le roi ne va rien lui faire, et toi tu peux sauver tes hommes ! lui avait-on fait miroiter.

Trompé par ces fallacieuses promesses, Amokrane a donc inventé pour les enquêteurs une conversation entre lui et moi... Mensonges inutiles, le colonel n'a sauvé ni sa propre vie ni celle de ses subordonnés. À l'instant suprême, il a chargé ce policier inconnu d'implorer mon pardon. Mais il était trop tard. Ses regrets ne me furent d'aucun secours.

*
**

Pendant des nuits entières, les mêmes questions reviennent sans cesse :

– Pourquoi êtes-vous allée à Paris ? Pourquoi avez-vous rencontré Amokrane ? Qu'avez-vous dit sur le roi ?

Et puis il passe à autre chose et veut savoir ce que j'ai fait de la tenue militaire de mon mari. Cette question de l'uniforme criblé de balles – preuve de l'assassinat – préoccupe infiniment le commissaire, et à travers lui le palais. Je réponds que je l'ai brûlé car, imbibé de sang putréfié en plein mois d'août, il empestait d'une manière intolérable. N'y croyant qu'à demi, il fait fouiller la chaudière et trouve, effectivement, les cendres d'une tenue que j'ai prudemment fait incinérer... mais qui n'est pas l'uniforme en question.

Cet uniforme, le vrai, j'ai réellement pensé le jeter dans le feu, mais mon amie Mama Guessous m'en a dissuadée :

– Non, il n'y a aucune raison pour que tu brûles cette tenue. Garde-la, au contraire, c'est une preuve contre ceux qui ont assassiné ton mari.

Dans le tumulte et le drame, j'ai fait ce que m'ont dit des amis plus lucides que moi. La bonne a lavé l'uniforme du sang qui le maculait et l'a mis à sécher dans la salle de bains. Puis Mama Guessous et son mari Abdessalam l'ont emballé dans un plastique et l'ont emporté en me rassurant :

– On va le déposer dans le coffre d'une banque à Gibraltar, personne ne pourra mettre la main dessus...

Jamais cet uniforme ne réapparaîtra. On l'aura sans doute remis aux sbires du roi. Une fois de plus j'ai été trahie.

En prison, je disais sans cesse à mes enfants :

– S'il m'arrive de disparaître avant que vous soyez libres, vous avez une alliée très chère, Mama Guessous.

Je considérais les Guessous comme de véritables amis. J'avais pris des actions dans un hôtel qu'ils construisaient et, vingt ans plus tard, quand j'ai été libérée, ils ont nié avoir eu jadis des relations avec moi... Ils m'ont rendu l'argent investi, sans me verser un centime d'intérêt, Mama Guessous me lançant à la figure :

– De toute façon, si on s'est associés avec toi, c'est parce que tu t'appelais Oufkir et que tu pouvais nous obtenir l'autorisation d'ouvrir un casino dans l'hôtel !

Des mots qui font mal, surtout quand ils viennent d'une personne que vous avez aimée, estimée. Je ne pouvais imaginer que des êtres puissent ainsi changer d'opinion et d'amitié selon leurs intérêts.

*
**

Constamment surveillés et interrogés par les policiers, nous n'avons pas le droit de sortir, pas le droit de recevoir la moindre visite. Heureusement, nous trouvons vite une parade : nous endormons nos gardiens avec du Mogadon, un somnifère que nous faisons fondre dans le thé, et des amis peuvent ainsi venir nous voir. Ils pénètrent discrètement dans la maison en passant par le parcours de golf jouxtant le jardin... Un peu insouciants, nous profitons de quelques heures agréables dans ces moments douloureux.

Nous restons assignés à résidence quatre mois et dix jours, jusqu'à la fin du deuil musulman imposé aux épouses. Je tente encore de maintenir une apparence de vie normale : je fais acheter un sapin et des cadeaux pour les enfants... comme chaque année car, même au palais, on fête Noël.

Le 23 décembre vers seize heures, le directeur de la police arrive, regarde un peu partout et observe sur un ton narquois :

– Qui aurait dit il y a quelques mois que cette demeure serait aujourd'hui dans un tel état !

– C'est la décision de Dieu. Dieu a voulu que ce soit ainsi.

Pour avoir la paix, je joue à la dévote, mais je le regarde avec un tel mépris qu'il abandonne immédiatement l'ironie pour se faire plus cassant :

– Vous avez deux heures pour ramasser vos affaires, des vêtements pour l'hiver et pour l'été...

– Où va-t-on ?

– Je n'en sais rien.

Aussitôt des policiers envahissent la maison, tout habillés de noir, mitraillette au poing... On pourrait croire qu'ils vont emmener une bande de dangereux terroristes.

Je me mets à pleurer, je me sens si seule, si désemparée. Mon père n'est pas avec nous. Au moment des événements, il se trouvait en cure thermale à Moulay Yacoub, une station à deux cents kilomètres de Rabat... Le téléphone a été coupé depuis longtemps et je n'ai plus aucun contact avec lui. Nous allons donc partir sans même lui avoir dit au revoir.

Terrifiés par les armes pointées sur nous, craignant à chaque instant que les policiers ne se mettent à tirer, nous faisons nos bagages. Deux heures... Nous avons à peine le temps de sentir nos vies se désagréger. Nous emportons de nombreuses valises en y entassant tous les élégants vêtements rapportés de Paris l'été précédent, mais aussi des couvertures, une chaîne hi-fi, une radio. Dans une grosse malle j'accumule des livres au hasard... il me restera au moins la lecture.

– Avec vous et les enfants, Sa Majesté le roi vous donne l'autorisation d'emmener deux autres personnes, décrète le directeur de la police.

Je me retourne et je vois ma cousine Achoura Chenna, une fille qui a grandi avec moi chez mon père, celle avec qui je me promenais, jadis, dans notre douar des Zemmour et qui, depuis, est toujours restée à mes côtés. Je lui pose la question :

– Tu veux venir avec nous ?

Elle marque un temps d'hésitation et me répond :

– Je voudrais aller chercher mes affaires qui sont à Kénitra.

– Viens, tes affaires te suivront.

Je n'ai pas besoin de demander à Halima Abboud, la sœur de la nurse d'Abdellatif, mon petit dernier, si elle désire partager notre sort. Elle s'avance d'elle-même :

– Moi, je viens.

Je crois devoir la prévenir :

– Écoute, ce n'est pas pour quelques jours, nous ne partons pas au bord de la mer. Ce ne sont pas des vacances, tu ne sais pas ce qui va advenir de nous...

– Tout ce qui vous arrivera, je le partagerai...

Et, dans la nuit de décembre, mes six enfants dont le

dernier a trois ans, Achoura, Halima et moi montons dans les grandes voitures américaines noires qui nous attendent, formant un lugubre convoi encadré de deux estafettes pleines de policiers en civil armés jusqu'aux dents.

Je jette un dernier coup d'œil sur la maison et je vois ma vieille dada que je ne peux emmener car sa santé ne lui permettrait pas de supporter ce voyage vers l'inconnu. Les voitures démarrent et nous prenons la route pour ces « jardins du roi », comme on appelle pudiquement les geôles royales, ce no man's land hors du monde où l'on va nous effacer, nous rayer de la carte des humains.

Il faut en effet nous faire disparaître car un procès, une accusation précise sont impossibles : au cours de leur minutieuse enquête, les limiers de Hassan II n'ont rien trouvé de concret pour étayer leurs dossiers et remplir leurs rapports. Notre éloignement précipité est officiellement motivé par le souci de nous protéger : en ville, nous risquons de nous faire lyncher par la population. Le prétexte est ridicule, jamais un Marocain n'a levé la main sur nous, jamais quiconque ne nous a insultés. Mais il faut trouver un coupable pour l'Histoire et pour le peuple. La mort d'Oufkir révèle ouvertement une faille dans le pouvoir et le roi doit colmater la brèche... Il veut nous annuler et il a confié ce travail à Dlimi. Ce dernier est partagé entre son ambition et l'amitié qu'il me porte, augmentée de l'admiration qu'il vouait à Oufkir avant qu'il ne songe à prendre sa place. Le roi sait diviser pour régner.

Sur les pistes pierreuses, les voitures brinquebalantes avancent lentement... Vers vingt-trois heures, le convoi stoppe en plein désert. Nos gardiens nous font descendre des véhicules, nous alignent dans la lumière des phares et pointent sur nous les canons de leurs mitraillettes... Bruits secs des chiens qu'on arme. Silence. On attend les détonations, le feu craché dans la nuit. Cette fois, c'est la fin.

Je n'oublierai jamais le visage cruel et hargneux de cet homme au pull blanc qui donnait des ordres, personnage cauchemardesque avec une barbe noire qui lui avalait le visage jusqu'aux yeux. J'ai vraiment cru que nous allions tous mourir. La peur, insidieuse, me creusait l'estomac... J'ai pourtant trouvé la force de ne pas le leur montrer. Mes grands enfants restaient dignes et fiers, je suppliais les petits de ne pas pleurer, de ne pas bouger. Ces sadiques auraient tant voulu qu'on se traîne à leurs pieds, qu'on les supplie... Mais je les connaissais trop bien pour les implorer. Au contraire, je suis restée très arrogante, très hautaine. Je les regardais avec un tel mépris que je leur faisais honte. Je n'ouvrais pas la bouche, mais mon regard suffisait à les anéantir. Leur tentative d'intimidation avait avorté et nous avons repris la piste.

Quand j'ai lu *L'Aveu* d'Artur London puis *Le Zéro et l'infini* d'Arthur Koestler, j'ai compris qu'ils appliquaient sur nous exactement les méthodes expérimentées par les régimes communistes sur leurs prisonniers politiques. Ils cherchaient à nous terroriser pour nous garder sous leur coupe, nous briser moralement et nous rendre dociles.

Trente heures de voyage. L'angoisse, la faim, la soif, avant d'arriver en pleine nuit à Assa, au sud du Sud, non loin de la frontière algérienne. Dans cette petite palmeraie, au sein d'une caserne désaffectée, jadis occupée par les Français, une modeste maison de terre passée à la chaux nous est réservée. Et tout autour, le désert que nous devinons au-delà des murs. La bicoque faite d'un hall d'entrée et de deux pièces devait être assez agréable au temps lointain où elle n'était pas délabrée et peuplée de scorpions, de serpents et de souris.

On trouve des lits rudimentaires, des petits draps qui ne couvrent qu'une partie du corps, une table avec des assiettes en Pyrex, une boîte de sardines pour chacun et un pain... La désolation. Mais nous venons de passer près de la mort et je me dis : « Contente-toi de ce que tu as, cela vaut mieux que la mort de tes enfants. » Je suis ébranlée, le simulacre d'exécution a atteint son but. Je me tais et j'accepte mon sort.

En plein Sahara, durant les nuits d'hiver, le froid est rigoureux et la maison glacée. Heureusement, j'ai emporté un grand dessus-de-lit en vison acheté autrefois à New York... Je trimbale dans mes valises les atours de ma splendeur passée : coquets chemisiers et robes seyantes me font mesurer le gouffre affreux dans lequel je suis tombée. Dans cet environnement misérable, mon élégant vison paraît incongru et dérisoire mais il nous est bien utile. Je rassemble tous les matelas, je couche les enfants autour de moi et, sous la fourrure épaisse, nous passons la nuit au chaud.

Le lendemain, en me réveillant, je suis saisie par l'horreur de notre situation. Je me mets à pleurer, je n'arrive pas à m'arrêter, même devant les gardiens. Ceux-ci me connaissent bien, ils ont travaillé avec mon mari et tentent de me consoler :

– Ça ne durera pas, peut-être deux mois...

Deux mois dans cet enfer... En entendant ces mots, je crois que l'on m'arrache le cœur et je me dis que ce sera impossible à supporter. Deux mois...

Qui aurait pu deviner que cette abomination allait durer dix-neuf ans ?

Entre nous, nous parlions toujours d'Oufkir comme s'il était encore vivant. Nous le traitions en riant de « grand méchant loup », nous nous amusions de ses tics, de ses petits défauts et nous continuions à vivre avec lui... Une manière d'ignorer que nous étions dépourvus de toute défense, une façon de maintenir la fiction de l'espoir. En rendant un peu bouffonne notre dramatique situation, nous parvenions à nous persuader que rien n'était vraiment sérieux.

Hier, nous vivions dans l'opulence, aujourd'hui nous n'étions plus rien. Hier j'avais de quoi manger, une maison correcte, des enfants qui allaient à l'école, je voyageais aux frais de la princesse, des hôtels payés, des avantages innombrables... Je pouvais recevoir des gens, offrir des cadeaux, en accepter, et cette vie me suffisait. Même quand j'étais chez mon père, deux tajines nous étaient servis à chaque repas, plus les salades, plus les desserts. Nous étions des campagnards aisés ; les légumes, les fruits, les moutons, les poulets arrivaient du bled ; nous vivions dans l'aisance sans être extrêmement riches selon les critères d'aujourd'hui. D'un coup, par la volonté d'un homme, nous nous retrouvions sans rien, destinés à porter les mêmes haillons pendant des années.

Bien vite, nous avons appris les règles imposées dans

notre relégation. Les plus jeunes de mes enfants avaient le droit de s'aventurer jusqu'au village de la palmeraie avec les gardes. Malika et Myriam – mes deux grandes filles –, Halima, Achoura et moi avions seulement l'autorisation de nous promener en direction du désert, un infini de rocailles à perte de vue. J'ai refusé cette faveur et j'ai dit à mes filles :

– Vous ne sortez pas. Vous êtes emprisonnées, vous restez en prison. Ils veulent voir vos fesses se balancer en plein désert, il n'en est pas question. Vous restez tranquilles.

Du jour où je suis entrée en prison jusqu'au moment où j'en suis sortie, dix-neuf ans plus tard, je n'ai jamais mis les pieds dehors. Sauf dans les moments où ils nous ont changés de résidence en pleine nuit.

Dans ce coin du bout du monde, les villageois nous ont pris en sympathie. Ces hommes pauvres et religieux n'acceptaient pas que des enfants puissent être ainsi emprisonnés. Ils pleuraient sur leur passage... Pour eux, c'était un blasphème inadmissible car Dieu nous commande d'être toujours du côté de la veuve et de l'orphelin. Alors, quand les petits sortaient, les Sarahouis leur offraient des poussins, des œufs frais, des dattes, un peu de henné, ils leur faisaient du thé, leur donnaient des amandes en signe de bienvenue et d'affection.

Même Bouazza, notre geôlier en chef, ancien gardien de la prison militaire de Kénitra, ne supportait pas de voir des enfants incarcérés. Il est resté un an à nous surveiller sans cesser de maugréer :

– J'ai fait trente-cinq ans d'armée, je n'ai jamais vu des enfants en prison, jamais. Ce n'est pas mon métier, je ne veux pas le faire.

Deux jours seulement après notre arrivée à Assa, un mur s'est effondré juste à côté de la maison que nous habitions, tuant trois *moukhaznis,* les soldats des forces auxiliaires. Et nos gardes se sont affolés : si la maison s'écroulait sur nous, ils seraient peut-être accusés de nous avoir liquidés... Ils ont télégraphié à Rabat pour réclamer l'installation d'une maison préfabriquée, plus sûre que les vieux murs de notre bicoque.

On nous a effectivement expédié un cabanon à l'américaine... Mais en avril seulement, au moment où il faisait déjà une chaleur torride, plus de cinquante degrés dans la journée. Normalement, ces baraques sont livrées avec l'air conditionné. Nous, évidemment, nous ne bénéficiions pas de ce confort et le soleil tapait sur une espèce de tôle ondulée, transformant la maison en une fournaise. Une torture perpétuelle.

Je me revois mouiller le sol du couloir et poser les enfants par terre, couchés sur la fine pellicule d'eau. Le petit, je le mettais sous un drap humide entre deux coussins et l'on provoquait un courant d'air, moyen rudimentaire mais efficace : il restait bien au frais ! On ne peut imaginer le nombre d'idées qui surgissent lorsqu'on est dépourvu de tout. C'est fabuleux. C'est ainsi que l'humanité a progressé, je suppose. Quand l'homme n'a rien, il lui reste l'imagination.

Pour l'approvisionnement, nos gardiens devaient aller faire le marché une fois par semaine jusqu'à Goulimine, à plus de cent kilomètres. La Jeep partait le matin de bonne heure et ne revenait que le soir, vers minuit. Nous, tout ce que nous demandions, c'étaient des livres et encore des livres... Au lieu de manger, nous dévorions des livres. C'était la seule chose qui nous faisait passer le temps. On a tout lu. Tous les classiques, tout ce qui nous tombait sous les yeux. Les écrivains américains et français, les grands romanciers russes aussi, Tolstoï, Dostoïevski... Puis on est passés à des auteurs plus contemporains comme Soljenitsyne, des gens qui parlaient un peu de notre vie, qui avaient souffert avant nous et nous disaient comment nous comporter face au malheur.

Je me souviens du livre *Une journée d'Ivan Denissovitch* : ces pages m'ont appris tant de choses, elles m'ont tellement aidée à supporter l'enfermement. J'ai compris qu'il y avait des conditions plus terribles que la nôtre, mais je me disais surtout que le pire dans l'action est moins affreux que l'inaction. Subir sans agir, sans travailler, être livré à soi-même entraîne l'anarchie dans sa tête.

Je faisais l'école aux petits, plusieurs heures par jour, nous n'avions que ça comme occupation. Je leur apprenais à lire et à écrire, Malika leur enseignait l'anglais et Raouf, qui n'avait que quatorze ans et un léger bagage de quatrième, les aidait à travailler les mathématiques, l'algèbre, la physique, la chimie, en piochant lui-même dans les manuels afin de progresser.

Tous mes enfants se débrouillent parfaitement bien aujourd'hui, malgré l'absence de formation scolaire. Quand Raouf parle ou écrit, on peut avoir l'impression qu'il a suivi de longues études. Et pourtant, sa scolarité a été interrompue au collège, mais à force de rabâcher durant des années le programme de première et de terminale, il est parvenu à un excellent niveau.

Malika aurait dû passer son baccalauréat à Rabat au mois de septembre, mais le roi avait refusé de la laisser sortir de chez nous quand nous étions assignés à résidence pendant la période de deuil. Je me morfondais : six enfants qui allaient rester sans suivre d'études ! Pourquoi ? De quoi étaient coupables ces enfants ? Si leur père avait commis un crime, si moi-même – à trente-six ans – j'avais commis une faute, je pouvais être jugée, mise en prison, mais pourquoi s'en prendre à eux ?

Le 28 avril 1973, on nous a fait brusquement vider les lieux. Il y avait urgence : non loin de là, à Tindouf, en Algérie, se déroulait un *moussem,* une fête autour d'un marabout, un grand marché, occasion pour les populations de la région de se réunir une fois par an, de vendre, d'acheter, de manger, de s'amuser, d'écouter de la musique... Nos gardiens avaient-ils peur que nous tentions une évasion à cette occasion ? Redoutaient-ils les bavardages concernant l'enfermement d'une famille inconnue dont le nom commençait à être murmuré ? Craignaient-ils un enlèvement opéré par les Algériens ?

Houari Boumedienne m'avait présenté officiellement ses condoléances, à la grande colère de Hassan II, et une rumeur se propageait : le président algérien allait envoyer un commando pour nous enlever... À cette époque, je n'ai guère cru à ces racontars, mais la véracité de ces rumeurs m'a été confirmée, bien des années plus tard, par des proches du gouvernement algérien. Le président n'avait pas oublié ce que nous avions fait, Oufkir et moi, pour l'indépendance de son pays, par les armes livrées au soulèvement et l'accueil fait, chez nous, aux combattants algériens. Boumedienne avait même offert au roi du Maroc de nous prendre personnellement sous sa protection. Le shah d'Iran et le roi Hussein de Jordanie avaient également entrepris des démarches dans ce sens. Mais plus ces personnalités se manifestaient en notre faveur, plus nous étions persécutés.

Il faut donc quitter Assa. Nos gardiens nous jettent dans une fourgonnette, à même le plancher, sur un petit tapis, et nous partons à travers le désert... Au bout de quelques kilomètres à rouler dans cette rocaille, tout le monde est blanc de poussière. On en a sur les cheveux, les cils, les sourcils, dans le nez, partout... On a emporté deux jarres d'eau et l'on s'humidifie la bouche pour arrêter ce sable fin qui pénètre même sous les habits. Nous roulons dix-huit heures dans ces conditions, dix-huit heures sans manger, sans pouvoir nous arrêter... Heureusement, j'ai été prévoyante : j'ai emporté un grand pot à lait de cinq litres et les enfants peuvent faire pipi dedans. Nos convoyeurs sont tellement monstrueux, tellement inhumains, que nous en rions à mourir ! Et nous chantons jusqu'à nous casser la voix, alors que la fourgonnette nous emporte une fois encore vers une destination inconnue.

En cours de route nous nous arrêtons dans un village dont je n'ai jamais su le nom. Le caïd de l'endroit a été prévenu que la famille Oufkir allait passer... Il croit, le malheureux, qu'Oufkir est encore au ministère de l'Intérieur et il a préparé les choses en grand pour nous recevoir avec tous les honneurs dus à notre rang : tables bien garnies, poulets et pastillas. Nos cerbères, médusés, ferment les yeux et nous pouvons faire un excellent repas. Mais, la dernière bouchée à peine avalée, ils nous font remonter dans le véhicule. Le temps est venu de reprendre la route...

Ils nous emmènent jusqu'à Agdz, petit village à l'opposé du pays, dans le sud-est marocain. Durant un mois nous restons dans ce village, enfermés dans la maison réquisitionnée du caïd local et dont toutes les fenêtres ont été murées. Il n'y a, comme ouverture, que la porte d'entrée devant laquelle se dresse, très haut, un infranchissable grillage. Un mois d'isolement complet dans cette demeure obscure, un mois à entendre les bruits de la vie, les chiens qui hurlent, les voitures qui roulent, les gens qui passent...

Retour à Assa le 28 mai pour reprendre notre existence derrière les murs de la caserne abandonnée. Mon père nous envoie des manuels scolaires pour les enfants. Malika, Raouf et moi faisons la classe, Bouazza râle, les scorpions courent sur les pierres brûlées par le soleil. Nous nous installons dans la routine de notre vie de reclus.

Parfois, je songe à prendre la plume, écrire, laisser un témoignage direct, tenir un journal au jour le jour... Mais que raconter ? Nos journées s'écoulent pareilles les unes aux autres, banales dans leur uniformité répétitive. C'est toujours la même page. Les semaines et les mois se confondent. Je me réveille toujours à la même heure, nos gardiens arrivent toujours à la même heure, on sort dans la cour toujours à la même heure, on rentre toujours à la même heure. Constamment les mêmes demandes à nos geôliers, constamment les mêmes refus.

Et je me dis que je dois suivre mon destin, que personne ne peut rien y changer, qu'il est des vies que l'on ne peut transformer, où l'on ne peut transiger. Je suis très croyante et très fataliste. Ce qui doit arriver arrive.

Bien loin de là, dans un autre monde, certains venaient plaider notre cause auprès du pouvoir, mais le roi était soumis à de terribles influences. Des hommes comme Alaoui lui laissaient croire que j'étais une ambitieuse, une femme dangereuse qui avait voulu bouleverser le pays, renverser la monarchie et prendre le pouvoir. Moi, prendre le pouvoir !

Quand le roi hésitait, prêt peut-être à nous libérer, cet infâme personnage bondissait :

– Bon, d'accord, *Sidi,* vous n'avez qu'à leur pardonner... Et la prochaine fois ils vous assassineront. S'ils avaient réussi, ils n'auraient eu pitié ni de vous ni des vôtres !

Je crois que Hassan II était le seul à savoir que ce n'était pas vrai. Que se passait-il en son âme ? Car il lui arrivait tout de même d'avoir des moments de cœur. Je l'ai vu pleurer quand son jeune fils était malade, je l'ai vu ému, ce n'était pas seulement un monarque froid. Avec lui, je n'ai pas passé que de mauvais moments. Avant de croiser le malheur et le drame, nous avons vécu dans le bonheur, la joie, la prospérité. Nous avons vu des choses que le commun des mortels ne voit pas, nous avons connu des instants que le commun des mortels ne connaît pas. Je ne peux l'oublier. Une fois, alors que j'étais malade et lui encore prince héritier, il est venu régulièrement à mon chevet. Pendant quatre mois, son cuisinier a fait la cuisine pour moi, m'apportant les plats matin, midi et soir.

Toute sa vie, le roi a souffert d'avoir été mal aimé dans son enfance. S'il ne répondait pas du tout à la servilité, il répondait très bien à l'amour. Je l'ai constaté quand il se trouvait auprès de rares privilégiés qu'il aimait et qui le lui rendaient bien. Avec eux, il n'avait aucune agressivité, aucune méfiance. Je crois qu'il n'a été lui-même, qu'il n'a déposé le masque qu'en des occasions bien particulières, et notamment lorsqu'il était face à ses enfants en bas âge. Et encore pas avec tous : l'aîné, le prince héritier, a été élevé comme lui-même l'avait été, d'une manière rigide et sévère.

Mais à la suite des deux tentatives de coup d'État, Hassan II est devenu un autre homme, complètement recroquevillé sur lui-même. Il n'avait plus personne sur qui compter. Son homme de confiance disparu, il ne lui restait que Dlimi et il n'ignorait pas que ce personnage sinistre et ambitieux attendait l'occasion de lui faire la peau... Le roi vivait dans la méfiance.

Bien plus tard, après notre libération, son épouse me confiera :

– Sa Majesté que tu as connue en 1972 n'est plus... Le roi a changé, il a pris des coups, il a été déçu, trahi. Il ne faut pas que tu lui parles comme tu lui parlais à l'époque...

Mais pourquoi lui parler ? Quand nous sommes sortis de l'enfer, je n'avais rien à lui dire, sinon des horreurs. Après, les années ont passé, les rancœurs se sont affaiblies. Quand enfin nous aurions dû nous revoir, il était trop tard. C'était un homme malade et fatigué. Il est mort juste avant notre rencontre.

VIII

EMMURÉS VIVANTS

Nouveau transfert le 7 novembre 1973. On nous entasse dans l'estafette et nous voilà, une fois encore, traversant les infinis pierreux. Des heures de route dans la nuit glacée, arrêt chez le caïd de Ouarzazate qui fait semblant de ne rien comprendre et s'applique à nous recevoir fastueusement, puis une trentaine de kilomètres de piste cahotante avec les monts de l'Atlas qui se découpent au loin dans l'obscurité.

Vers deux heures du matin, nous arrivons enfin à destination : une maisonnette de Tamataghrt accolée à un vieux palais en ruine, ancienne résidence construite par un ancêtre de Thami el Glaoui, le pacha qui, jadis, régnait sur Marrakech et sa région. Dans les temps féodaux, cette résidence de campagne permettait au seigneur de recevoir, une fois l'an, l'hommage et les présents des peuples de sa région. Comme le prescrit le Coran, chaque paysan, chaque artisan venait apporter au maître dix pour cent de ses gains, sous forme de bêtes, de céréales, de laine ou d'argent. De cette manière, le pacha avait de quoi se sustenter toute l'année et pouvait reverser une partie de ces offrandes aux plus pauvres, permettant ainsi à tous de vivre dignement.

Considéré comme un traître pour avoir réclamé aux Français la déposition de Mohammed V, le Glaoui avait été dépossédé de ses richesses et son palais laissé à l'abandon. Des promesses ont été faites ensuite à ses héritiers, le roi s'est engagé à leur restituer leurs biens, mais ils attendent toujours. En montant sur le trône, le jeune Mohammed VI a exprimé son intention de liquider les problèmes en suspens. Peut-être parviendra-t-il à mettre un terme à cette affaire.

La maison qui nous est réservée appartenait autrefois au fils du Glaoui, un homme qui a terminé sa vie en France, le père du petit Mehdi, ce gosse inoubliable de la série télévisée *Belle et Sébastien*.

Je ne saurai jamais pourquoi nous avons quitté Assa brusquement et j'en suis réduite aux conjectures. Peut-être Bouazza, notre vieux gardien, était-il trop tolérant aux yeux de nos tourmenteurs de Rabat, peut-être la population locale commençait-elle à s'indigner ouvertement du sort réservé à des enfants, peut-être aussi des raisons politiques ont-elles présidé à cette décision. En effet, à une poignée de kilomètres d'Assa, on se disputait le Sahara occidental. Le Polisario, Front de libération du peuple sarahoui, avait été fondé au mois de mai précédent et le Maroc se préparait à entrer en conflit avec l'Espagne pour récupérer ses terres.

Notre nouvelle prison, sans eau courante ni toilettes, est constituée de plusieurs niveaux. Au rez-de-chaussée, un réduit au sol en terre battue nous servira de cuisine ; au-dessus, deux pièces au plafond haut nous abriteront tous les neuf ; et encore au-dessus, après un escalier très raide, une pièce au parterre cimenté fera office de salle de classe.

Toutes les fenêtres ont été murées avant notre arrivée ; seule reste ouverte une arcade donnant sur un horizon desséché, une plaine aride, quelques arbres décharnés et un petit oued qui coule à proximité. Cette plongée sur le grand désert paraît intolérable à nos gardes-chiourme et, bien vite, ils viennent l'aveugler. Ils construisent un mur qui s'élève lentement, nous plongeant peu à peu dans l'obscurité.

Jamais je n'oublierai ces moments affreux : ils nous emmuraient vivants. Je vivais un film d'épouvante. J'avais l'impression d'être descendue dans une tombe... horrible ! La vue sur l'extérieur nous était interdite, il ne restait désormais plus que vingt centimètres pour laisser passer un mince filet de lumière et la possibilité de tourner en rond dans une petite cour sordide enclose dans de hautes murailles.

Quant au palais du Glaoui, nos gardes ont achevé de le délabrer, abattant les vieux murs de terre et de roseaux pour les utiliser comme combustible durant l'hiver.

Nous avons passé trois ans et trois mois dans ce sépulcre. Mais nous étions ensemble et cela nous consolait. La nourriture n'était peut-être pas extrêmement abondante, mais nous avions de quoi survivre.

Quand je préparais la cuisine, mes enfants étaient tous autour de moi, à rire, à raconter des histoires, à essayer de passer le temps... On évoquait l'avenir avec un espoir fou, on faisait des projets, on parlait du Canada où l'on s'installerait un jour, du ranch que l'on posséderait...

– Moi, je produirai du miel, disait l'un.

– Moi, des poulets, répliquait l'autre.

Si nous avions pu continuer à rêver notre vie, à rire, à lire, cela aurait été fabuleux malgré l'enfermement. Le prince Moulay Abdallah, frère du roi, nous faisait envoyer régulièrement des caisses de livres, de quoi apaiser notre boulimie de savoir et d'évasion. Il n'oubliait pas l'amitié qui nous avait liés si longtemps et, plus tard, en décembre 1983, sur son lit de mort, il demandera encore au souverain de nous libérer.

Grâce aux livres envoyés par ce prince généreux qui avait pourtant été dans l'avion mitraillé et n'en tenait pas rigueur à la famille Oufkir, Abdellatif parvenait déjà à lire parfaitement à quatre ans et demi. Il était à bonne école : j'avais tout le temps pour m'occuper de lui.

D'inévitables moments d'angoisse nous abattaient parfois, mais nous réagissions vite, persuadés que nos conditions de vie ne tarderaient pas à s'améliorer. Nous ignorions que les vraies souffrances étaient encore à venir et que notre détention serait une lente progression vers l'horreur.

Fin 1974, le colonel Dlimi, chargé jusqu'ici de notre sort, fut libéré de ses fonctions pour s'occuper entièrement de l'affaire du Sahara occidental. Notre destin dépendait maintenant entièrement d'Abdelhafid Alaoui, l'âme damnée du roi. Pervers et raffiné, Alaoui nous a confiés à un colonel, Ben Aïch, dont le frère avait été tué lors de l'attentat de Skhirat et qui était persuadé que nous étions collectivement responsables de cette mort. Il obéissait aux ordres et accomplissait scrupuleusement ce qu'on lui disait de faire. Il ne pouvait sans doute pas imaginer que l'on avait arrêté et emprisonné une famille innocente.

Notre séquestration arrangeait tout le monde et apaisait les consciences : les coupables pouvaient être désignés et nommés ! Tant d'officiers, tant de gens impliqués dans l'attentat ont continué à mener la belle vie auprès du roi, chaudement, sans s'inquiéter ! Pour leur confort et leur sécurité, il fallait me noircir, faire de moi l'unique responsable, la manipulatrice qui avait sournoisement poussé Oufkir à la dissidence. On ne m'a jamais jugée, on ne m'a jamais condamnée. Sans savoir pourquoi, j'ai été engloutie avec mes enfants dans les oubliettes du pouvoir. Mais il était urgent et nécessaire de persécuter tous ceux qui portaient le nom d'Oufkir.

Avec Ben Aïch, nos conditions d'emprisonnement se sont immédiatement aggravées. Il s'est acharné sur nous avec une telle cruauté qu'on aurait pu croire qu'il nous avait surpris à Skhirat les armes à la main, tirant sur son frère.

D'abord, il nous a retiré la plupart de nos livres et nous a interdit d'en recevoir de nouveaux. Il ne nous restait qu'à lire et relire les quelques volumes qu'il nous avait autorisés à conserver. *Guerre et Paix,* je l'ai lu quatre fois, *Les Frères Karamazov,* trois... L'idée de nous voir nous instruire et nous distraire un peu était insupportable à Ben Aïch. Plus d'école, plus de manuels, plus de passe-temps. Alors que les enfants étaient très doués pour le dessin et la peinture, alors qu'ils témoignaient d'une grande facilité de création, ils n'ont pu développer ce talent et, naturellement, ils n'ont jamais rien pu en faire.

Notre vie est devenue intolérable. Même la nourriture nous était désormais rationnée, Alaoui s'empressant d'empocher une partie des sommes destinées à notre approvisionnement.

Les saisons passaient... Aux neiges de l'hiver succédaient les brûlantes touffeurs de l'été. Mais pour nous rien ne changeait. Dans notre tombe murée, dans la petite cour sinistre où ne poussaient que le sable et les pierres, les échos du monde et de la nature ne parvenaient jamais jusqu'à nous.

On nous avait tout enlevé, nous n'avions pas même de quoi nous vêtir décemment. Tous les hivers, on tremblait de froid, tous les hivers il fallait défaire les pull-overs de la saison précédente, parce qu'ils étaient pleins de trous, et chaque année, retricotés, ils étaient un peu plus petits. Pendant quinze ans, les enfants n'ont pas reçu de souliers neufs. Le plus petit était entré avec ses chaussures de trois ans, il n'a pas connu d'autres paires jusqu'à l'âge de dix-huit ans : ils marchaient tous avec des chambres à air de roues de camion qu'ils m'apportaient et que je bricolais ; je tricotais des espèces de chaussettes, je mettais les bouts de caoutchouc par en dessous et cela leur servait de godillots. Mais cela n'était pas le plus grave, j'avais au moins la possibilité de me rendre utile et de passer le temps. La pire des tortures, pour moi, c'était de regarder mes enfants souffrir, de les voir dépérir de jour en jour.

Lentement, l'idée d'une évasion se forma en nous. Idée obsédante et envahissante à laquelle nous nous raccrochions comme des naufragés. Encore fallait-il élaborer un plan réalisable. Deux éléments jouaient en notre faveur. D'abord, les murs de notre prison, en terre et en paille, n'étaient pas bien solides. Ensuite, nos gardiens avaient leurs habitudes : ils nous déposaient la nourriture une fois par semaine et ne venaient quotidiennement que le matin pour nous apporter de l'eau et vider les poubelles, puis en fin de journée renouveler nos réserves d'eau.

Un soir, les enfants me disent :

– Viens avec nous, maman, on va sortir dans les ruines autour...

Nous creusons un trou dans le mur de la maison et nous passons dans les décombres du palais du Glaoui. De là, nous trouverons peut-être le moyen de franchir l'épaisse enceinte qui encercle l'ancienne résidence du pacha... Dans l'immédiat, par des petits trous percés dans cette muraille, nous observons l'extérieur. Le ciel nous paraît infini, l'oued coule tranquillement, de la luzerne et quelques plantes poussent un peu plus loin, rompant le rythme monotone du désert... Depuis trois ans, nous n'avons pas vu un brin d'herbe et cette vision est pour nous celle du jardin d'Éden, nous respirons à pleines goulées ces instants volés à la liberté.

Mais comment franchir la muraille ? Les enfants m'emmènent à l'endroit d'où ils imaginent une fuite possible. C'est une pièce effondrée qui donne à pic sur le désert. Des morceaux de roseaux s'échappent des façades écroulées et les enfants ont échafaudé un projet périlleux : lier les cannes entre elles pour en faire des cordes rudimentaires qui leur permettraient d'atteindre le sol... Il y a plus de trente mètres à descendre dans le vide, ils pourraient tomber, se blesser, se tuer peut-être et, en tout cas, alerter inutilement nos gardiens. Je refuse.

– Non, jamais je ne vous laisserai partir par là.

Malika et Raouf insistent :

– Maman, je t'assure qu'on peut réussir, on a déjà fait ça à l'école.

– Pas question, vous ne tentez rien dans ces conditions.

Je passe dans une autre pièce. Je regarde le ciel à travers les ouvertures, je furète un peu partout et soudain je vois, sur le mur d'une petite pièce sans toit, un trou mal camouflé par un gros caillou... Je m'approche. En faisant attention à nos compagnons familiers, les scorpions et les serpents, je retire lentement la pierre et colle mon œil sur la brèche. Au-delà, j'aperçois une autre salle et une porte maladroitement dissimulée avec des parpaings de terre. C'est l'issue du palais. J'ai trouvé le chemin de notre fuite ! Tout de suite, j'appelle les enfants :

– Venez, regardez ! Il faut maintenant chercher par quelle voie on peut arriver à cette porte...

On explore les ruines et, finalement, on arrive devant la fameuse porte. J'ai avec moi une bouteille d'eau en plastique, je mouille la terre des parpaings pour la ramollir et nous décidons d'y revenir tôt le lendemain matin pour l'humidifier encore. Le soir, nous commencerons à dégager notre sortie vers la liberté...

Après avoir effacé au maximum les traces de notre passage, nous rentrons nous coucher. Cette nuit-là, nous avons tous fait sans doute des rêves merveilleux. Cette porte providentielle s'ouvrait pour nous sur une vie réinventée.

Le lendemain matin, comme d'habitude, les gardes nous apportent notre ration d'eau, vident les poubelles et s'en vont. Je mets une tenue confortable pour retourner dans les ruines : pantalon de pyjama et veste orange en cachemire, ancien cadeau du roi à mon mari. Je remplis un bidon d'eau pour aller asperger la terre... À cet instant précis, la porte de notre prison s'ouvre. Deux *moukhaznis* s'avancent vers moi :

– *Hadja,* on veut te parler !

Ils m'appellent *Hadja,* titre que portent les femmes qui ont fait le pèlerinage à La Mecque. Mais, à cette politesse près, leur langage est plutôt rude.

– Vous allez mettre vos affaires d'un côté et les affaires de l'État de l'autre...

– Les affaires de l'État ? Mais l'État n'a rien ici, deux matelas pourris et quelques casseroles... Tout le reste, c'est moi qui l'ai acheté !

– Alors, mettez vos affaires de côté...

Je comprends que nous allons quitter Tamataghrt. Ils nous déplacent le jour même où nous avons trouvé comment nous évader ! Tous nos espoirs s'effondrent. Le destin vient de nous jouer encore un mauvais tour.

On commence à ramasser les bagages et à nous habiller. Vers quatorze heures, un colonel arrive devant la maison. Il envoie deux sous-fifres me transmettre ses directives :

– Vous allez sortir, vous et votre plus jeune en premier. Après ce sera Raouf, puis Malika avec les deux petites. Après seulement Myriam avec Halima et Achoura.

Les enfants ont peur d'être séparés de moi et de leur petit frère, le chéri de tout le monde. Ils se mettent à protester et me demandent de ne pas accepter :

– Ne pars pas toute seule... On ne sait pas où ils peuvent t'emmener... Ils veulent te séparer de nous... On ne veut pas te laisser partir...

Je suis debout, droite dans ma djellaba, un foulard sur le visage, des lunettes noires... Je mobilise ce qui me reste de dignité. Raouf sort négocier avec le colonel :

– Je ne me sépare pas de ma mère. Là où elle va, je vais avec elle.

L'officier est un homme poli et bien élevé. Il nous rassure :

– Je vous promets que l'on ne va pas vous séparer. Vous allez seulement faire un voyage et vous rapprocher un peu de la capitale. Il se peut même que vous soyez libérés...

Je ne crois pas beaucoup à cette éventualité, mais je sors avec Raouf et le petit Abdellatif. Nous franchissons l'enceinte extérieure en passant sous deux immenses porches séparés par une antichambre munie de bancs de pierre sur lesquels se tenaient, jadis, les esclaves du Glaoui. Dehors, je reste un moment hébétée : deux rangées de policiers nous attendent, mitraillette au poing. Devant moi, une camionnette verte aux vitres aveuglées de goudron. J'entends un ordre retentir derrière moi :

– Montez !

On me fait asseoir avec mon jeune fils, mon autre fils prend place à son tour, deux *moukhaznis* nous encadrent de chaque côté, et deux autres encore au fond de l'habitacle. Je suis bloquée entre deux gardes, Abdellatif entre mes jambes, Raouf plus loin. La porte coulissante claque, nous sommes dans le noir.

Quand quelque chose de grave s'annonce, ils savent nous préparer psychologiquement. Mes filles accompagnées de Halima et d'Achoura suivent dans une autre camionnette. Nous voilà repartis... Trente kilomètres jusqu'à Ouarzazate et puis cent quarante kilomètres de virages. Le véhicule tourne, tourne... Je reconnais ces innombrables lacets : ce sont ceux qui mènent à Marrakech.

Le garde qui est en face de moi a englouti des quantités phénoménales de tomates et d'oignons, et il vomit ses tripes ! Moi, je n'ai rien mangé, donc pas de problème de ce côté-là, mais je dois faire pipi... Heureusement, toujours prévoyante, j'ai le pot à lait... Mes deux fils tiennent mon foulard et je demande aux *moukhaznis* de se retourner pudiquement. Au début, ils montrent un peu de réticence, après tout ils sont là pour garder l'œil sur nous. Finalement, ils comprennent le ridicule de la situation. Et puis ils ont autre chose à faire que de s'occuper de leurs prisonniers : ils sont malades comme des chiens. Ça pue le vomi pendant toute la route, c'est affreux.

On arrive à Marrakech vers huit heures du soir, après six heures de route. Nous sommes le 26 février 1977, veille de la fête du Trône, veille aussi de l'anniversaire d'Adbellatif. De notre prison roulante, par une fente à peine visible, nous apercevons, dans un village à l'entrée de la ville, des drapeaux, des gens qui dansent dans la rue, des fantasias... Et je me repais du spectacle coloré de la vie.

Des heures de route encore, puis changement de véhicule. Sur les mauvais chemins inondés par les pluies d'hiver, nos fourgonnettes ne passent pas. Nos gardiens nous bandent les yeux pour nous faire grimper dans des Jeep.

Enfin, vers deux heures du matin, nous pénétrons dans un lieu inconnu. On nous retire les bandeaux, nous nous trouvons dans un endroit écrasé par la lumière trop crue des projecteurs. Cette fois, on nous a aménagé une véritable prison. Je comprends que nous ne serons pas libérés de sitôt. Ils ne se seraient pas donné tout ce mal pour nous relaxer le lendemain.

*
**

Nous ne le saurons que beaucoup plus tard, mais nous étions arrivés à Bir-Jdib, à une quarantaine de kilomètres de Casablanca, dans une ancienne maison de colons transformée en lieu de détention avec murs aveugles et portes blindées. Même une étroite véranda avait été fermée d'un haut mur qui ne laissait passer qu'une faible lumière à travers une ouverture assombrie de grillages et de barreaux. À l'avant du bâtiment s'étendait une petite cour qui nous sera d'abord interdite. Tout était sombre, triste, humide.

Dès le premier soir, ils nous ont séparés. Mes filles – Malika, Myriam, Maria et Soukaïna – dans trois cellules contiguës fermées par une seule porte blindée. Halima et Achoura dans une autre, Raouf tout seul, et moi avec le petit Abdellatif dans la dernière.

Nous étions enfermés, isolés pour la nuit dans de petites pièces de quatre mètres sur quatre aux murs délabrés suintant l'humidité, sans fenêtre, avec seulement d'étroites lucarnes laissant filtrer une lumière glauque. Pour nous qui avions traversé toutes les épreuves ensemble, unis et solidaires, la séparation était un rude coup. Ils avaient parfaitement compris comment nous détruire. Chaque jour, ils construisaient un nouveau mur, rendant notre prison plus ténébreuse et plus désespérante, bouchant les petites entrées de lumière, nous retirant un peu plus du monde et de la vie.

Nous allions rester dix ans dans ce mouroir, dix ans pendant lesquels nos conditions de détention n'allaient cesser de se dégrader, dix ans d'une longue descente aux enfers.

Jusqu'à la fin de l'été de cette année 1977, notre existence a été relativement supportable. J'étais même parvenue à conserver secrètement ma radio. Le 1er septembre, j'ai appris ainsi la mort accidentelle de la princesse Lalla Nezha, la sœur du roi. Cette nouvelle tragique m'a bouleversée. J'ai pensé surtout à sa mère et au chagrin qu'elle devait ressentir. J'ai tellement pleuré que nos gardiens ont compris que nous cachions un poste...

Le 26 septembre, ils sont venus effectuer leur première véritable perquisition, et nous ont confisqué la radio et la chaîne hi-fi. Dans leur rage, ils emportèrent également les derniers journaux qui nous restaient, des dessins faits par les enfants et des photos personnelles, allumant avec tous ces papiers un grand feu de joie dans la cour. Puis, pensant m'humilier, ils offrirent mes habits à Halima et à Achoura et me donnèrent en échange leurs propres vêtements.

Le colonel Ben Aïch, qui continuait à nous poursuivre de sa rancune et de sa haine, a alors prévenu ces deux femmes courageuses qui s'occupaient de nous faire la cuisine :

– Vous pouvez tout manger et ne rien leur laisser, vous pouvez les laisser crever de faim, personne ne vous le reprochera. Vous pouvez leur mettre n'importe quoi dans la nourriture, on vous y autorise...

Elles refusèrent ce travail de bourreau et répondirent d'une seule voix :

– Non, non, choisissez d'autres personnes pour cette

tâche. Jamais nous ne ferons cela. Nous ne mangerons peut-être pas, mais eux mangeront.

Durant six mois, grâce à ces filles admirables et fidèles nous avons pu nous nourrir d'une façon plutôt acceptable et, comble du bonheur, nous pouvions passer la journée ensemble, réunis dans la petite véranda murée.

Un peu plus tard, le général Alaoui et le colonel Ben Aïch ont convoqué le commandant des *moukhaznis* pour lui donner cet ordre catégorique qu'il est venu lui-même me répéter mot pour mot :

– Ces gens-là ne doivent pas mourir, mais ils doivent dépérir à petit feu.

En 1972, en arrivant à Assa, nous bénéficiions pour notre subsistance de dix dirhams par jour et par personne, deux mille sept cents dirhams par mois pour tous les neuf, soit moins de deux mille francs. Deux ans plus tard et jusqu'à la fin 1977, la somme était tombée à mille cinq cents dirhams, la différence passant dans les poches d'Alaoui, même ce petit rien l'intéressait. À Bir-Jdib, nous ne subsisterions plus qu'avec sept cents dirhams par mois. Plus le temps s'écoulait et plus notre maigre budget alimentaire était restreint. La faim serait désormais notre compagne.

Dans la journée, nous ne prenions aucun repas. Nous avions si peu à manger que nous conservions nos maigres ressources pour le soir afin de nous donner l'illusion de nous remplir un peu l'estomac. Quand on passe tout un jour sans rien avaler, la moindre nourriture remplit le ventre jusqu'à donner l'impression de le faire éclater ; même un verre d'eau le fait gonfler... Nous avons ainsi jeûné durant sept ans, de 1980 à 1987. Nous nous imposions le jeûne pour des raisons tactiques et pratiques, mais non dans un but religieux. Je crois que Dieu ne l'aurait pas accepté. Nous n'avions rien à demander à Dieu, aucun pardon à implorer. D'autres, de vrais criminels ceux-là, avaient bien plus besoin que nous de faire la paix avec le ciel.

On nous donnait donc juste de quoi ne pas crever de faim, et c'était moralement très dur à supporter parce que cette privation continuelle nous ramenait à l'état de la bête. On ne pensait qu'à manger, on ne méditait que sur des petits plats mijotés, on ne discutait que de cuisine... Quand on a faim, on imagine constamment de la nourriture bien grasse, bien bourrative. On rêve tout éveillé.

Au début, on mangeait proprement, on essayait de déguster ce qu'on avait. Plus tard, la nature l'a emporté, on ingurgitait tout très vite pour avoir une boule dans l'estomac, créer la sensation d'être rassasié. Mais ce n'était qu'une impression ; même si l'on avale tout d'un seul coup, la digestion est peut-être plus lente mais au bout de quelques heures c'est le vide.

Cette sensation de m'appauvrir sur tous les plans par le rationnement de la nourriture et la privation de lecture me désolait. J'avais peur de la déchéance morale, de la déchéance intellectuelle. Avec la faim, l'imagination et la spiritualité se fanent. Pourtant, malgré la disette, j'essayais de garder ma dignité, exercice forcé pendant des années qui est devenu une nature par la suite. J'apprenais aux enfants que les personnages qui avaient pu réaliser de grandes choses dans leur vie étaient des êtres qui avaient eu faim : les prophètes et les grands sages ne mangeaient pas beaucoup.

Nous craignions par-dessus tout de tomber dans la déchéance, de commencer à chercher les petits bouts de pain, de ne plus penser qu'à ça. C'est vrai, on ne pensait qu'à ça mais avec beaucoup d'humour, on en riait sans cesse. Quand on entendait dire qu'une personnalité venait de décéder, on s'exclamait :

– Quelle chance ils ont, les gens qui vont aller dîner là-bas, il y aura du poulet, il y aura du couscous...

On tournait tout en dérision, en matière à plaisanterie. Pour ne pas voir la réalité en face. Nous parlions aussi de la façon dont nous nous comporterions le jour où nous sortirions. Les enfants faisaient de vastes projets :

– Nous aurons un réfrigérateur tellement plein que nous devrons pousser la porte avec le pied pour qu'elle puisse se fermer !

Et je leur répétais, en tant que personne mûre et adulte qui avait vécu :

– Ça ne se passera pas du tout de cette façon. Vous allez voir que vous, parce que vous avez traversé tout cela, vous ne ferez même plus attention à la nourriture. Ce n'est pas le plus important, ça n'est pas ce que vous avez le plus perdu, vous ne garderez pas ça en tête, je vous le promets.

Je leur disais ces mots sans en être réellement convaincue. Moi, j'avais connu l'opulence. Eux, ils avaient tout oublié et je les voyais, affamés, rêver de cuisine...

Finalement, ce que je prédisais s'est révélé exact. Ce sont des enfants qui ne mangent rien, qui n'ont envie de rien, la nourriture est pour eux quelque chose de tout à fait accessoire. Les gens pourraient croire qu'à la suite de ces privations on se jette sur la subsistance comme des vautours. Pas du tout. Plus la table est pleine, moins on a envie de manger.

Il nous arrivait de garder un peu d'huile pour nous

offrir une fête par la suite. Mais le jour où nous faisions cette « bombance », mangeant un peu plus de gras que d'habitude, nous étions mal, l'estomac trop plein. Encore aujourd'hui, je supporte mieux la faim que les festins.

Le commandant des *moukhaznis* avait la tête de l'emploi : une authentique apparence de bourreau, petit, épais, les épaules larges, des biceps aussi gros que mes cuisses, sans cou, la tête collée sur le tronc, les yeux rouges injectés de sang... Il s'appelait Borro, ce qui signifie « poireau » en arabe, mais il ressemblait davantage à une patate qu'à un poireau. C'est lui qui était chargé de faire le marché. Lorsqu'il était bien luné, lorsqu'il voulait être parfaitement en règle, il nous livrait la nourriture le lundi. Sinon il fallait attendre, parfois jusqu'au mercredi. Pour une semaine, voire dix jours, ils nous apportaient pour nous tous, par exemple, du pain, un kilo de viande, vingt œufs, un kilo de tomates, un kilo de pommes de terre, un demi-kilo de riz, un kilo de farine, deux paquets de macaronis, deux petits bols de lentilles. Et tous les quinze jours deux litres d'huile pour la cuisson et un litre d'huile d'olive. Parfois un peu de lait, mais jamais de beurre : mon plus jeune fils ne savait pas ce que c'était. La gamme des fruits était également limitée : ni bananes, ni pommes, seulement des oranges et quelques figues cueillies sur les arbres de la cour... quand les *moukhaznis* ne les avaient pas toutes dévorées.

De 1979 à 1983, pendant la période de sécheresse, la viande qu'ils nous accordaient était un morceau d'éponge, un bout de plastique jaune gonflé d'air, lambeau d'une bête mourante qui n'avait plus rien sous la peau. Cette carne puait, c'était infect. Mais nous n'avions pas le droit de nous plaindre ni de faire remarquer que c'était immangeable. Nous devions attendre que nos gardiens s'éloignent pour qu'Achoura aille enterrer la viande dans la cour. Quand ils nous gratifiaient d'un chou-fleur, il était moisi et des vers sortaient de partout. Parfois, la moitié des tomates était pourrie. Et les œufs ! Ils empestaient le cadavre et ils étaient bleus tant ils étaient décomposés.

– Maman, c'est rien du tout, m'ont dit un jour mes deux fils, on va faire du pain perdu et tu verras, ça ne sentira plus grand-chose...

Et ils se mirent à l'ouvrage. Je pleurais toutes les larmes de mon corps en voyant mes enfants cuisiner ces œufs putréfiés. Ils ont fini par s'habituer à manger cette atroce nourriture et même à la trouver acceptable :

– C'est bon, c'est bon, je t'assure, c'est plein de protéines. Les Chinois entreposent les œufs pendant des années avant de les manger.

On pouvait décidément nous faire avaler n'importe quoi ! Mais ce pain perdu leur donnait l'occasion de faire la fête, de passer un bon moment. Et moi je n'arrêtais pas de sangloter, je ne parvenais pas à comprendre par quelle cruauté perverse on pouvait donner à manger une chose pareille à des enfants.

Côté hygiène, nous n'avions droit qu'à des douches glacées. En hiver, nous étions tous dans un tel état de nerfs que nous n'arrêtions pas de transpirer. Quand je prenais ma douche, j'avais tellement froid, en raison de la faim qui me tenaillait, que je claquais des dents et que mon corps se mettait à trembler d'une manière incontrôlable. Halima et Achoura recevaient deux bouteilles de gaz par mois pour la cuisine, Abdellatif remplissait alors d'eau chaude une boîte de lait concentré vide et je m'appliquais cette bouillotte sur le plexus pour calmer les spasmes qui m'agitaient... Mais bien vite la transpiration me submergeait à nouveau. Parfois, je me douchais trois ou quatre fois dans la journée. Trois ou quatre fois à grelotter. C'était l'enfer. Et c'était pareil pour nous tous. Avec cette transpiration nerveuse qui nous rendait moites, nous ne pouvions pas rester sans nous doucher : c'est un peu ce qui nous différenciait de la bête, ce qui nous empêchait de devenir complètement sauvages. Rester propres nous maintenait dans la famille humaine. Nous avions faim, nous étions seuls, nous étions malades, nous avions toutes les raisons de nous laisser glisser... Mais nous voulions conserver notre dignité. Et nous l'avons conservée, malgré tout.

Nous n'avions plus droit à rien. Juste un peu de nourriture avariée. Plus de livres, plus de médicaments. En cas de maladie, à nous de nous débrouiller. Même Myriam, qui était épileptique, n'avait plus son traitement. Jusque-là, elle prenait douze cachets par jour, que mon père lui faisait envoyer via le ministère de l'Intérieur. Du jour au lendemain, on lui a tout supprimé. Cela, je ne le pardonnerai jamais. Ils ont osé s'attaquer à une malade, à une enfant qui avait la bouche cousue, incapable de faire le mal, qui ne savait même pas pourquoi elle était là et qui a souffert le martyre. Nous étions parvenus à conserver secrètement quelques boîtes de Mogadon qu'on lui donnait au moment des crises graves. En plus, pendant cinq ans, elle a eu des hémorroïdes, elle se réveillait à l'aube et pleurait de douleur douze heures par jour. Tous les matins, on sortait un pot de plastique plein de sang et jamais nos gardiens n'ont réagi. Je les ai suppliés de faire acheter une pommade, en vain. J'ai essayé de la soigner à l'huile d'olive mais cette médecine improvisée lui infligeait de telles tortures que j'ai dû arrêter.

Je voyais s'éteindre Malika, déformée, enflée par un œdème de carence, des cheveux rares, des dents qui lui faisaient mal, souffrant d'une péritonite qui l'a rendue stérile... C'était pourtant une fille splendide, au point que même dans la prison je la trouvais encore parfois d'une beauté époustouflante.

Mes enfants tombaient en ruine les uns après les autres, atteints par des maladies que, dans nos conditions, nous ne pouvions ni détecter ni soigner. Soukaïna a fait une fièvre de vingt jours ininterrompue. Maria a été anémiée et a souffert d'une hépatite. Raouf a eu un abcès au ventre, comme une dysenterie. Il allait aux toilettes quinze fois de suite le matin et autant le soir. Au bout de trois semaines, Halima lui a conseillé de se badigeonner l'intérieur de l'anus avec du savon... Ce fut une catastrophe : son abcès a éclaté. Durant quatre jours, il a saigné de partout. J'ai pensé qu'il allait mourir. Le seul remède que j'ai pu obtenir pour lui d'un *moukhazni* fut de la sulfamide. Je l'ignorais, mais c'était absolument contre-indiqué et ces soins n'ont fait que compliquer son état. Nous ne pouvions même pas obtenir une aspirine. Nous avions tous des abcès dentaires qui traînaient des mois durant. Maintenant, je porte un appareil, parce que j'ai perdu une partie du palais en raison d'un abcès que j'ai percé et vidé tous les matins pendant six ans.

Non seulement je devais souffrir et passer mes plus belles années entre quatre murs, mais en plus je voyais mes enfants s'étioler. Des enfants qui n'avaient commis que le crime de s'appeler Oufkir. Ce sont des choses que l'on ne peut ni oublier ni pardonner. Les petites, Maria et Soukaïna, ont perdu toute leur jovialité, tous leurs espoirs. Même aujourd'hui, elles ne croient plus en rien. Pour Myriam, souvent épuisée par son épilepsie, ce fut pire encore.

Et pourtant nous avons résisté. La décision était prise de nous faire endurer les pires tourments, et nous le savions. Nous avons voulu leur tenir tête, leur prouver que nous étions plus forts qu'ils ne le pensaient et que nous ne nous laisserions pas abattre. C'est ce qui nous a sauvés.

Tout récemment, dans son livre *L'Or et le rien*[1], Jacques Chancel a raconté qu'il avait évoqué notre cas devant Hassan II et que celui-ci lui avait répondu :

– Par rapport à cette affaire, je suis entré en indifférence, mais j'ai ordonné qu'on ne touchât pas à leur vie.

L'excuse désigne la faute. À la seule condition de ne pas nous tuer, on pouvait tout nous faire.

Bien sûr, nous avons connu des moments d'intense désespoir. L'avenir se diluait au fil des jours, toujours atroces, toujours semblables. À dix ans, Abdellatif voulut en finir et quitter un monde où il n'avait rien connu. Le 23 novembre 1979, il a avalé huit cachets de Mogadon... Il allait mourir si on ne faisait rien. Halima a trouvé la solution :

---

1. Éd. Plon.

– On a du henné, il faut lui en donner, il vomira et s'en sortira...

J'ai pris quelques feuilles et j'ai préparé une décoction que je lui ai fait absorber avec un entonnoir de fortune. Effectivement, mon fils a régurgité tout ce qu'il avait dans l'estomac. Mais il est resté endormi quarante-huit heures... Nous avions beau frapper à nos portes, tenter d'alerter nos gardiens, le silence seul répondait à nos appels angoissés.

J'étais au chevet de cet enfant couché sur une paillasse crasseuse, suspendu entre la vie et la mort, sans savoir si nous-mêmes allions vivre ou mourir... Je regardais ce petit garçon qui avait voulu se tuer, je regardais cette cellule sordide aux murs humides et je pensais aux Juifs dans les camps de la mort.

J'ignorais que les degrés de l'horreur n'avaient pas tous été franchis. Dans notre malheur, nous avions encore le réconfort de passer les journées ensemble. Mais après le suicide manqué d'Abdellatif, il devenait nécessaire de nous punir pour tout le vacarme que nous avions fait en appelant à l'aide.

Dès lors, nous avons été séparés même la journée. Ils ont élevé des murs partout pour isoler d'une manière encore plus hermétique les différentes cellules. Malika, Myriam, Maria et Soukaïna avaient le droit de rester ensemble. Si elles se rebellaient, elles étaient enfermées chacune séparément, mais si elles étaient tranquilles, elles pouvaient rester les unes avec les autres. Seules Halima et Achoura pouvaient aller de cellule en cellule pour déposer les plateaux devant la porte au moment des repas.

Dans le drame, dans les moments difficiles, je crois que l'on découvre en soi un courage inattendu. Pour survivre, on mobilise des ressources insoupçonnées, on trouve des idées étonnantes. En observant notre situation de l'extérieur, n'importe qui aurait pensé que nous aurions tous préféré la mort. Au contraire, nous nous sommes accrochés à la vie, nous avons trouvé mille subterfuges pour supporter l'enfermement et l'isolement.

Quand l'un de mes enfants sortait de sa cellule et passait devant la mienne, je versais de l'eau par terre, sous la porte, et dans le reflet je voyais son visage... Mais ce que j'apercevais me faisait peur : ils maigrissaient tant ! Raouf, surtout, était terriblement décharné...

Le premier jour de notre arrivée, j'avais trouvé dans la cour un tuyau d'arrosage. Je l'avais pris sans savoir très bien ce que j'allais en faire. J'ai coupé des morceaux d'un mètre cinquante à deux mètres et, en les passant à travers les murs, nous avons pu communiquer entre nous. C'était notre téléphone.

Ensuite, nous avons perfectionné ce système. Les gardiens m'avaient confisqué la chaîne hi-fi mais les deux baffles – qui me servaient de tables de nuit avec de vieux chiffons posés par-dessus – avaient échappé à leurs perquisitions. Raouf a eu l'idée d'utiliser ce matériel pour développer notre installation. Chaque baffle contenait plusieurs haut-parleurs ; il s'agissait dès lors d'en passer un dans chaque cellule et de les relier, entre eux, par un fil électrique branché directement sur les interrupteurs.

Raouf m'a demandé d'ouvrir les baffles, j'ai passé une journée entière à fouiller dans les fils et les pièces, à démonter les organes de l'appareil, à récupérer les membranes sensibles. Ensuite, il fallait distribuer ces éléments dans les autres cellules : je les ai cachés dans un couscous à la cannelle, sur le plateau que Halima portait d'une pièce à l'autre. Pour conduire le courant, nous avons utilisé d'abord quelques ressorts des sommiers de nos lits, soigneusement démontés et passés à travers les murs. Mais cette solution n'était guère satisfaisante, le son circulait mal et l'ensemble était difficile à cacher au moment des perquisitions.

J'ai découvert par hasard le moyen d'améliorer la technique. Abdellatif était fou d'un camion Mercedes qu'il observait par un petit trou pratiqué dans une paroi. Il reproduisait le véhicule sous les formes les plus diverses, avec de la ficelle, du papier, du carton, assemblant les différents éléments de son modèle réduit avec une colle de farine. Un jour, je l'ai trouvé devant une valise : pour ses constructions, il coupait l'intérieur de satin beige avec une paire de ciseaux. J'ai vu alors un petit ressort dépasser... Dans le bourrelet du bord, se trouvaient de petits ressorts très fins et très serrés. Je les ai retirés dans chacune de mes valises et ils nous ont servi de conducteurs électriques discrets et efficaces.

Cette méthode archaïque nous permettait de communiquer entre nous, les haut-parleurs pouvant faire office de micros. L'installation nous donnait aussi la possibilité d'écouter, tous ensemble, le poste à transistors qui se trouvait chez Raouf. J'avais, en effet, obtenu une nouvelle radio grâce à une gourmette qui avait appartenu à Oufkir. J'avais donné la chaîne en or à l'un des gardes en lui demandant de m'acheter un poste qui pourrait capter Radio France Internationale. Il a été compréhensif et m'en a apporté un assez correct. Il nous fournissait des piles neuves tous les deux mois et nous pouvions écouter les émissions françaises, distraction qui nous a soutenu le moral durant des années.

Avec le temps, l'humidité a lentement rongé les haut-parleurs et ils ont commencé à se détériorer un par un. Heureusement, il y en avait huit dans les baffles et nous avons pu les remplacer. Et puis on les frottait avec des boîtes d'allumettes pour en retirer l'humidité, on les démontait, on ôtait quelques membranes et voilà tout. Dans le désespoir, tout marche. Les objets fonctionnent malgré eux.

Nous écoutions la radio, mais nous étions plus avides encore d'entendre Malika qui, par l'intermédiaire de cette installation bricolée, nous racontait les histoires surgies de son imagination...

« ... Dans un village enneigé de la Russie du XIXe siècle, une petite paysanne est violée par un jeune prince. De ce crime naissent deux filles, une blonde et une brune... Les années passent. Le seigneur est seul, un peu maudit, il a perdu ses parents, il a été élevé par sa grand-mère et il va découvrir qu'il est père de deux fillettes. Il veut épouser celle qu'il a agressée jadis, mais elle refuse et convole avec un général... »

L'histoire se développait au fil des nuits, avec des personnages multiples et des rebondissements incessants. Nous étions tous accrochés aux lèvres de Malika et à son talent de conteuse. Chacun donnait son avis sur la tournure que prenait l'aventure. Fallait-il tuer celui-ci ? Celle-là devait-elle se marier ? Tel autre devait-il partir en voyage ? Nous harcelions Malika pour qu'elle change l'histoire selon nos vœux. Finalement le récit appartenait à tous, notre réalité devenait ce fantasme romanesque, et surtout nous réunissait par la voix. Les seules interruptions à la progression de nos personnages étaient dues aux indispositions de Malika. Malgré nos supplications, elle était trop mal en point pour s'en aller avec nous dans les steppes de Russie. Le micro restait silencieux... Jours de deuil pour nous.

Mais très vite, Malika reprenait le cours de son récit et la plus jeune, Soukaïna, écrivait sous sa dictée, d'une écriture minuscule.

Nous voulions coûte que coûte garder une trace de notre roman collectif. On suppliait, on embrassait les mains des *moukhaznis* afin d'obtenir deux stylos tous les deux mois. Pour le papier, nous utilisions les cartons dans lesquels le pain nous était livré. On les trempait dans l'eau, on les frottait jusqu'à avoir des ampoules aux mains pour en faire des feuilles fines comme du papier à cigarettes – c'était notre « papyrus » – et on en faisait des carnets.

Parfois, l'installation tombait en panne brusquement. Raouf sifflait alors pour indiquer à Malika qu'elle devait s'interrompre et qu'il fallait procéder à une réparation urgente. Nos gardiens sont venus un jour demander à mon fils pourquoi il sifflait ainsi pendant la nuit.

– C'est les souris qui m'embêtent, alors quand je siffle elles repartent, a-t-il répondu sans se démonter.

Ça a duré huit ans. À la fin, nous possédions un sac entier plein de papiers couverts de la fine écriture de Soukaïna. Huit ans sans pouvoir nous trouver face à face, vivant à travers notre installation une histoire de la Russie des tsars !

***

Cinq ans après notre arrivée à Bir-Jdib, cinq ans pendant lesquels nous étions reclus à l'intérieur sans sortir, nous avons eu tout de même accès à la petite cour. Mais nos promenades se faisaient séparément. Raouf passait en premier, de neuf à dix heures, puis c'étaient les filles entre dix et onze heures, ensuite arrivait mon tour avec Abdellatif et nos deux compagnes d'infortune qui en profitaient pour accrocher le linge à sécher sur un fil et chercher des brindilles afin d'alimenter le feu.

L'un des gardes m'avait prévenue : pendant que j'allais et venais sous le soleil, Ben Aïch était parfois caché dans une encoignure pour contempler son œuvre et me voir rabaissée et torturée.

Par la radio, nous avons appris, au soir du 25 janvier 1983, la mort d'Ahmed Dlimi. Selon la version autorisée, il s'agissait d'un accident. Mais personne n'était dupe : sa voiture avait été soufflée par une explosion et la déflagration, paraît-il, avait été si violente que des témoins avaient pu apercevoir son dentier en haut d'un arbre... François Mitterrand se rendait en voyage au Maroc le lendemain. Pourtant, rien ne changea dans le circuit officiel, comme si c'était un rat qui était mort la veille. Quelques paroles lénifiantes du souverain sur son « fidèle ministre », toute la cérémonie hypocrite qu'il fallait avec le prince héritier aux obsèques, et ils n'en ont plus parlé. Les festivités pour la visite du président français se sont poursuivies à Marrakech... Grandioses !

Ils n'ont pas fait la même gaffe que pour nous : le cadavre de Dlimi a été envoyé à la famille dans un cercueil déjà plombé, personne n'a pu le voir. Sachant ce qui nous était arrivé, sa veuve s'est muselée...

La mort de Dlimi a été ressentie par nous tous comme

une catastrophe. Elle nous a enfoncés un peu plus dans le découragement. La mauvaise série continuait, rien n'annonçait un affaiblissement du régime ou un changement dans l'attitude du roi. Je n'avais aucune sympathie pour Dlimi, il avait été parmi les assassins d'Oufkir, c'était un ingrat, un ambitieux qui avait finalement perdu les pédales à force de chercher la fortune, mais au temps où il s'était occupé de notre emprisonnement, nous avions profité de conditions vivables, nous mangions à notre faim.

Si on pouvait se permettre de liquider une personnalité en pleine gloire, possédant sa garde privée et ses hélicoptères, si on pouvait le pulvériser de cette manière sans que personne élevât la moindre protestation, il restait très peu d'espoir pour nous, oubliés du monde entier.

IX

L'ÉVASION DU DÉSESPOIR

En France, les présidents s'étaient succédé et rien n'avait changé pour nous. Pompidou, Giscard d'Estaing, Mitterrand... Giscard était très proche de Hassan II, on le sait, et j'avais fondé de grands espoirs sur lui. Longtemps, même après notre sortie de prison, j'ai cru qu'il n'avait rien tenté en notre faveur et je lui en ai voulu. Je ne comprenais pas pourquoi cet homme qui se disait l'ami du roi du Maroc était resté silencieux sur notre sort et n'avait pas élevé une protestation au nom des droits de l'homme. Or, récemment, au cours d'une interview, l'ancien chef de l'État a révélé qu'il avait évoqué notre cas à deux reprises devant le souverain chérifien. La première fois, le roi avait éludé la question. À la seconde tentative, il s'était mis en colère.

Quant à Mitterrand, je savais bien qu'il ferait passer les intérêts de la France avant une cause humanitaire. Nous, nous ne valions rien, nous n'avions pas de pétrole, personne pour nous défendre. Sa femme, en revanche, s'est battue pour nous. D'ailleurs, à cause de cela, à cause du problème du Sahara aussi, elle s'est brouillée avec Hassan II. Mais sans résultat concret sur notre vie.

L'année 1986 approchait et représentait un espoir pour les reclus que nous étions. Elle marquait le vingt-cinquième anniversaire de l'avènement de Hassan II. À cette occasion, il ne pouvait manquer de faire preuve de clémence, libérer des prisonniers politiques et se souvenir enfin de nous, les oubliés des « jardins du roi ».

Notre enfermement durait depuis quatorze ans. Pendant quatorze ans nous nous étions posé sans relâche les mêmes questions. Que faisions-nous dans cette prison ? Quel était notre crime ? Pourquoi nous avait-on oubliés ? Pour quelle raison nous faisait-on souffrir ?

Au bout de tout ce temps, je n'en pouvais plus. Que pouvais-je faire ? Leur donner la tenue d'Oufkir ? Si c'était là tout ce qu'ils voulaient, j'était prête à la leur donner. Quelle importance au bout de quatorze ans ? Allais-je continuer à souffrir pour cacher un uniforme complètement pourri ? Je ne savais pas que cette pièce à conviction avait disparu depuis des années.

Les enfants, eux, me suggéraient de quémander la miséricorde de Hassan II et de demander un peu plus de nourriture car ils crevaient de faim.

– Non, je n'implorerai rien, répondais-je invariablement. Si je savais que les choses ont une chance d'aboutir, j'irais sur les genoux, jusqu'à les écorcher, et je demanderais pour vous, parce que c'est vous. Moi je peux mourir de faim, pour moi je ne demanderai rien. Mais je sais que, même pour vous, mes supplications seront inutiles, ils n'auront que le plaisir de me voir humiliée, alors je ne le ferai pas.

En grandissant, les enfants cherchaient aussi des raisons objectives à leurs tourments.

– C'est un peu toi la cause de tout cela, me disaient-ils, tu n'as pas voulu te plier, tu as dû dire au roi quelque chose qui l'a blessé...

Et ils m'interrogeaient, cherchant une révélation qui expliquerait leur situation.

– Maman, dis-nous ce qui s'est passé avec Hassan II. Qu'est-ce qu'il y a eu entre toi et lui ? Que lui as-tu dit ? Que lui as-tu fait ?

Ces questions me plongeaient un peu plus chaque jour dans la solitude. J'étais choquée, mortifiée, de découvrir que mes propres enfants pouvaient douter de moi et penser que j'avais commis un méfait secret qui justifierait tout.

Jadis, il est vrai, je n'avais jamais ravalé mes pensées, même auprès du roi, mais je ne parvenais pas à comprendre ce qui pouvait motiver quatorze années de détention dans ces mouroirs. Je n'avais rien dit d'épouvantable, je n'avais rien fait, je n'avais participé à rien, je ne connaissais pas les officiers qui avaient tenté le coup d'État et mon mari ne m'avait rien révélé.

Tout ce que je pouvais faire, c'était rassurer les enfants : à n'en pas douter, le vingt-cinquième anniversaire du règne marquerait la fin de nos souffrances. Même si Hassan II s'était montré cruel, même s'il avait voulu être excessivement dur avec nous, il ne pouvait nous persécuter au-delà de cette date symbolique.

En effet, au mois de mars, nos conditions de détention ont été légèrement améliorées. Enfin, nous étions réunis durant la journée avec permission de nous promener ensemble dans la petite cour chaque matin pendant deux heures.

Nous ne nous étions pas revus depuis huit ans. Nous nous écoutions régulièrement par le biais de notre installation « téléphonique » de fortune, mais nous ne nous voyions pas. Je n'ai pas reconnu mes filles. J'avais laissé des enfants, je me trouvais face à des femmes, complètement transformées. Difficiles retrouvailles... Nous avions pris des habitudes de bagnards, accoutumés à rester seuls, vêtus de haillons, affalés sur nos paillasses à ne rien faire, les yeux fixés sur le plafond. Nos visages étaient grimaçants, déformés par nos nerfs à vif, mais nous tentions de nous rassurer mutuellement :

– Non, je suis bien, ça va... Ne t'inquiète pas...

Nous faisions des efforts désespérés pour présenter une belle allure et renouer entre nous ce lien de solidarité qui nous avait si longtemps soudés.

Ce soudain allègement de notre existence me redonnait confiance. J'avais donc raison de penser que l'anniversaire du trône serait notre délivrance. Nous n'étions pas totalement oubliés. Bientôt, les portes de la prison s'ouvriraient, j'en étais certaine. Hélas, les mois passèrent, avril, mai, juin, juillet... Le temps s'écoulait et nous attendions vainement la grâce royale. Notre pitance était toujours aussi restreinte.

Au mois de novembre, nous avons compris que rien ne se produirait plus. Un seul espoir nous restait désormais : l'évasion. Mais comment fuir ? Cette idée nous habitait entièrement, nous occupait à chaque instant. Nous scrutions minutieusement chaque recoin de notre geôle, cherchant le plus sûr moyen de nous échapper, combinant des plans aussitôt abandonnés, repris, transformés...

Abdellatif, qui avait alors dix-sept ans et demi, et n'avait jamais connu la liberté, guettait les signes de la vie à travers nos fenêtres aveugles.

Dans l'espèce de salle d'eau où nous prenions nos douches glacées, on apercevait en hauteur une ancienne lucarne fermée avec un double grillage et obstruée au moyen d'une tôle ondulée fixée sur un cadre de bois. Abdellatif monta pour tenter de creuser un petit trou dans ce dispositif afin de jeter un œil à l'extérieur. Avec une bougie, il essaya de mettre le feu au cadre de bois... Il ne savait pas qu'un garde se trouvait juste au-dessous de la lucarne. Aussitôt, la sentinelle sentit l'odeur du bois brûlé et comprit qu'il se passait quelque chose d'anormal. Il alerta ses collègues et ils firent irruption pour surprendre mon fils haut perché, taillant allègrement dans le bois consumé. Nous devenions tous suspects d'évasion...

Ils nous confisquèrent aussitôt les bougies, nous retirèrent tous les objets coupants et décidèrent de nous séparer de nouveau définitivement. Dès le lendemain, les portes de nos cellules restèrent closes. À nouveau, nous étions condamnés à l'isolement. Une fois de plus, on m'arrachait mes enfants. Je ne pouvais pas le supporter :

– Si vous ne nous réunissez pas, je vais faire la grève de la faim...

J'ai arrêté de m'alimenter le 13 novembre 1986. Cinq jours plus tard, Raouf a suivi mon exemple, puis ce furent Malika, Maria, Soukaïna... Tout d'abord, j'ai voulu laisser Myriam et Abdellatif en dehors de cela. Mais j'ai vite pensé que si nos gardiens faisaient entrer de la nourriture pour les plus jeunes, ils s'imagineraient que nous mangions tous en catimini. J'ai donc demandé à Abdellatif de participer, lui aussi, à notre grève, mais il avait des problèmes de bile et ne supportait pas d'avoir l'estomac vide, il vomissait constamment. Quant à Myriam, ses crises d'épilepsie lui interdisaient de se lancer dans une tentative aussi pénible. Et pourtant, de fait, elle jeûnait déjà presque tous les jours.

Au début, je croquais un sucre le matin. Mais mes enfants m'ont dit :

– Tu ne maigris pas assez, il ne faut plus prendre de sucre.

Dès lors, je me suis scrupuleusement abstenue d'absorber quoi que ce soit, à l'exception d'un peu d'eau. Nos gardiens venaient nous observer quatre ou cinq fois par jour comme pour se rassurer, pour constater que nous étions encore en vie...

J'ai demandé à voir un responsable. L'officier des *moukhaznis* n'avait aucune envie de donner de trop grandes proportions à notre protestation :

– Si tu as quelque chose à dire au responsable, tu me le dis.

– Non, je ne veux pas te le dire à toi, je veux le dire au responsable...

Ce petit jeu a duré jusqu'au 26 décembre. Quarante-trois jours pendant lesquels je n'ai rien avalé. Pendant ces six semaines, il ne m'est pas venu une seule fois à l'idée de tricher, de manger une saleté, de faire rôtir un rat. Pendant quarante-trois jours, je n'ai rêvé que de bonnes choses, de bonnes odeurs. Cette grève, je l'avais programmée et sans doute mon corps s'était-il mis en accord avec ma décision. D'ailleurs, au bout de trois jours, je n'avais plus faim, je délirais, je mangeais virtuellement, je ne songeais qu'à des plats mijotés. Ce fut très bizarre. On ne peut jamais vraiment connaître la nature humaine, ni savoir comment elle va réagir avant de se trouver confronté à la situation. J'ai bien observé mon corps, j'ai vu comment on pouvait tenir pendant tous ces jours, comment émergent la volonté, le désir, l'envie de vivre, de ne pas mourir bêtement. La médecine devrait se pencher sur des cas pareils.

C'est extraordinaire ce que l'on peut sortir d'un être humain. Pendant quarante-trois jours j'ai continué à prendre ma douche glacée tous les matins et à faire mon lit. De plus, je dormais comme un bébé. Jimagine qu'il n'y a qu'au paradis où l'on puisse dormir comme ça, le ventre vide. Seule conséquence visible : mes gencives n'arrêtaient pas de saigner. Le soir, je plaçais une serviette sous mon visage, au matin elle était rouge.

Au vingt-troisième jour, je saignais tellement des gencives, j'avais de tels relents de sang dans la bouche que j'ai réclamé aux filles quelque chose pour enlever ce goût intolérable. Par le petit trou qui nous permettait de communiquer entre les cellules, elles m'ont passé deux quartiers d'orange. Je crois que je n'ai jamais mangé de ma vie quelque chose d'aussi délicieux. Encore aujourd'hui, je n'ose pas croquer une orange, de peur de ne pas retrouver cette saveur exceptionnelle. Un instant, dans ma cellule, ces deux quartiers d'orange ont été pour moi les fruits du paradis, quelque chose de fabuleux, de merveilleux, le mets le plus savoureux. Pourtant, je n'avais pas la conscience tranquille, je me disais que, peut-être, j'avais cassé mon jeûne... Et puis non, deux quartiers d'orange n'allaient pas me nourrir ! Moralement pourtant, ils m'avaient ragaillardie. Je pouvais donc encore ressentir quelque chose ! J'avais éprouvé un tel plaisir en mangeant ces morceaux de fruit que je me disais : « Tu n'es pas complètement morte, malgré tout. »

Le commandant des *moukhaznis* insistait pour nous voir interrompre notre grève au plus tôt. Il nous faisait apporter des viandes comme nous n'en avions plus vu depuis longtemps, des fruits, du pain... Tout en abondance.

– Si vous mourez, me dit-il, on vous enterrera dans le jardin, et moi on me logera une balle dans la nuque. Alors c'est moi qui vous supplie de manger...

De toute façon, notre grève semble pouvoir s'éterniser sans la moindre réaction de Rabat.... Au bout de quarante-trois jours rien ne s'est passé, nul n'a répondu à notre cri muet. Seuls les gardiens viennent placidement nous observer, épiant peut-être notre fin prochaine.

Devant le vide qui nous enveloppe, nous prenons la décision de nous suicider collectivement. C'est un ultime appel au secours. Nous ne voulons pas mourir vraiment, mais peut-être arriverons-nous, par ce biais, à faire entendre nos voix d'emmurés...

Dans la cellule où je suis enfermée avec Abdellatif, j'ai conservé un vieux miroir. Je le brise et je demande à mon fils de me couper les veines du poignet... Maniant le morceau de verre, il me laboure la peau, il me taillade avec toute son énergie. Sans résultat. Le sang ne coule pas. Des veines sectionnées, il ne sort que quelques gouttes. En raison des privations peut-être, mon sang est comme tari. Il s'échappe pourtant chaque nuit par les muqueuses mais à présent, de mes poignets tranchés, ne s'écoule qu'un lamentable filet rouge trop vite asséché. J'insiste, je dis à mon fils :

– Même si tu vois que je perds connaissance, tu peux y aller...

Il me martyrise les poignets, ce doit être terrible pour lui... La serviette est tachée d'une auréole de sang, mais rien de plus. Abdellatif n'arrive pas à couper davantage. Je regarde les blessures profondes, je vois mon fils avec son morceau de verre, tout se fond soudain dans un flou cotonneux. Je m'évanouis.

Mon aîné, Raouf, de son côté, a pris une paire de ciseaux qu'il a réussi à conserver clandestinement et, sans hésiter, s'est largement ouvert les veines, perdant presque deux litres de sang. Une flaque énorme s'est répandue sur les dalles de sa cellule... Il est vite tombé inanimé et, comme par miracle, les blessures se sont complètement refermées.

Appelés par les enfants, les gardiens sont venus en pleine nuit... Ils sont entrés dans la cellule de Raouf et l'un d'eux a demandé froidement à son copain, comme s'il parlait d'une bête :

– Il est mort ?

– Non, non, il n'est pas mort, a répondu l'autre, sur le même registre détaché.

Ils sont aussitôt partis pour ne revenir que le lendemain, à la mi-journée, afin de s'assurer que Raouf était toujours vivant. Pendant les trois jours qui ont suivi, un garde est venu régulièrement ouvrir la bouche de mon fils, lui faisant avaler de force une petite mesure de lait frais. Il le contraignait à s'alimenter mais refusait de soigner ses plaies ouvertes :

– Ils nous ont donné ordre de ne pas nous occuper de vous, de ne rien vous donner. Si on vous fait un pansement et qu'un supérieur arrive, il faudra vous l'arracher... Le règlement c'est le règlement. Ils ont tout de même consenti à nettoyer la cellule, le sang coagulé puait. Ils ont sorti la paillasse dans un petit réduit attenant à la cellule, et pendant que deux *moukhaznis* récuraient, le commandant Borro les surveillait tout en discutant avec un collègue. Ils étaient sûrement persuadés, tous les deux, que Raouf allait mourir, ils avaient dû signaler le fait à la hiérarchie, on leur avait sans doute répondu de le laisser crever...

Revenu à lui, Raouf suivait attentivement leur conversation et, à chaque mot, il sentait les portes de la prison se refermer un peu plus sur lui et sur nous tous.

– Mais qu'est-ce qu'on leur veut ? a demandé le collègue. C'est quand même épouvantable de savoir que des gens font la grève de la faim depuis plus d'un mois, et qu'on ne leur répond pas. Ils vont crever...

– Eh bien, ils crèveront, a répondu Borro. Ils ne pourront sortir d'ici que par un miracle.

– Mais pourquoi ? Qu'est-ce qu'ils ont fait ?

– Ils en savent trop.

– Moi, si j'étais leur mère, je me serais suicidée pour pouvoir les laisser sortir...

Alors, Borro a répliqué :

– De toute façon, même si leur mère se supprimait, ils ne sortiraient pas. Ça fait des années qu'ils sont là, jamais personne ne les laissera partir.

– Ils ne vont pas rester ici à vie, tout de même !

– Tant que le roi est là, ils ne sortiront pas, il faut que tu le saches.

Le pauvre Raouf entendait tout cela. Dès que les gardiens sont partis, mon fils s'est traîné jusqu'à un trou qui permettait de parler à Halima et à Achoura :

– Dites à Malika qu'on est là pour la vie !

Moi, dans les tuyaux, j'entendais des bruits curieux, des chuchotements, des sanglots... J'ai demandé à Abdellatif de frapper contre la paroi, je n'en avais pas la force. Soukaïna nous a répondu. Soufflant dans le tuyau, arrivant à peine à parler, je l'ai implorée de me dire ce qui se passait...

– Rien, maman, rien. Ils ont juste nettoyé la pièce de Raouf et maintenant il va bien.

– Non, Soukaïna, tu es en train de me mentir, dis-moi ce qui se passe.

– Maman, je t'assure...

– Passe-moi Malika !

Malika était en pleurs, un chagrin que je n'oublierai jamais. Elle est tout de même arrivée à me dire, entre deux hoquets à fendre l'âme, que selon les paroles de l'infâme Borro, nous étions emprisonnés pour la vie.

– Il y a toujours un espoir. Je te promets qu'on sortira de là, ai-je répondu.

– Non, maman, tu rêves, tu délires.

– Je te jure qu'on sortira d'ici. Est-ce que les personnes qui nous gardent sont là pour la vie ? Personne n'est là pour la vie. Essayez de rester courageux, on trouvera une solution...

– Une solution ? Laquelle ?

– Je fais la grève de la faim depuis quarante-trois jours.

Demain, j'arrête. Je vais leur faire savoir qu'ils ont gagné. Ensuite, on se met à préparer sérieusement notre évasion.

En fait, cette évasion dont on avait déjà tant parlé, j'en avais toujours repoussé l'idée au fond de moi. J'avais bien trop peur que les enfants se fassent prendre, qu'on les torture, qu'on les exécute pour insubordination. À présent, en plein désespoir, j'acceptais la fuite. Il n'y avait plus d'autre solution : personne ne se préoccupait de notre sort, l'anniversaire du règne était passé et notre situation empirait. Nous étions innocents, mais nous n'avions personne derrière nous, ni parti politique, ni armée. Aucun soutien. Tout le monde nous laissait tomber, tout le monde s'en lavait les mains.

Il ne restait donc que l'évasion. Les enfants ont murmuré entre eux :

– Maman délire, elle a trop faim, elle ne sait pas ce qu'elle dit.

Non, je ne délirais pas. Mais, sous le choc de tous ces événements, j'ai perdu connaissance, une fois encore. Abdellatif tenta de me réveiller en m'assenant des gifles, en me mouillant le visage. Comme j'avais décidé d'arrêter la grève de la faim, il m'a donné un sucre et j'ai repris mes esprits.

Vers dix-sept heures, nos vautours de gardiens sont venus voir dans quel état nous étions... Je me suis adressée à Borro, le plus haut gradé puisqu'il était commandant. Je m'évertuais pourtant à lui donner du « lieutenant » onctueux, pour le faire enrager :

– Voilà, lieutenant, j'ai fait une grève de la faim, il n'y a eu aucune réponse. Maintenant, j'ai décidé d'arrêter. Je sais que j'ai eu tort de me mesurer à des gens aussi insensibles et aussi puissants...

– Ah, tu retrouves la raison ! C'est très bien.

Pendant la grève de la faim, ils nous avaient apporté infiniment plus de nourriture que d'habitude, pour nous allécher et nous pousser à interrompre le jeûne. Une fois la grève terminée, ils nous ont distribué les mêmes petites quantités que par le passé. Dès le lendemain matin, ils nous ont déposé en guise de petit déjeuner, pour Abdellatif et moi, un bout de pain et un demi-litre d'une mixture douteuse dans deux fonds de bouteille en plastique : une goutte de lait dans de l'eau chaude où surnageaient quelques grains de café, un peu d'orge et des pois chiches. C'était avec ça que je devais me requinquer.

*
**

Dans la cellule de Raouf, ils avaient trouvé la radio et l'avaient confisquée. Cette fois, nous étions coupés du monde, il ne nous restait plus qu'une obsession : nous évader. Nous pensions creuser un tunnel. Mais dans quelle direction ? De quelle longueur ? Nous n'avions aucun repère.

Le destin, cette fois, nous a aidés en nous donnant un coup de pouce extraordinaire, comme dans un roman d'aventures un peu rocambolesque. Avant ma grève de la faim, mon fils avait l'habitude de grimper, par un escabeau qui se trouvait à l'intérieur de notre cellule, dans une petite pièce située exactement au-dessus de nous. Cet espace, percé autrefois de trois grandes fenêtres donnant sur la campagne, avait bien sûr été muré et ne constituait plus qu'un réduit plongé dans le noir. Pendant tout le temps de mon jeûne, Abdellatif était resté auprès de moi, en bas, mais ses instants de solitude dans la pièce sombre du haut lui manquaient. Il y est retourné dès la fin de ma grève. À peine monté, il est redescendu, fort excité :

– Maman, viens voir, il y a un petit trou par où passe le jour...

En effet, une fenêtre, fermée de grillage et aveuglée, laissait à présent entrer un rai de lumière... Je suis montée dans la pièce et j'ai grimpé sur un cageot pour avoir l'explication du miracle. Les vitres avaient été peintes en gris de l'extérieur et deux tourterelles étaient venues se nicher contre la fenêtre ; en agitant leurs queues pour faire leur nid, elles avaient réussi à écailler la peinture... Je me suis retournée vers Abdellatif et je lui ai annoncé lentement :

– Ça y est, nous allons réussir notre évasion.

J'étais maintenant sûre de moi : ce minuscule poste d'observation ouvert par l'action des plumes sur les carreaux me permettait d'évaluer exactement la distance à couvrir par notre tunnel. C'était un signe du destin.

J'avais sous les yeux la petite cour fermée et, sur la gauche, un rempart haut de six mètres dont la construction, commencée pendant notre grève de la faim, s'achevait à peine. Le tunnel devait donc obligatoirement déboucher au-delà de cette enceinte. Or je voyais en face de moi un autre mur, celui qui courait de la façade de la maison jusqu'à la nouvelle muraille, afin de nous enfermer parfaitement. Les briques encore apparentes qui le composaient pouvaient me servir de mesure : en les comptant dans le sens de la longueur je pouvais estimer avec précision l'espace qui séparait notre prison du mur récemment élevé. Sept briques... cela signifiait cinq mètres à parcourir sous terre pour nous retrouver au-delà du nouveau rempart. Il fallait encore ajouter trois mètres soixante-quinze à creuser en profondeur, à l'entrée du tunnel, pour parvenir sous les fondations de la maison construite sur un terre-plein surélevé, et trois mètres soixante-quinze de remontée pour ressortir à l'air libre de l'autre côté : en tout, douze mètres et demi de terre à excaver.

Un travail à réaliser dans des circonstances particulièrement difficiles car notre régime pénitentiaire s'était durci et la surveillance renforcée. Persuadés que notre grève de la faim avortée serait suivie d'autres actions, nos gardiens nous guettaient, un peu inquiets. Trois fois par semaine, le lundi, le mercredi et le vendredi, ils venaient perquisitionner la maison, frappant le sol avec leurs grosses godasses, à la recherche d'une preuve, d'un indice, de quelque chose qui leur aurait permis de connaître nos intentions. Un jour, j'ai dit à Borro sur un ton ironique :

– Ça me fait de la peine, lieutenant, que vous puissiez penser que nous allons nous évader...

Et lui, très sûr de lui, m'a répliqué :

– Où est-ce que tu vas t'évader ? Tu es cernée de haut en bas, personne ne sait où tu es, tu ne peux pas t'évader. Ils m'ont donné ordre de faire construire des murailles, et j'ai fait des murailles...

Borro ne pouvait imaginer par quel stratagème nous tenterions de fuir : ils avaient trouvé et confisqué tous les objets contondants, couteaux et barres de métal que j'avais cachés dans le conduit du lavabo. Le plus urgent était donc de nous reconstituer un stock d'outils.

Pendant les perquisitions, je m'évertuais à me comporter dignement. J'affichais un sourire sur mes lèvres, mais, en présence des *moukhaznis,* j'avais constamment le rouge aux joues. Un jour, ils m'en ont fait la remarque :

– Comment se fait-il que lorsqu'on est là, tu aies toujours les joues rouges ?

La terreur que j'avais dans le ventre me remontait aux joues. Après, toute la journée, j'avais mal à la tête, mais nos gardiens ne le savaient pas et c'est ce qui importait. Je tenais à apparaître comme une femme solide, je ne voulais pas que mes enfants aient l'image d'une mère tremblant devant les flics, les *moukhaznis* ou qui que ce fût.

Dans leur désir forcené de limiter nos mouvements, nos geôliers sont venus retirer l'escabeau et fermer de briques et de ciment l'accès au petit réduit qui surplombe notre cellule. Cela m'arrange. Cette pièce, désormais isolée, d'après eux, ne sera plus l'objet de leur surveillance attentive. Le soir même, enfermés tous séparément, les filles dans leur cellule, Raouf dans la sienne, moi avec Abdellatif, nous œuvrons chacun dans son coin pour la besogne commune : le tunnel qui nous conduira vers la liberté.

Pour mon fils et moi, la tâche immédiate est de pratiquer une ouverture qui nous permettra d'accéder au réduit désormais condamné, au-dessus de nous. Il faut le faire tout de suite : demain, le ciment aura séché et plus rien ne pourra être tenté. Je suis debout sur la table en Formica, mon fils est monté sur mes épaules et il parvient à gratter le ciment qui fixe une grosse brique, pratiquant ainsi un passage bien trop étroit pour moi, qui souffre de claustrophobie, mais dans lequel lui parvient à se glisser comme un ver de terre. La brique replacée, le ciment régulièrement mouillé pour empêcher qu'il ne durcisse, nous avons ainsi un accès constamment disponible... Dans ce sombre galetas, Abdellatif, notre petit « Géo Trouvetout », déniche tout ce qui sera nécessaire à notre entreprise. Il descelle deux barreaux des fenêtres qui nous serviront de cognées, arrache des morceaux de bois aux embrasures pour étayer le conduit souterrain.

Nous disposons donc maintenant d'un réduit dans lequel nous pourrons entreposer les pierres et la terre ramassées en creusant le tunnel. Sur le sol de cette petite pièce murée, Abdellatif étend les couvertures militaires de nos paillasses pour étouffer le bruit qu'il pourrait faire là-haut en marchant ou en traînant les pierres. Il faut se méfier : dans le garage, juste en dessous de notre cellule, nos gardiens ont installé leur cuisine et risquent de nous entendre. Avec les parties en bois des sommiers de nos lits, nous improvisons des échelles, nous aiguisons les barreaux métalliques pour en faire des outils pointus et nous transformons la maison en gruyère, comme des souris. Il faut avant tout pouvoir passer d'un endroit à un autre. De chez moi, on creuse un trou dans le sol qui permet à Abdellatif de se glisser chez les filles ; par là on fera transiter les sacs pleins de la terre extraite du tunnel avant de les monter dans notre abri secret. Raouf, qui est au fond – sa cellule est située à vingt-deux mètres de la mienne –, creuse son propre trou. Halima et Achoura tentent de pratiquer un passage de leur côté.

Le 27 janvier 1987, Malika, Myriam, Maria et Soukaïna ont commencé à creuser le tunnel après avoir retiré les dalles du sol de leur cellule, mais elles se sont heurtées à un « menhir » énorme, impossible à retirer.

– Rebouchez ce trou et allez ailleurs. De toute façon, dans votre cellule c'est trop visible, leur ai-je dit.

Elles sont allées explorer une autre des trois cellules qui leur étaient réservées, celle dans laquelle nous avions entreposé nos maigres bagages, une chambre murée comme les autres, obscure, où nos travaux pourraient passer inaperçus. Plusieurs jours durant, elles ont cherché où creuser. Finalement, elles sont parvenues à retirer quatre carreaux des dallages du sol et ont pratiqué un trou de quarante centimètres sur quarante, l'entrée du tunnel !

Dès lors, trois fois par semaine – entre les perquisitions – elles n'ont cessé d'avancer dans leur galerie, le plus souvent de nuit : le samedi seulement elles pouvaient travailler l'après-midi car nos gardiens, ce jour-là, restaient à l'extérieur. Pour ma part, je confectionnais de petites mèches, comme je l'avais vu faire dans mon enfance au douar. Trempées dans l'huile versée dans des boîtes de sardines vides, et allumées, elles procuraient assez de lumière pour éclairer les filles pendant qu'elles creusaient. Je fabriquais aussi des sacs pour transporter la terre et les pierres. Tous mes pantalons y sont passés, toutes mes robes, tous mes chemisiers, tout ce que j'avais de draps et de serviettes. Du matin au soir, je cousais, j'avais les doigts en sang. Les pantalons, en particulier, étaient fort pratiques pour en faire des sacs de toutes les tailles et des boudins de tissu – nous appelions ça des « lampions » – destinés à boucher l'entrée du trou. Car les gardiens venaient régulièrement contrôler l'état de notre prison et les dalles, soigneusement replacées, ne devaient pas sonner creux sous leurs pas ! C'était un travail de titan, une tâche gigantesque qui, normalement, n'aurait pu être faite que par des hommes et avec du matériel adéquat.

Quand, depuis ma cellule, j'entendais mes filles creuser, la peur me saisissait, terrible, envahissante, une peur qui cloue et assèche la bouche, une peur au-delà des mots et qui ne me quittera jamais plus. Aujourd'hui encore, il me suffit de repenser à ces instants pour ressentir aussitôt le même effroi impuissant. Car s'ils nous avaient surpris, nous n'aurions sans doute pas survécu.

Avec cette terreur collée au ventre, il me fallait transporter durant toute la nuit des sacs lourds de caillasse que je passais à Abdellatif qui les hissait dans la pièce du haut. Je me demande encore où j'ai pu trouver la force de charrier plus de cinq tonnes de pierres et de terre. D'où me venait cette énergie ? Sans doute de la volonté de connaître une autre vie que cette existence de rat enfoui dans son terrier, retiré du monde.

À l'aurore tout devait être rangé, les dalles remises en place, les outils cachés, la terre dissimulée. Nous n'avions plus de montres, ils nous les avaient retirées, mais quand nous disposions encore de la radio, nous avions remarqué que, lorsqu'elle annonçait quatre heures du matin, l'âne d'un champ voisin se mettait à braire, plus précis qu'une horloge. C'était pour nous le signal. Quand Cornelius – nous l'avions affublé de ce nom – poussait son cri, il était temps de remettre de l'ordre dans notre chantier.

Et lorsque les gardiens s'étonnaient de nous voir debout si tôt, nous leur expliquions pieusement :

– On s'est levés pour la prière.

Le percement du tunnel nous a demandé près de trois mois d'efforts surhumains, trois mois d'enfer avec la peur perpétuelle qui nous étreignait et nous rendait malades.

Un vendredi matin d'avril, je suis réveillée par un bruit de travaux au-dessus de moi... J'entends les gardiens parler entre eux et je comprends qu'ils sont en train de construire deux miradors sur le toit, l'un au-dessus ma cellule, l'autre au-dessus de celle des filles. C'est une catastrophe. Sans cet événement, nous aurions pu attendre l'hiver, une nuit sombre et sans lune pour tenter une sortie. Avec cette nouvelle menace il faut agir tout de suite. Une fois les miradors installés, il deviendra infiniment plus difficile de nous échapper. J'appelle tout le monde avec les tuyaux, usant du code de SOS qui nous mobilise en cas de danger, et je les bouscule :

– Il faut partir ce soir, si vous restez une journée de plus on va avoir les miradors sur nous et on ne pourra plus rien faire...

– Ce n'est pas encore prêt, il nous reste au moins soixante-quinze centimètres, peut-être un mètre a creuser, proteste Malika.

Le dernier mètre... Le plus difficile. En remontant vers l'air libre, on reçoit le sable et la terre sur le visage. Malgré tout, dès la perquisition rituelle terminée, les filles creusent toute la journée du vendredi et le lendemain samedi. Pendant ce temps, je leur prépare des chaussures en coupant dans la toile d'un sac de voyage... Et sans cesse, je retourne au tuyau :

– Alors, qu'est-ce que vous avez fait ? Et où est-ce que vous en êtes ?

Samedi en fin d'après-midi, Abdellatif peut se glisser dans le tunnel et les filles m'annoncent :

– Ça y est, le petit a vu la lumière !

Je suis heureuse, j'ai le cœur qui bat la chamade. Départ

prévu pour le lendemain soir, dimanche. Je leur souffle quelques conseils de prudence :

– Faites le maximum pour qu'on ne vous remarque pas, il y a des gardes au-dessus de vous. Ce qui vous reste à faire vous le laissez pour le moment où ils allument le groupe électrogène, vos bruits seront couverts. Et de là vous partez !

Abdellatif reste quand même dans le tunnel pour finir le travail. Étrangement, il ne partage pas notre appréhension. L'idée de l'échec ne l'effleure même pas. Son destin se joue, mais il est serein, paisible.

Au dernier instant, nous décidons qui va partir. Dans l'excitation, tous veulent fuir, mais l'essentiel n'est-il pas de faire savoir au monde que nous sommes là, d'alerter l'opinion sur notre sort ? Myriam est trop mal en point pour tenter une évasion et Soukaïna doit rester pour refermer le passage afin d'accorder aux fugitifs un peu de temps avant que l'alerte ne soit donnée. Elle est un peu déçue de ne pas partager l'aventure de ses frères et sœurs, mais se résigne.

Malika, Maria, Raouf et Abdellatif s'évaderont. À quatre, c'est déjà beaucoup. À neuf, nous courrions à notre perte.

Dimanche soir 19 avril 1987, c'est le grand départ. Abdellatif porte sur lui un revolver, une imitation bien sûr, habilement bricolée avec du bois et de l'ébonite. Malika emporte du poivre qu'elle a recueilli pendant des mois, peu à peu, pour égarer les chiens qui pourraient être lancés sur leur piste. Elle insiste pour prendre avec elle les carnets où Soukaïna a écrit, jour après jour, notre roman collectif sur la Russie tsariste. Je suis contre, elle risque de les égarer dans la fuite, mais elle ne veut rien entendre.

Un dernier murmure avant de disparaître dans la nuit :

– Au revoir, maman. Si on ne réussit pas, on se tue.

Ils sont sortis exactement comme je l'avais calculé, au-delà de la deuxième muraille. Mais je n'avais pas envisagé que les ouvriers conserveraient, après cette enceinte, le lierre et le grillage qui existaient auparavant... Je croyais que plantes et clôture avaient été arrachées au moment des travaux. Les enfants n'avaient pas de couteau pour couper cet ultime obstacle et ils ont dû se glisser tant bien que mal au travers des branches et du treillis, se blessant cruellement au passage.... Abdellatif et Maria, maigres tous les deux, n'ont pas eu trop de difficultés. En revanche, les deux grands souffraient d'un œdème de carence qui les gonflait. Malika avait un ventre enflé, Raouf un buste énorme... En passant le tunnel, en franchissant le lierre et le grillage pour courir vers la vie, les enfants ont pu croire qu'ils sortaient du ventre de leur mère une seconde fois.

Soukaïna est restée jusqu'à une heure du matin dans le tunnel, la tête dehors. Mais les fugitifs ne revenaient pas. Ils avaient donc réussi ! Alors elle est rentrée calmement, elle a tout refermé de son côté, j'ai fait de même dans ma cellule. Au matin, toutes les traces étaient effacées. Nul n'aurait pu deviner que ces dalles parfaitement alignées sur le sol et ces murs impeccablement rebouchés dissimulaient une évasion.

X

CHEZ LE TORTIONNAIRE DE BEN CHÉRIF

Vers huit heures trente, ce lundi matin, quatre gardes-chiourme viennent opérer leur habituelle perquisition. Ils entrent dans ma cellule, me trouvent seule et s'étonnent :

– Où est le petit ?

– Dans les toilettes, il est malade.

Ils fouillent partout, comme à l'ordinaire, cherchant les couteaux et les outils que nous aurions pu cacher... Satisfaits de leur investigation, ils passent chez les filles. Sur leurs paillasses, elles ont étendu des boudins enveloppés de couvertures, simulant la forme des corps étendus. Je préviens les gardiens :

– Elles ont leurs règles, et, comme à chaque fois, elles sont malades...

Ils sondent la pièce et en ressortent sans rien remarquer d'anormal. Notre mise en scène est parvenue à les berner. Ils poursuivent leur inspection dans la cellule de Halima et Achoura. Je me fais amicale, détendue. Chaque minute gagnée est précieuse : lorsqu'ils pénétreront dans la cellule de Raouf, ils comprendront. Je les retiens un peu, prétextant l'anniversaire du petit qui a célébré ses dix-huit ans il y a presque deux mois mais que n'avons pas encore pu fêter. Ma cousine Achoura obtient l'autorisation de m'apporter un verre de vrai lait et deux authentiques galettes bien huileuses. Je discute avec les gardiens. Ils sont à l'aise ce matin, ils ont envie de parler, ils ne font pas attention au temps qui passe...

La matinée avance, il est près de dix heures. Je pense au programme que j'ai donné aux enfants : se réfugier à l'ambassade de France ou, en cas de difficultés, à celle des États-Unis. De là, les tractations pourront commencer entre le pays d'accueil et le gouvernement marocain. J'ignore encore, à ce moment-là, que la vie au-dehors a radicalement changé en quinze ans. Je ne sais pas que les ambassades sont devenues des forteresses et qu'il est plus difficile d'y entrer que de fuir d'une prison.

Pendant que je distrais les gardiens avec des petits riens, une conversation anodine, les enfants doivent être en route pour Casablanca... Achoura s'attarde autant qu'elle le peut devant ma cellule. Mais le moment vient de nous séparer, les gardes s'impatientent. Les quatre *moukhaznis* ne sont pas encore entrés chez Raouf. Avant de passer chez lui, ils attendent d'avoir refermé toutes les portes, celle de Halima et Achoura comme la mienne. Je sais qu'ils vont maintenant perquisitionner chez Raouf et tout découvrir. Quelques secondes encore... Ils veulent fermer ma porte, je les arrête :

– Allez fermer chez les filles d'abord, revenez me voir après. J'ai à vous parler.

Ils font comme je leur demande et reviennent, l'air curieux, un peu ahuris. Je jubile à l'idée de les voir bientôt se décomposer. Je me tourne vers le chef de ces imbéciles, le sergent Layachi, surnommé par nous la Pioche, en raison de son menton en galoche. Je le regarde et je prononce lentement ces mots :

– Je suis désolée que ça tombe sur vous, mais les enfants se sont enfuis...

Ils se mettent tous à pouffer, un gros rire gras. Je les laisse un moment à leur autosatisfaction et reprends avec calme :

– Je vous dis la vérité, les enfants se sont enfuis.

Ils me regardent. Une inquiétude commence à poindre dans leurs yeux :

– Mais enfin, tu te paies notre tête, par où est-ce qu'ils auraient pu passer ?

– Allez dans la pièce de Raouf et vous verrez...

Ils s'y précipitent, si rapidement qu'ils en oublient de fermer la porte de ma cellule. Je leur lance :

– Regardez chez moi, il n'y a pas mon fils. Allez voir chez les filles, il n'y a pas les filles...

Cette fois, ils comprennent. Branle-bas. Affolement. Panique.

– Ah non, ah non, pourquoi ? Non, ça n'est pas possible... répète la Pioche, désemparé.

Les *moukhaznis* virevoltent à droite et à gauche, courent dans tous les sens, entrent dans les cellules, en ressortent, y retournent. Ils ont l'air accablé de condamnés à mort. Pour eux, c'est la fin du monde.

*
**

Pendant ce temps, les enfants ont erré dans la nature. Sans repère, sans aucun sens de l'orientation, ils ont tourné en rond et sont arrivés dans une ferme proche, repère d'autres *moukhaznis*... Malika a raconté cette fuite dans son témoignage *La Prisonnière*[1]. Elle a dit comment, ne sachant où se diriger, les évadés ont fait confiance à la providence :

– Abdellatif n'a jamais mis les pieds dehors, laissons-le passer en premier, peut-être trouvera-t-il un chemin.

Il a marché, marché, marché, son frère et ses sœurs le suivaient. Enfin, ils ont découvert une route. Dans l'émotion, ils ont embrassé l'asphalte. Abdellatif, qui n'avait jamais vu une chaussée goudronnée, répétait en riant :

– L'asphalte, l'asphalte, l'asphalte...

Un camion les a amenés jusqu'à Casablanca, puis un taxi – qu'ils ont payé en donnant un morceau de la gourmette d'or de leur père – les a conduits dans la ville où ils ont cherché d'anciens amis. L'un d'eux leur a remis un peu d'argent avant de les chasser puis ils ont été recueillis par un homme généreux qui ne les connaissait pas, le Dr Raffeï. Il les a fait entrer chez lui, alors qu'ils étaient crottés, sales, dépenaillés, il les a invités dans sa belle demeure aux tapis blancs et leur a offert un petit déjeuner avant de les emmener dans sa voiture chez d'autres amis. Il s'est conduit de façon magnifique.

Ce médecin fait aujourd'hui partie du Conseil constitutionnel marocain. Avant de mourir, Hassan II l'a nommé à ce poste en soulignant ses qualités humanitaires. Le roi a compris que cette personnalité secourable pouvait rendre de grands services au pays, et cela m'a fait plaisir. Sans doute, voyant arriver la mort, le souverain a-t-il fait

1. *La Prisonnière*, Malika Oufkir et Michèle Fitoussi, Éd. Grasset, 1999.

le bilan de sa vie : malgré son argent et sa puissance, il était malade comme les autres, il souffrait comme les autres. Peut-être est-ce pour cela qu'il a accordé une plus exacte valeur et une plus grande attention aux gestes de générosité.

⁂

Totalement désorientés par la fuite des enfants, les *moukhaznis* nous enferment dans nos cellules et vont d'urgence prévenir leurs supérieurs. Puis ils reviennent, la rage au ventre, et, de dix heures à midi, ces crétins chambardent tout dans l'espoir de découvrir la faille qui a permis aux fugitifs de prendre le large. Sur le mur de ma cellule, ils aperçoivent un petit trou qui leur met la puce à l'oreille : la veille, j'ai parfaitement rebouché le passage avec de la chaux additionnée de farine, mais une souris gourmande a grignoté ce mélange.

– D'où vient ce trou ? me demandent-ils rudement.

Toute réflexion faite, ce trou est bien trop exigu pour y passer quoi que ce soit, ils ne s'attardent donc pas trop sur cet indice et continuent à scruter maladroitement la maison, mettant chaque cellule sens dessus dessous, cassant même des parois entières à coups de pioche. Myriam et Soukaïna, assises dans la cour, les regardent, un peu amusées.

Au moment où ils entrent chez moi pour tout saccager, je les stoppe et m'adresse à la Pioche. Il me regarde, baisse les yeux, je continue à le fixer :

– Attends, tu es quoi, toi ? Une bête ? Pourquoi tu fais ça ?

– Il faut que je sache d'où ils sont sortis...

– Mais ce n'est pas ton travail. Toi, tu dois laisser la maison telle qu'elle était. De cette manière, tu n'auras aucune responsabilité dans ce qui s'est passé. Les enquêteurs vont arriver. S'ils trouvent la maison intacte, ils ne pourront pas dire que c'est ta faute. Ce sera la nôtre.

Une lueur s'allume dans son regard :

– Oui, tu as raison.

Ainsi, il ne touche pas à ma pièce où, avec un peu d'attention, il aurait découvert le passage vers le réduit du haut, le sable entassé, les pierres entreposées.

Je possédais ma petite revanche sur ces hommes qui nous avaient fait tant de mal, qui nous avaient tant humiliés et je toisais le commandant des *moukhaznis* avec un air satisfait qui signifiait : « Tu ne l'emporteras pas au paradis. »

Vers midi, j'entends des hélicoptères ronronner au-dessus de nous. Je vois Borro qui se décompose lentement. Dans la porte blindée, il y a une petite fente : j'y jette un coup d'œil et j'aperçois des half-tracks, des Jeep, des gens qui courent partout... Toute une armée a débarqué sous les ordres du commandant militaire de la zone sud, responsable de notre secteur.

Des gendarmes entrent dans la maison avec un maître-chien et son animal renifle la piste, allant et venant de chez moi à la cellule de Raouf. Ils partent aussitôt inspecter les champs alentour, ils trouvent des habits et des chaussures : les enfants se sont sans doute allégés dans leur fuite. Les chiens, comme prévu, flairent le poivre jeté à leur intention pour les égarer.

Après les champs, la piste se perd... Alors il ne reste aux gendarmes qu'à faire demi-tour pour venir m'interroger :

– Où sont-ils partis ?

– Je ne sais pas.

Un officier s'en prend à Borro et lui balance une gifle magistrale :

– Imbécile, c'est toi qui les as laissés passer, il est midi et demi, et tu ne sais même pas encore par quel trou ils sont sortis...

Le chef des *moukhaznis* est blême. Un peu benoîtement, il tente de se justifier :

– Mais, mon colonel, ce sont des *djnouns,* des esprits, ce ne sont pas des êtres humains. Moi, je n'ai jamais vu de gens pareils ! Demandez à qui vous voulez, on a fait notre possible, on a mis deux murailles, on a tout fait... On vous a prévenus que le moral n'était pas bon, que les choses n'allaient pas. Vous avez continué quand même à vous taire, à ne jamais nous répondre...

Mes deux filles qui, de leur cellule, peuvent entrevoir la guérite, viennent m'informer :

– Ça y est, la garde a changé. Ils ont enlevé les forces auxiliaires pour mettre des gendarmes.

En effet, nos habituels *moukhaznis* ont disparu. Les gendarmes prennent position devant nos cellules, autour de la maison, partout. Trop préoccupés par leur mission, nos nouveaux gardiens nous laissent sans manger. Par chance, nous avons toutes pris un bon petit déjeuner.

Ça a duré, ça a duré, ils ont cherché dans toute la région avec des chiens, des troupes, tout un matériel sophistiqué. Vers seize ou dix-sept heures, ils sont revenus bredouilles. Il s'est révélé alors que le colonel Tibari, qui dirigeait cette opération, avait été un aide de camp d'Oufkir. Je ne le connaissais pas, je ne l'avais jamais vu auparavant, mais il a commencé à s'adresser à moi d'une manière fort courtoise :

– Madame, s'il vous plaît, dites-nous où sont partis les enfants.

– Mais je ne sais pas où ils sont passés. Je ne peux pas vous dire. Le désespoir les a poussés à la fuite... Ils sont partis dans la nature, Dieu seul sait où ils sont maintenant.

En moi-même, je me disais que quelque chose n'avait pas fonctionné. À l'évidence, les événements ne s'étaient pas déroulés selon nos plans. À dix-sept heures, ils les cherchaient encore ! C'est donc que les enfants n'avaient pu se réfugier ni à l'ambassade de France ni à celle des États-Unis... Si tout avait bien marché, les policiers auraient su qu'il était inutile de continuer la poursuite.

Face à moi, le colonel Tibari passait de la rigolade au sérieux, allumait une cigarette après l'autre, aspirait deux bouffées et l'écrasait par terre avec sa chaussure. Il se voulait amical et patient. Moi, j'étais hors de moi, insensible à son ton conciliant.

– Vous voyez ce que vous avez fait de nous, lui ai-je dit. Vous devriez avoir honte de nous trouver dans cet état, vous, l'armée !

Je portais un pantalon large raccommodé de partout et une djellaba chinée, noir et marron, qui, à l'origine, avait été en jersey de laine, mais qui était devenue une véritable dentelle. Depuis presque quinze ans, elle s'était râpée à force d'être trop portée, trop lavée, mais je la gardais précieusement car c'était le seul vêtement qui me tenait un peu chaud. J'étais dans un état à faire peur à n'importe qui, à faire honte à ceux qui m'avaient connue auparavant. Effectivement, le colonel paraissait extrêmement gêné, il baissait la tête et ne répondait pas à mes véhémentes protestations.

Ensuite, des policiers et des agents des renseignements généraux sont venus à leur tour me poser des questions. Ils étaient une dizaine à se relayer et les interrogatoires se sont prolongés jusqu'à vingt-deux heures. À ce moment, ils m'ont annoncé :

– On a besoin de vous dehors.

Pour la première fois depuis dix ans, j'allais sortir de la maison. Au moment où je franchissais la porte, Soukaïna m'a crié :

– Maman, s'il te plaît, tu nous apportes des cigarettes, si tu peux en trouver...

En prison depuis l'âge de neuf ans, elle n'avait évidemment jamais fumé mais elle était très curieuse de connaître les sensations que pouvait procurer le tabac.

Ils m'ont emmenée dans une ferme avoisinante, état-major des agents de sécurité. Je suis entrée dans une petite pièce presque ronde, enfumée, sinistre. Il me sembla, un instant, que c'était la première fois de ma vie que je voyais autant de lumière : évidemment, depuis dix ans nous n'avions droit qu'à une faible ampoule de quarante watts allumée seulement une heure et demie chaque soir. Les néons me faisaient mal aux yeux tant ils me paraissaient violents. Sur une table ronde, il y avait une cinquantaine de paquets de cigarettes de toutes les marques. J'ai prié le policier de m'en remettre un pour Soukaïna...

– Non, il faut que je demande l'autorisation.

À un moment donné, il s'est absenté, me laissant seule. Alors j'ai tiré un peu sur la nappe et j'ai pris un paquet au hasard que j'ai prestement glissé dans le capuchon de ma djellaba. Je venais de commettre le seul vol de ma vie.

C'étaient des cigarettes mentholées. C'est ce que fume Soukaïna, aujourd'hui encore.

Soudain, par la fenêtre, j'ai vu un hélicoptère se balancer au-dessus des champs et se poser. Un général, vêtu de la tenue argentée de pilote, en est descendu. Je l'ai reconnu immédiatement, même si quinze ans nous séparaient de notre dernière entrevue. C'était le général Ben Slimane, commandant de la gendarmerie. À peine ai-je eu le temps de le voir que des soldats m'ont appliqué un bandeau sur les yeux.

Je comprenais fort bien pourquoi Ben Slimane ne voulait pas que je le reconnaisse : comme les autres, il devait avoir honte de me voir dans cet état pitoyable, décharnée, hâve, cadavérique. C'était un ami, jadis, et je suis certaine qu'il a eu mal de me retrouver dans ces conditions pénibles. Mais que pouvait-il faire ? Que pouvait-il dire ? Il devait exécuter les ordres sous peine de nous rejoindre dans notre prison.

Croyant préserver son anonymat grâce à mon bandeau sur les yeux, il m'a interrogée :

– *Hadja,* dites-nous où sont les enfants.

– Comment ? Vous osez encore chercher ces enfants ? Pourquoi ? Ce ne sont pas des criminels. Que vous ont-ils fait ? Qu'ont-ils fait à l'État pour que vous les recherchiez avec autant d'acharnement ?

Je me lâchais. J'explosais d'une colère qui me faisait du bien et, surtout, les incitait à perdre un temps précieux dans leur chasse à l'homme. Soudain, je ne sais pas trop ce qui m'a pris, peut-être parce que je savais que le projet des enfants était tout différent, j'ai lancé :

– Sans doute sont-ils partis vers l'Algérie...

Je n'ai pas eu le temps de terminer ma phrase. Immédiatement, ils se sont tous égaillés comme une volée de moineaux. Chacun s'est emparé d'un téléphone. La DST, la PJ, la gendarmerie, les forces auxiliaires étaient saisies d'une véritable frénésie d'appels urgents, annonçant tous azimuts la grande nouvelle : les enfants Oufkir ont fui vers l'Algérie !

Dès lors, les recherches se sont orientées de ce côté-là. Ben Slimane, correct, a repris son interrogatoire par l'intermédiaire du colonel Tibari et je m'accrochais invariablement à ma version :

– Oui, je les ai fait fuir. Maintenant, vous ne pouvez rien, ils sont partis. Allez les chercher en Algérie !

Il était minuit passé, l'interrogatoire tournait en rond. Je me répétais sans cesse... L'Algérie... L'Algérie... Ils ont fini par comprendre que je ne dirais rien de plus :

– Tu peux rentrer, on va te rappeler.

Pour me rassurer, je me disais qu'à une heure pareille les enfants avaient bien dû finir par trouver une ambassade.

Ils m'ont ramenée dans notre prison et ont pris Soukaïna pour l'interroger à son tour. Ils lui ont posé mille questions. Elle a parlé du tunnel, mais ils ne croyaient guère à cette version. Elle a expliqué comment elles travaillaient, comment elles refermaient toutes les embouchures minutieusement chaque matin avant l'aube.

– Comment faisiez-vous pour savoir l'heure ?

– On entendait l'âne Cornelius, a-t-elle expliqué.

Personne n'y croyait. Tibari s'est mis en colère :

– Pour qui tu nous prends ? Est-ce que tu crois être Galilée ? Est-ce que tu veux changer le monde ? Qu'est-ce que ça veut dire, un âne qui vous prévient à quatre heures du matin !

– C'est la vérité, insista-t-elle.

Or, à cet instant précis, Cornelius, dans le champ voisin, se mit à braire... Il était exactement quatre heures du matin ! Les soldats se regardèrent, effarés, persuadés que nous étions habités par les démons. Évidemment, dans la vie normale on ne s'arrête jamais sur les détails qui nous environnent et l'on se soucie peu des ânes qui braient à heure fixe.

En fait, les enquêteurs ne voulaient rien savoir du tunnel. Du haut de leur orgueil bafoué, ils étaient persuadés que nous avions bénéficié de nombreuses complicités. Toutes les portes étaient fermées à double tour, elles n'avaient pas été forcées. En bonne logique, on nous avait aidés à sortir. Pour eux, il n'y avait aucun doute.

Les gendarmes ne nous quittaient plus, même dans les toilettes. L'un d'eux, gras et transpirant, était attaché à ma personne. Je le suppliais de me laisser seule pour aller au petit coin :

– Restez derrière la porte, vous croyez que je vais me suicider maintenant ? Vous n'êtes pas malade, non ? Je ne vais pas me tuer alors que les choses bouillonnent et que je ne sais même pas où sont mes enfants.

Le temps passait et ils ne nous donnaient toujours rien à manger. Mardi dans la matinée, épuisés, agacés, ils ont jugé habile de s'en prendre aux deux malheureuses qui partageaient notre sort en les insultant et en les menaçant. Si elles n'avouaient pas tout, elles allaient être battues... Battues ! Ces pauvres filles étaient des mortes vivantes, il aurait suffi de souffler pour les faire tomber. Moi j'entendais tout cela de ma cellule, alors j'ai tapé sur les murs pour les appeler. Ils sont venus :

– Qu'est-ce qu'il y a ?

– Je voudrais voir le colonel...

Le colonel est arrivé en un instant.

– La petite va vous montrer l'endroit d'où sont partis les enfants... Ce n'est pas la peine de toucher à ces femmes. Est-ce qu'on bat des cadavres ? Elles n'y sont pour rien. Voilà plus de vingt-quatre heures que vous cherchez à droite et à gauche, Soukaïna va vous faire voir le tunnel...

Le colonel est allé chercher des ordres et il est revenu aussitôt :

– C'est d'accord.

Une demi-heure plus tard, le général Ben Slimane entrait dans la maison, avec tout un état-major muni de caméras. Soukaïna leur a montré l'endroit d'où partait le tunnel... Mais tout avait été si bien remis en ordre qu'il était impossible de penser qu'une galerie pouvait courir sous ces dalles impeccablement posées.

– Tu te paies notre gueule ou quoi ?

– Mais non, je vous dis la vérité, donnez-moi un couteau et vous verrez, je vais vous ouvrir l'accès...

Devant leurs yeux dubitatifs, la petite a déplacé les dalles, retiré les « lampions » placés pour amortir le son creux et, enfin, elle a dégagé l'entrée du tunnel... Ils avaient beau se trouver devant ce trou noir, ils n'y croyaient toujours pas. Ils ont méticuleusement inspecté les pantalons transformés en « lampions » et les points de couture. Victorieux, ils se sont précipités sur moi, brandissant leur trouvaille :

– Maintenant on détient la preuve que vous avez été aidés !

– Ah bon, pourquoi ?

– Parce que vos sacs ont été confectionnés avec une machine à coudre et que vous n'avez pas de machine à coudre !

Je leur ai fait remarquer qu'ils examinaient la couture d'origine des pantalons qui avaient servi à fabriquer nos « lampions ». Le travail effectué par moi-même avait bien été réalisé à la main...

Le colonel Tibari s'entêtait :

– Non, non, vous avez été aidés. Il n'est pas possible que vous ayez fait ça tout seuls.

– Non, on n'a pas été aidés. On a fait ça tout seuls.

Ils ont fini par être convaincus, même si aucun des gendarmes, tous gros et bien nourris, n'est parvenu à pénétrer dans notre tunnel. Ils ont filmé le passage sous tous les angles, à l'entrée comme à la sortie, et nous ont enfin donné à manger après un jour et demi de jeûne.

Le mardi 21 avril vers quinze heures, ils sont venus nous prévenir :

– Habillez-vous. Vous laissez tout ce que vous avez ici, on va seulement vous amener quelque part et ensuite on vous ramènera.

Je ne les croyais pas vraiment, mais j'ai quand même été dupe. J'avais des lettres, des poèmes, des pensées que j'avais écrits et cachés dans un matelas. Je ne les ai jamais retrouvés.

Myriam, Soukaïna, Halima, Achoura et moi avons été affublées d'une djellaba de *moukhazni* et d'un long châle.

Ils m'ont fait monter dans une petite Jeep de la gendarmerie, un garde à droite, un garde à gauche, tous deux avec des mitraillettes, un officier et le chauffeur à l'avant. Un garde m'a couvert le visage avec le châle et m'a appuyé sur la tête avec ses deux mains, m'empêchant de la relever.

– Tu ne dois pas regarder.

– Je ne peux pas, je suffoque...

– On s'en fout.

L'officier, lui, se fit plus civilisé :

– Je vous en supplie, il ne faut pas que vous voyiez où l'on va...

– Où est-ce que vous m'emmenez ? Dans une autre prison ? Je m'en fiche, laissez-moi seulement respirer.

Mais non, interdiction de voir la route. On a parcouru ainsi une cinquantaine de kilomètres, avec ces deux mains qui m'appuyaient sur la tête, me brisant le cou. Aux soubresauts de la voiture, je devinais les différents chemins que nous empruntions. La piste tout d'abord, puis une route bitumée, enfin l'accélération m'a fait penser que nous roulions sur une autoroute.

On est arrivés à destination en fin d'après-midi, le soleil commençait à décroître. Ils nous ont fait pénétrer dans une entrée de commissariat, en pierres apparentes, et nous ont alignés : Soukaïna, Myriam, Halima, Achoura et moi d'un côté, les *moukhaznis* de l'autre. Nous nous trouvions à Ben Chérif, un poste de police réputé pour mater les prisonniers politiques.

Je ne sais pas si ce lieu à la triste réputation existe toujours. J'imagine qu'ils ont dû supprimer au moins les cellules destinées aux politiques. Il y a certainement encore des exactions dans le pays, mais pas sur les politiques.

Aujourd'hui, tout est plus détendu, on peut parler, on peut s'exprimer.

Nous sommes debout, immobiles, et soudain Soukaïna à côté de moi tombe en avant, raide comme un pilier. Je crois un instant qu'elle s'est brisé le crâne. Elle a perdu connaissance en raison des privations, de l'anémie qui la mine et d'une hépatite qui l'affaiblit depuis plusieurs semaines. Je me précipite sur la petite mais un policier bondit, me saisit par le capuchon de la djellaba et m'envoie valdinguer contre les pierres du mur. Hors de moi, je me mets à hurler et mes cris résonnent en écho dans tout le commissariat :

– Pour qui tu te prends ? Pourquoi tu me frappes ? Pourquoi tu me touches ?

Mes insultes font reculer le garde et, aussitôt, tout s'anime : les policiers sortent de leur bureau. Vient alors vers moi celui que la rumeur surnomme le « tortionnaire de Ben Chérif », un policier connu pour ses interrogatoires musclés. Avec moi, en revanche, il est plutôt poli et accommodant.

D'ailleurs, d'une manière générale, nous n'avons jamais eu à nous plaindre des policiers. Ni au moment de la mort d'Oufkir, ni plus tard.

– Qu'est-ce qu'il y a ? me demande le tortionnaire de Ben Chérif, attiré par mes vociférations.

– Regarde, il m'a frappée contre le mur et ma fille est par terre, mourante...

Celui qui m'a cognée paraît désolé :

– Je te demande pardon, je croyais que c'était un *moukhazni*...

– Comment, tu croyais que c'était un *moukhazni* ? On a l'allure de *moukhaznis* ? On pèse quarante kilos chacune... Heureusement que j'avais le châle et le capuchon, autrement ma tête aurait éclaté.

Mes filles et moi sommes ensuite enfermées dans une petite pièce nue, nous posons des couvertures par terre pour improviser des lits et tenter de nous reposer un peu. Halima et Achoura sont isolées ailleurs, pour éviter tout contact entre nous : les enfants sont toujours en fuite et les policiers ont l'intention de nous cuisiner séparément, bien décidés à nous faire cracher un renseignement qui leur permettrait de mettre la main sur les fugitifs dont toutes traces semblent s'être volatilisées.

Effectivement, ils m'interrogent durant trois ou quatre heures. Et j'entends des cris atroces sortant d'une cellule : c'est Borro que l'on torture. Je ne supporte pas ces hurlements inhumains. Je suis pâle, glacée... Le commissaire prend mes mains dans les siennes et me dit doucement :

– Écoute, *Hadja,* personne ne te touchera, même Sa Majesté ne peut pas te toucher, alors à plus forte raison nous. Personne n'a le droit de mettre la main sur toi.

*
**

Moi non plus je ne savais pas où étaient mes enfants et je commençais à m'inquiéter. Nous étions déjà mardi soir, ils étaient partis depuis quarante-huit heures et nous étions sans nouvelles.

Nous restions dans la cellule à attendre les événements, étendues à même le sol, enveloppées dans nos couvertures grises. Tous les quarts d'heure, un policier venait constater que nous étions encore en vie...

Vers vingt-deux heures, ils sont venus me chercher :

– Vous passez à l'interrogatoire.

– Je n'ai plus rien à vous dire, ai-je protesté.

Ils m'ont cependant emmenée pour me poser encore la question, toujours la même, celle qu'ils n'arrêtaient pas de me répéter depuis deux jours :

– *Hadja,* dis-moi où sont les enfants.

– Mais je ne peux pas vous en dire plus, je vous l'ai déjà dit déjà, allez peut-être en Algérie, allez peut-être vers le nord...

J'ai parlé du nord comme ça, pour répondre quelque chose, comme j'avais évoqué l'Algérie auparavant. Jamais dans notre plan il n'avait été question du nord. Hélas, sans le savoir, je venais de lancer les limiers sur la piste de mes enfants.

XI

MARRAKECH, NOTRE CANADA

Nerveuse, agitée, étendue sur le sol de la cellule du commissariat de Ben Chérif, je ne parviens pas à m'endormir. Pour me calmer, je demande à prendre une douche et j'insiste : sans la présence du gardien ! Ils acceptent. Pénétrant dans la salle d'eau, je remarque, étonnée, deux robinets, un pour l'eau froide, un autre pour l'eau chaude. Depuis dix ans, je ne me suis pas lavée à l'eau chaude. Je me fais donc couler une douche froide, comme d'habitude, mais je reste bloquée, tétanisée en contemplant stupidement l'eau qui coule. Je n'arrive pas à entrer sous la douche. Je mobilise toute ma volonté, je me raisonne : pendant dix ans je me suis persuadée que l'eau froide m'était bénéfique, qu'elle m'empêchait de m'enrhumer, qu'elle me fortifiait. Rien à faire. Pendant une demi-heure, je reste figée devant cette eau qui gicle du pommeau. Je me décide enfin : je tourne le robinet d'eau chaude. Une chaleur surprenante, bienfaisante, m'envahit. L'eau coule délicieusement sur mon corps transi par dix années de régime glacé. Le rideau est tombé : plus jamais d'eau froide. Je me lave les cheveux, je profite jusqu'à la moindre goutte de cette étuve merveilleuse.

Avec un exceptionnel sentiment de bien-être, je m'emmitoufle dans mes couvertures pour manger un peu. Ils me servent une espèce de bouillie sans sel, sans rien, avec un bout de gras qui flotte et un pain noir, couleur de cendre, que je trouve pourtant excellent. Je refuse la bouillie : juste un peu de thé avec le pain. Cela suffira amplement.

Ensuite j'essaie de dormir. Depuis vendredi matin, depuis le moment où ils ont commencé à construire les miradors sur le toit de notre prison de Bir-Jdib, je n'ai quasiment pas fermé l'œil. J'ai l'impression étrange que moins je dors plus mes yeux restent ouverts, impossible de m'assoupir. Je me tourne et me retourne dans mes couvertures. Je réclame un somnifère, ils m'accordent un demi-cachet et je plonge dans les bras de Morphée... Ce qui n'empêche pas le gardien de continuer à venir me réveiller tous les quarts d'heure pour voir si je n'ai pas tenté un geste désespéré.

*
**

À Rabat, les enfants s'étaient présentés la veille à l'ambassade de France, et avaient été reçus par un planton marocain : les bureaux étaient fermés. Nous avions tout prévu sauf que ce 20 avril était le lundi de Pâques, jour férié dans l'Hexagone. En revanche, d'autres ambassades étaient restées ouvertes. En voulant pénétrer dans celle des États-Unis, les fugitifs ont paniqué devant les vigiles, tous marocains. Ils ont tenté plus tard l'ambassade de Suède. Raouf est parvenu à faire passer un billet à une guichetière suédoise : « Nous sommes les enfants du général Mohamed Oufkir et nous demandons l'asile politique à la Suède. » La dame a lu le mot et s'est mise à crier :

– *Go out !* Si vous ne partez pas tout de suite, j'appelle la police.

Ils ont rencontré mon frère Wahid puis se sont réfugiés chez des amis français, Luc et Michèle Barère, des gens fiers et orgueilleux, mais qui ont été un peu dépassés par la situation. En partant, Malika a commis l'erreur de leur confier les carnets dans lesquels Soukaïna avait transcrit, nuit après nuit, notre belle histoire russe. À peine les enfants s'étaient-ils éloignés que Luc a tout brûlé. Par peur de la police lancée aux trousses des enfants, il n'a eu qu'une hâte : se débarrasser de ces feuillets compromettants.

Il pensait que ces pages couvertes d'une petite écriture serrée – sans doute illisible pour lui – renfermaient notre témoignage. Des prisonniers rescapés de quinze ans d'enfer ne pouvaient, évidemment, que parler de leurs épreuves... Mais ceux qui éprouvent l'enfer n'ont pas besoin de l'écrire, l'horreur reste présente, indélébile au fond de soi. Les plaies demeurent ouvertes. Il me suffit d'y penser pour retrouver la sensation terrible de la souffrance. J'ai beau tenter de laisser une trace aujourd'hui, il est impossible de décrire la torture quotidienne, ces longues années où j'avais, tous les soirs, envie de me taper la tête contre les murs pour lutter contre la folie qui me guettait. On ne peut pas raconter cette volonté de s'accrocher ni faire partager la douleur des mots que je me répétais : « Tu as une famille, tu es à deux doigts de passer de l'autre côté, de te laisser envahir par la démence, tu n'as pas le droit de sombrer. » Comment dire l'horreur et l'injustice ?

Après Rabat, Malika, Raouf, Maria et Abdellatif sont remontés jusqu'à Tanger. C'était la vadrouille, ils ne savaient pas trop où aller. Ils ont traversé la ville, la peur au ventre, et deux miracles se sont accomplis pour les sauver. Le premier a eu lieu aux abords de la gare. Alertés par mes déclarations imprudentes, les policiers, placés en faction autour de la station, attendaient les évadés de pied ferme. Ils recherchaient quatre jeunes gens et n'ont pas prêté attention aux six personnes qui passaient devant eux... Dans le train, les enfants s'étaient liés avec un cuisinier et une grosse bonne femme avenante qui leur ont servi de laissez-passer. Le second miracle est survenu sur la route, à la sortie de Tanger. Les enfants se rendaient en taxi à l'hôtel Ahlan, propriété d'un ami d'autrefois, Salah Balafrej. La nuit était tombée. Un déploiement impressionnant de forces, avec soldats, gendarmes, policiers et *moukhaznis*, ralentissait la circulation en filtrant les voitures une à une. Quand le taxi est arrivé à la hauteur du barrage, un agent a braqué sa torche sur les passagers, les a regardés de la tête aux pieds pendant trois bonnes minutes... et leur a dit de passer. Pourtant, le doute n'était pas permis : les enfants ressemblent tellement à leur père !

Quand il a eu vent de cette histoire, le commissaire de Ben Chérif est resté stupéfait :

– Non ? Ce n'est pas possible, c'est quelque chose d'incroyable... Alors qu'il recherche quatre personnes, le flic arrête un taxi où il y a quatre personnes, deux garçons et deux filles, on ne peut pas se tromper. Pourquoi les a-t-il laissés partir ?

Personne ne pourra jamais savoir pourquoi ce policier

inconnu a réagi ainsi. Mais moi je le bénis chaque jour. Car si les enfants avaient été arrêtés à ce moment-là, nul n'en aurait rien su et ils seraient retournés croupir dans les « jardins du roi ».

Le lendemain, mercredi 22 avril, ils ont pu téléphoner à Radio France Internationale, à Paris. Maria a obtenu au bout du fil Alain de Chalvron, directeur de la rédaction.

– Nous sommes les enfants du général Oufkir, nous nous sommes enfuis de la prison, nous sommes à Tanger, et maintenant au secours, envoyez-nous quelqu'un, faites quelque chose, annoncez la nouvelle...

Le journaliste a eu d'abord quelque peine à croire à cette histoire rocambolesque. Il pensait à un canular. Enfin convaincu, il a accepté de les aider. Il a transmis l'information au Quai d'Orsay, qui a immédiatement prévenu le président Mitterrand, alors dans son avion en vol, précisément vers Rabat, où il s'apprêtait à effectuer une visite officielle...

Décidément, chaque fois que Mitterrand venait au Maroc, il y avait des problèmes. La première fois ce fut la mort de Dlimi, la seconde la cavale des enfants Oufkir. Le président est descendu de l'avion avec une mine furieuse de circonstance, et le dîner qui a suivi se déroula, paraît-il, dans une ambiance glacée. Puis tous les partis politiques français, toutes les personnalités, les amis de Hassan II comme ses ennemis, la gauche comme la droite, ont élevé une protestation contre le sort réservé à la famille Oufkir.

Pendant ce temps, un envoyé du Quai d'Orsay prenait contact avec mes enfants à Tanger. Nous avions décidé en prison de demander à Me Robert Badinter d'assurer la défense de nos intérêts, mais nous ne savions pas qu'il était devenu membre du Conseil constitutionnel et que cette fonction l'empêchait de s'occuper de notre dossier. Alain de Chalvron a conseillé aux enfants de s'adresser à Me Georges Kiejman, insistant sur ses succès au barreau et sa personnalité médiatique. Contacté par le journaliste, le célèbre avocat a accepté de se charger de notre cas et a dépêché le jour même à Tanger son associé, Bernard Dartevelle. Celui-ci a rencontré mes enfants deux fois dans la journée du jeudi, a fait prendre des photos et projeté une fuite vers Paris via le consulat de France.

Et nous, dès ce jeudi, dans notre cellule de Ben Chérif, nous avons eu droit à tous les égards ! La présence de Mitterrand sur le sol marocain et sa mauvaise humeur manifeste dès son arrivée avaient pour nous des effets bénéfiques : ils nous ont livré un plateau venant d'un restaurant avec fritures de poissons, steaks, côtelettes, légumes... Et pourtant la seule vue de toute cette nourriture étalée m'ôtait l'appétit. Ils ont essayé de me faire manger, mais je n'arrivais pas à avaler quoi que ce soit. Je voulais seulement avoir des nouvelles de mes enfants et ils me répondaient :

– C'est à vous de nous dire où ils sont.

Alors qu'ils attendaient l'avocat dans le jardin de l'hôtel Ahlan pour une troisième rencontre, vendredi matin, les enfants ont été arrêtés par un impressionnant déploiement de forces policières. On a dit qu'ils avaient été dénoncés par un maître d'hôtel, mais je reste sceptique. Je pense, pour ma part, qu'il y a eu un arrangement secret entre la France et le Maroc : il fallait étouffer le scandale. Au demeurant, le plan de fuite proposé paraissait plutôt un leurre pour gagner du temps qu'une véritable stratégie. Comment aurait-on pu faire passer les enfants par le consulat ? Tout le monde l'aurait su et la France aurait été officiellement impliquée. À mon avis, Mitterrand s'est laissé convaincre par Hassan II. Le roi a promis au président de nous rendre la liberté et de nous laisser partir vers le Canada. Pourquoi le Canada ? Parce que, par une obstination incompréhensible, Sa Majesté refusait de nous voir nous réfugier en France. Il fallait sans doute, au moins, mettre l'Atlantique entre lui et nous.

Forts de cette assurance, les Français ont livré les enfants Oufkir aux Marocains. D'ailleurs, on m'a rapporté que le chef de l'État est entré dans une terrible colère quand le roi, par la suite, n'a pas respecté sa parole. Mais le souverain était ainsi : il suffisait de lui imposer une décision pour qu'il fasse exactement le contraire.

Les policiers ont donc envahi les jardins de l'hôtel Ahlan, ceinturé les enfants, et ils les ont emmenés manu militari au commissariat de Tanger. Le héros de cette arrestation spectaculaire opérée sur quatre enfants faméliques, le préfet Guessous, a immédiatement téléphoné au ministre de l'Intérieur pour lui communiquer la bonne nouvelle. Au bout du fil, son correspondant n'osait croire à l'heureux dénouement de cette affaire. Mes enfants entendaient le fonctionnaire proclamer sur un ton d'indicible fierté :

– Mais, monsieur le ministre, je vous assure, ils sont là, en face de moi, tous les quatre...

À la frontière, Me Dartevelle, qui s'en retournait en France, a été fouillé de fond en comble et déshabillé entièrement. Les policiers lui ont confisqué les papiers qu'il détenait et surtout les portraits des enfants : si les photos de ces gosses décharnés avaient été publiées, la belle réputation de Hassan II n'y aurait pas résisté.

Ensuite, les policiers ont joué quelques tours pervers à leurs détenus, les plongeant dans l'angoisse en les séparant d'Abdellatif pour l'interrroger... Les grands tremblaient pour lui car ils se sentaient responsables de leur jeune frère. Puis les cerbères ont emmené les prisonniers faire un tour de ville pour leur acheter des habits et des chaussures qui les rendaient un peu plus présentables. L'affaire ébruitée, le roi avait déclaré ne rien savoir : il était urgent de réparer quinze années d'injustice.

Enfin, les quatre fuyards ont été conduits à Ben Chérif, où nous avons été réunis. Rencontre effarante avec mes enfants. Je ne m'étais plus trouvée face à eux depuis presque six mois, depuis le début de notre grève de la faim. J'ai vu arriver quatre jeunes gens bien habillés, bien coiffés, Malika toute vêtue de rose et de gris, les garçons en jeans : je ne les ai pas reconnus. Sur eux soufflait déjà l'air de la liberté.

*
**

Nous sommes restés deux mois à Ben Chérif avant qu'on nous assigne à résidence à Marrakech, où nous allions attendre quatre ans encore, du 1er juillet 1987 au 26 février 1991.

Relégation secrète : nul ne devait savoir qui se trouvait dans cette grande villa entourée de murs rouges bardés de tessons de bouteilles et surveillée par des gardes armés. Mais notre nouvelle résidence nous apparaissait somptueuse avec sa salle de bains, sa vraie baignoire, ses chambres confortables, ses deux salons, et son jardin aride où, sur la terre ocre, ne poussaient que deux palmiers rachitiques. Notre cage était dorée, il n'empêche que c'était une cage.

Le 3 juillet, notre emménagement à peine terminé, Me Kiejman est venu nous rendre visite. Il avait été reçu en audience par le roi la veille et arrivait porteur d'espoir. Hassan II s'était déclaré favorable à notre émigration imminente vers le Canada. Départ annoncé et programmé pour le 27 octobre 1987. Hassan II annonçait alors devant les caméras d'Antenne 2 :

– C'est une affaire qui concerne un souverain et une famille qui fait partie de ses sujets. Je pense que nous allons la régler de la façon la plus normale et la plus conforme à ce que nous considérons comme étant notre morale.

Une fois par semaine, nous avions le droit de recevoir notre proche famille. Mon père d'abord, qui avait passé toutes ces années à chercher inutilement notre trace, à tenter de faire passer des lettres au roi. Grande émotion mais rencontre assez pénible : je l'avais quitté beau, plein d'allant, je revoyais un vieil homme traînant les pieds, un appareil auditif dans l'oreille. Lentement, nous avons renoué des liens rompus durant quinze années et il vint me voir chaque semaine, accompagné de sa jeune femme, épousée pendant notre emprisonnement. Je retrouvais aussi mes sœurs, mon frère, tous les miens dont j'avais été si longtemps séparée. Trouble et gêne dans ces confrontations, un fossé nous séparait, celui d'une trop longue absence.

Nos visiteurs descendaient en médina et une voiture de

police venait les chercher pour les emmener de nuit afin qu'ils ne puissent pas repérer le lieu exact de notre relégation. Tous ceux qui venaient nous voir étaient fouillés méthodiquement avant de pouvoir pénétrer dans la villa. Mes sœurs, ma belle-sœur devaient baisser leur culotte, même quand elles avaient leurs règles. Au règne de la terreur succédait celui de l'humiliation permanente.

En vue de notre départ, ils nous ont acheté des valises, des habits chauds et nous ont même remis des passeports... Ensuite, ils ont organisé une rencontre avec mon père devant les caméras de la police. Il fallait filmer ces instants, qu'ils voulaient historiques et emblématiques, où Mohamed Chenna signait les papiers faisant de lui le gestionnaire de mes biens confisqués et acceptait la charge de récupérer mes propriétés et de les vendre... J'étais un peu dubitative devant ce déploiement excessif de mise en scène, mais tout paraissait s'annoncer pour le mieux. Pourquoi ne pas croire au meilleur après avoir vécu le pire ?

La nuit précédant notre départ, vers une heure, ils m'ont envoyé un jeune imbécile qui se croyait fort intelligent et m'a déclaré :

– Vous allez signer une déclaration, vous allez prendre l'engagement de ne pas créer de problèmes au Maroc, de ne rien écrire, de ne rien publier...

J'ai répondu, indignée :

– C'est complètement idiot, ce que vous me demandez là ! Même si je signe, rien ne m'empêchera, une fois au Canada, d'écrire ce que je voudrai...

Après tant d'années d'enfermement, nous avons, tous les neuf, développé un sens assez précis de l'âme humaine. Face au regard d'un interlocuteur, nous parvenons à percevoir clairement ses sentiments, nous sentons sa réceptivité ou son repli. Nous avons gagné cette sensibilité. Or j'ai vu changer la physionomie du jeune imbécile qui me réclamait ce papier signé. Et ceci n'annonçait rien de bon. Il est sorti et je ne l'ai plus revu. Quelques heures plus tard, à cinq heures du matin, nous devions partir rejoindre notre avocat à Casablanca...

Rien ne s'est passé. Personne n'est venu nous chercher. Vers six ou sept heures, un commissaire est enfin arrivé pour nous annoncer que le départ devait être retardé d'une semaine :

– Parce que le roi veut vous voir avant...

Les enfants trouvaient cela très bien, moi je ne croyais pas un mot de ces bobards :

– Ce n'est pas vrai, c'est encore une entourloupe pour nous retarder, pour ne pas nous laisser partir...

Et je leur ai raconté comment, en pleine nuit, on m'avait demandé de signer un papier et comment j'avais refusé... Ils m'ont reproché alors d'avoir été trop sèche, ils m'en ont voulu de pas avoir pris l'engagement que l'on me demandait. J'étais devenue celle qui les empêchait de voler vers la liberté.

Pourquoi notre départ avait-il été remis ? En fait, la nuit même, au moment où les radios et les télévisions canadiennes annonçaient notre arrivée imminente, des foules entières s'étaient précipitées à l'aéroport de Montréal. Des centaines de journalistes, des Canadiens curieux, des Juifs marocains émigrés nous attendaient avec des drapeaux et des cadeaux.

Au palais de Rabat, ce fut la panique. Ce débordement populaire inquiétait les autorités marocaines, qui craignaient sans doute des manifestations antiroyalistes, lesquelles terniraient l'image internationale de Hassan II. Ils ont donc décidé d'attendre huit jours, pour laisser le temps aux esprits de se calmer.

Et puis le temps a passé. On était encore tellement chétifs, malades, épuisés qu'ils n'osaient pas nous laisser décamper, il fallait nous remplumer avant de nous permettre de nous envoler vers d'autres cieux. Quand on est venu nous faire passer des radiographies, sur place à Marrakech, les médecins ont détecté que trois d'entre nous avaient des taches sur les poumons... Pas de quoi inciter Hassan II à respecter la promesse faite à Mitterrand de nous laisser partir tout de suite.

Alors, ils ont trouvé toutes les excuses, tous les moyens imaginables pour expliquer ce retard. Ce n'était pas le moment... La conjoncture... Nous devions d'abord récuser nos avocats français... Je devais demander audience à Sa Majesté... Je conservais mes avocats et je ne demandais pas d'entrevue avec le roi. Si Hassan II avait voulu m'accorder un entretien, il l'aurait fait depuis longtemps. Je ne réclamais qu'une chose : partir avec mes enfants.

Nos conditions de vie étaient infiniment plus humaines que par le passé, certes, mais très éprouvantes moralement. Quand on est démuni de tout, on lutte pour un but précis et l'on trouve en soi tout le courage voulu. Mais à quoi bon se battre quand on a suffisamment à manger, quand on reçoit des livres, quand on peut regarder la télévision ?

En prison, nous passions des jours entiers à méditer dans la solitude. Il n'y avait aucun passe-temps, le seul loisir était notre propre imaginaire. Nous pouvions vagabonder librement dans nos têtes, échafauder de vastes projets, personne ne pouvait nous arrêter, aucun obstacle ne se dressait devant nos pensées. D'une certaine façon, nous étions plus libres que les gens du dehors.

À Marrakech, nous redevenions des êtres humains et les mille petites vexations imposées par d'absurdes décrets pris par la DST, la Direction de la surveillance du territoire, nous devenaient intolérables. Ils nous censuraient la vie. Par exemple, certains ouvrages, certains auteurs, nous étaient interdits. Pensaient-ils que si je lisais Marx ou Lénine je sortirais aussitôt pour aller former un parti politique ? Les gens qui édictaient les règles de notre nouvelle existence étaient des débiles dépourvus du moindre sens des réalités. Et cette vigilance politique ne leur suffisait pas : ils contrôlaient tous nos faits et gestes. Des micros étaient dissimulés dans les chambres, les promenades dans le jardin se faisaient sous bonne escorte, des policiers restaient en faction autour de la villa.

En revanche, pour nos repas, nous avions droit à tout ce qui nous passait par la tête. Il suffisait de demander. Les enfants, qui n'avaient jamais été à pareille fête, commandaient de la viande, des bonbons, des fruits, des gâteaux... Nos gardiens ont fini par mettre un frein à cette boulimie en nous informant que l'on dépensait trop pour notre subsistance. Cette réflexion m'a ulcérée :

– Vous avez le culot de nous dire qu'on dépense trop alors que pendant quinze ans vous nous avez tués de faim !

Nous dépensions certainement sans mesure, trop heureux d'exercer nos droits nouveaux, mais nous ne mangions pas beaucoup. Aucun d'entre nous n'est un gros mangeur. Les repas n'ont pas une grande importance, nous mangeons un peu quand nous avons faim et c'est tout. Comme tous les êtres qui ont souffert, peu de choses nous font vraiment envie, la nourriture passe au second plan. Ce n'est plus notre raison de vivre.

Alors qu'en prison, constamment affamés, nous passions des journées entières à manger par l'imagination. Je n'ai jamais autant cuisiné de ma vie – mais en rêve – que pendant ma grève de la faim.

Dans la villa de Marrakech, nous étions à nouveau tous réunis, mais ce n'était pas facile. Nous avions pris l'habitude de vivre seuls, chacun dans sa cellule, et soudain il fallait se confronter aux autres, réapprendre le quotidien, redécouvrir la bienséance, les heures de la journée, les repas en commun, toutes ces contraintes oubliées depuis si longtemps. Nous devions nous réacclimater à la vie.

Notre libération était sans cesse repoussée. Le désespoir nous submergeait à nouveau. Nous retrouvions cette angoisse qui nous avait si longtemps habités. Une seconde visite de Me Kiejman, début 1988, n'a en rien modifié la situation, même si ses bonnes paroles nous ont réconfortés. Une grève de la faim tentée l'année suivante a rencontré la même indifférence que celle menée à Bir-Jdib presque trois ans auparavant. Malgré une conférence de presse tenue à Paris par notre avocat au cours de laquelle il déclara :

– Certes, les conditions de leur emprisonnement sont, depuis deux ans, matériellement confortables et très différentes de celles qui ont été les leurs, notamment au cours des douze années précédentes, dans un véritable camp concentrationnaire, mais ces huit personnes *[Halima était injustement oubliée]* privées de liberté, malgré les engagements du roi Hassan II et malgré les engagements internationaux du Maroc, sont conscientes qu'elles ne peuvent plus compter que sur elles-mêmes.

Le monarque restait intransigeant. Il refusait d'admettre qu'il avait eu tort. Cette faute commise envers nous, comment l'effacer aux yeux des Marocains ? Comment la justifier auprès des Européens qui prenaient le souverain chérifien pour un roi éclairé, un homme juste et droit ? Hassan II a essayé de se sortir plus ou moins honorablement de ce dilemme. Au fil des années, il a cherché toutes les astuces, il a monté de toutes pièces un Conseil consultatif des droits de l'homme à Marrakech en 1990, il a ensuite annoncé qu'il réglerait, un à un, tous les cas de prisonniers politiques. C'est du moins ce qu'on a prétendu haut et fort, car régler réellement le problème des prisonniers politiques revenait à s'enfoncer de plus en plus dans celui des « jardins du roi ». Et là, comme dit – un peu crûment – un dicton de chez nous, « on arrivait à la merde »... Cette expression populaire est tirée d'une histoire de Jouha, poète de la vie et philosophe du bon sens, personnage récurrent de petites historiettes morales....

Sur un marché, le brave Jouha tente de vendre du miel et tous les passants trempent leur doigt dans la jarre pour goûter ce miel qui diminue à vue d'œil. « Attention, ton doigt arrive à la merde ! » répète Jouha à chacun. Car sous le miel se cache la merde et, à force de puiser dans le miel, la merde ne va pas tarder à apparaître...

Pour Hassan II ce fut un peu la même chose. Chaque fois qu'il voulait trouver une porte de sortie, libérer des prisonniers, alléger le régime, il mettait un peu plus le doigt sur ses inavouables geôles du désert. Le roi a eu beau mentir pendant des années, répéter à l'envi : « Je n'ai pas de prisonniers politiques », une partie de la vérité a fini par apparaître au grand jour.

Au bagne de Tazmamart, quand un détenu ne supportait plus les conditions inhumaines qui lui étaient imposées, il mourait, on l'enterrait et on n'en parlait plus. Plus tard, quand ce lieu d'horreur a été rasé, ils sont tous sortis le corps tordu, rapetissés de plusieurs centimètres parce qu'ils avaient vécu durant des années pliés dans leur cellule, couchés sur le sol. Ils étaient entrés là à presque soixante, vingt-huit seulement ont survécu dont quatre sont morts à l'hôpital peu après. Si le roi a pu faire disparaître dans des conditions atroces une famille connue comme la nôtre, on ne peut imaginer sans frémir ce qu'ont subi les prisonniers politiques anonymes.

Durant les quatre années passées à Marrakech, nous n'avons pas cessé d'imaginer des plans d'évasion. N'étions-nous pas devenus des spécialistes ? La région était gardée, mais on avait un projet fou : un nouveau tunnel ! Une galerie qui, cette fois, devait faire cent mètres de long... Cent mètres, ce n'est guère facile. D'insurmontables problèmes de logistique se dressaient devant nous. Comment étayer un aussi long conduit ? Où cacher le sable ?

Les événements se sont précipités avec la publication du livre de Gilles Perrault, *Notre ami le roi,* en août 1990. C'est un peu à cet ouvrage – qui dénonçait les exactions de Hassan II – que nous avons dû notre libération. Et aussi parce que nous avions récupéré quelques forces :

nous étions à présent plus présentables, nous avions pris du poids, de l'assurance...

Malgré tout ce que nous devons à Gilles Perrault, il me faut préciser que son livre est souvent fait de « on-dit » et de compilations d'ouvrages partisans. Pour parler d'Oufkir, il s'est servi du témoignage publié par un certain Clément qui, paraît-il, était général et aurait fait la guerre en Europe avec mon mari. Les dossiers militaires le confirment : jamais cet individu ne s'est trouvé au côté d'Oufkir. Perrault a prêté l'oreille à tous les ennemis de Hassan II, qui étaient aussi les ennemis d'Oufkir, tout cela formant une mélasse peu crédible et plutôt haineuse.

Quoi qu'il en soit, la publication du livre de Perrault a provoqué un véritable tollé dans les sphères dirigeantes du Maroc. Elles ont crié à l'insulte, au crime de lèse-majesté. En fait, cet ouvrage n'est appuyé sur aucune véritable enquête. De plus, rien n'y est replacé dans le contexte historique. Il eût été nécessaire, dans cette étude du côté sombre de Hassan II, de considérer le pays au moment où le roi est monté sur le trône. Comment il a pris ce pays, comment il l'a transformé. Quand la pagaille imposait sa loi, il fallait une poigne de fer pour mettre de l'ordre.

Le grand mérite du monarque est d'avoir su réunir toutes les forces du pays autour de lui, ses ennemis comme ses amis. Tout le monde, au début, a senti le besoin de se coaliser autour de cet homme. Mais peu à peu, de rassembleur Hassan II s'est transformé en autocrate intraitable. Ceux qui ne lui étaient pas entièrement soumis ne faisaient plus partie du Maroc, ils étaient des exclus de la vie publique et leur voix se perdait dans l'immensité du désert...

*
**

En janvier 1991 a éclaté la guerre du Golfe. Mon cœur était déchiré, car je suis pro-irakienne comme la plupart des Marocains. Pourtant je n'aime pas Saddam Hussein, c'est un tyran et je l'ai détesté depuis le premier jour. Au lieu d'être généreux, d'inaugurer sa prise de pouvoir en décrétant des grâces, comme le font tous les chefs d'État, il a fait fusiller vingt-deux personnes. Mais l'Irak, c'est le berceau de la civilisation arabe, la source de notre culture. L'Irakien en lui-même représente le courage et la détermination. Et puis j'aime ce pays parce que, malgré tout ce qui a été dit, c'est une nation laïque qui échappe au fanatisme religieux et qui aurait pu aller très loin si les choses s'étaient passées différemment, si les Américains ne s'étaient pas acharnés, si le pays n'était pas aussi isolé sur la scène internationale. Aujourd'hui, ses enfants meurent de faim, c'est une catastrophe mondiale dont personne n'a le courage de parler. L'embargo ne trouble pas beaucoup le dictateur ni ceux qui l'entourent, ce sont les enfants du peuple qui meurent. Il y a eu cinq cent mille enfants victimes de malnutrition là-bas et les Européens ne se sentent ni responsables ni concernés. Il faudrait lever l'embargo, partiellement au moins, sur les médicaments et les vivres, mais les Américains ont leur idée en tête et veulent creuser leur trou dans le golfe Persique.

Au mois de février, en pleine guerre, le gouverneur de Marrakech est venu nous prévenir que nous serions libérés une semaine plus tard. Nous ne l'avons pas cru, évidemment. La veille du jour dit, il est revenu, accompagné d'officiers :

– Est-ce que vous avez ramassé vos bagages ?

– Nos bagages, on peut les ramasser en une demi-heure !

Il est vrai que dans la villa il y avait plus de chiens et de chats que de vêtements. Cette ménagerie était une présence pour les enfants, mais ça puait le chat partout, les chiens aboyaient sans cesse, les chiennes mettaient bas sur les divans. Notre domaine était devenu un refuge pour les animaux errants de la région.

Le mardi 26 février 1991, des voitures banalisées de la DST, conduites par des policiers en civil, sont venues nous chercher. Notre libération n'était donc pas une nouvelle duperie, il ne s'agissait pas d'un transfert vers un nouveau lieu de détention, nous étions réellement libres. Pour le trentième anniversaire de son accession au trône, Hassan II ouvrait les portes de notre prison.

Nous avons fait le voyage pour Rabat en ouvrant de grands yeux étonnés, regardant le monde qui nous entourait avec passion et curiosité : nous arrivions d'une autre planète. Il y avait de la verdure partout, des fleurs, des coquelicots. Observer la route qui filait à vive allure figurait déjà les prémices de la félicité...

Et pourtant je n'éprouvais aucune joie. Cela ne représentait pas le bonheur pour moi. D'abord, il était trop tard. Ensuite, même si l'on sentait que les choses évoluaient et qu'elles allaient bouger, je connaissais trop bien ces gens-là pour croire qu'ils allaient nous laisser tranquilles aussi facilement.

Ils nous ont lâchés à l'Agdal, un quartier de Rabat, devant la maison de mon frère Wahid, nous lançant en guise d'adieu :

– Débrouillez-vous.

Des amis surgis du passé étaient venus nous accueillir, émus de nous revoir, déchirés par tout ce qui nous était arrivé. Mais de l'autre côté de la rue, des policiers guettaient et chaque personne qui se présentait était interceptée pour un bref interrogatoire :

– Que sont ces gens-là pour vous ? Quelles sont vos relations avec eux ?

C'étaient donc des criminels qui avaient été relâchés, de redoutables malfaiteurs qu'il fallait continuer à surveiller. Bien sûr, il était nécessaire de justifier ce qui nous était arrivé, il fallait propager l'idée que cette femme, Fatéma Oufkir, était une personne dangereuse qui avait voulu renverser le régime.

Le soir même, des policiers sont revenus avec un avocat portant une pile de dossiers dans lesquels se trouvait un monceau de titres de propriété. Ils m'ont dit d'un petit air persifleur :

– Vous n'allez pas être pauvre, avec tout ce que vous avez là !

Le ton ironique sous-entendait qu'Oufkir s'était fait une fortune, comme les autres. J'ai répondu :

– Je suis désolée, je dois regarder ça de près. Si mon mari avait toutes ces richesses, alors je ne le connaissais pas. Je suis prête à le renier tout de suite.

Avec l'avocat, j'ai ouvert les dossiers les uns après les autres. J'ai commencé à les étudier et les noms défilaient : Mouloud Oufkir né en 1941, Saïd Oufkir né en 1944, Méhmoud Oufkir né en 1946, Karim Oufkir né en 1953... Je n'ai pu m'empêcher de faire remarquer que mon mari ne pouvait porter tous ces prénoms ni être né à toutes ces dates.

– Quoi ? On a demandé tout ce qui appartenait à Oufkir...

– Parce que mon mari était le seul à porter ce nom ? Il y a peut-être deux mille familles qui s'appellent Oufkir !

On a tout repris, tout décortiqué et on a trouvé cinq titres qui portaient le nom de Mohamed Oufkir. Dont celui de la fermette des environs de Rabat et de ses vingt-cinq hectares, qu'il adorait.

– Vous avez raison, a remarqué l'avocat, un peu penaud.

J'étais excédée :

– Je connaissais très bien mon mari, vous êtes en train de faire du cinéma, de raconter à tout le monde qu'on est richissimes... Or ce qu'on possède, tout le monde le connaît, on sait très bien d'où venait l'argent des Oufkir !

Ils ont remballé leurs dossiers et ils sont partis comme des malpropres, en précisant :

– Le roi a décidé que Me Naciri s'occuperait de vous. Tout ce que vous avez chez des particuliers, tout ce que l'État vous doit vous sera rendu.

On a attendu. On attend toujours. On n'est pas du genre à supplier. Régulièrement, chaque fois qu'une personnalité politique étrangère intervenait, lançait un mot ou posait une question, ils promettaient de régler notre cas. Ils venaient nous trouver avec cette éternelle rengaine à la bouche :

– Faites-nous la liste de ce que vous possédez.

Cette liste, je l'ai faite cent fois. Et chaque fois un autre responsable, un autre juriste venait me voir :

– C'est moi qui vais m'occuper de cette affaire, vous me faites la liste...

À la fin, j'en ai eu assez.

– Je ne fais rien du tout, j'en ai par-dessus la tête de dresser cette liste ! Je n'ai pas grand-chose, ils le savent très bien, ils ont tous les procès-verbaux, ils connaissent la question. S'ils veulent la régler, ils la règlent. S'ils ne veulent pas, ils ne la règlent pas.

Je n'avais plus envie de déployer d'inutiles efforts, je préférais tout laisser tomber plutôt que de me battre encore et toujours. Ils se payaient ma tête. Ils me demandaient la liste quand ils avaient peur que j'aille voir des journalistes ou que je parle, et ils me prévenaient d'un ton doucereux :

– Vous savez, le roi n'aime pas que des étrangers s'immiscent dans ses problèmes et dans ses histoires. Si vous voulez demander quelque chose, vous le demandez à des Marocains.

Pour tenter de récupérer mes biens, j'ai pris alors des défenseurs sur place. Mais je n'ai trouvé que des lâches, terrorisés à l'idée d'évoquer devant le roi une affaire qui le dérangeait. Bien souvent, à ce propos, je pensais à cette remarque de Talleyrand après l'exécution du duc d'Enghien par Bonaparte : « C'est plus qu'un crime, c'est une faute. » En politique, un crime s'efface, une faute demeure.

Il ne fallait surtout pas faire de vagues, ne pas alerter l'étranger. Nous étions libres mais dans un pays muselé. Nous étions libres à la condition de ne pas exercer notre liberté.

XII

RÉAPPRENDRE LA VIE

« Libres », nous avons vécu au Maroc des existences hachées, maladroites, bancales. Pourtant, au début, tout s'annonçait merveilleusement. Pendant quelques semaines, mes enfants côtoyèrent les jeunes princesses, filles du roi. L'aînée, Lalla Meriem, pleura en apprenant les souffrances endurées par Abdellatif dans sa petite enfance.

Jadis, j'avais connu le prince héritier tout enfant. Je l'ai revu durant l'été 1991 dans un restaurant des bords de mer qui faisait aussi boîte de nuit. Il était assis avec des jeunes gens de son âge, il venait danser simplement, sans complexe. Raouf, qui l'avait déjà approché, m'a demandé d'aller le saluer. Je me suis avancée vers le prince, j'ai posé ma main sur la sienne et j'ai prononcé ces mots :

– *Smitsidi,* vous êtes tout notre espoir.

Et je suis retournée à ma place.

Pourquoi lui ai-je dit cela ? En quoi ce jeune homme sans pouvoir pouvait-il être un espoir pour nous ? Mes paroles n'avaient pas de sens. Le roi était en bonne santé, il semblait devoir vivre encore vingt ans. En m'asseyant, j'ai dit à Malika :

– Je crois que je suis cinglée. Qu'est-ce que je suis allée lui dire ? Il doit penser que je suis folle ou que je veux le monter contre son père...

Le jeune prince Sidi Mohammed semblait pourtant heureux de nous connaître. Il a dit à Raouf :

– Ma maison t'est ouverte, tu peux venir quand tu veux.

Ces contacts, hélas, se sont rompus brusquement une semaine plus tard. De maladroits échos publiés dans la presse française ont annoncé que le roi du Maroc tentait de se refaire une virginité avec la famille Oufkir et envoyait ses enfants en médiateurs... Hassan II a voulu faire cesser immédiatement cette absurde rumeur, il a donc mis le holà à cette relation. Quand, un peu plus tard, Lalla Amina a voulu nous inviter à un concours hippique, on lui a suggéré fortement d'y renoncer :

– Attention, vous allez avoir les journalistes sur le dos, ils vont raconter n'importe quoi...

Le roi n'a d'ailleurs pas seulement voulu nous isoler de sa propre famille, il a tout fait pour nous tenir à l'écart de la société marocaine. Au début, des amis venaient me voir, plutôt compatissants, puis ils se sont lassés des tracasseries policières qui s'abattaient sur eux à chaque rencontre. Le directeur de la DST, Abdellazziz Allabouch, envoyait ses agents sur nos pas, et la moindre de nos relations était soumise à des feux roulants de questions sur ses rapports avec nous. La vengeance du monarque ou de ses sbires se poursuivait même au-delà de l'enfermement. Il fallait continuer de diaboliser le nom d'Oufkir. Résultat : toutes les portes de la société se fermaient devant nous.

J'ai toujours cru à notre retour. En prison, je répétais aux enfants qu'un jour nous connaîtrions autre chose que des murs et des grillages. Mais j'ignorais que nous nous retrouverions seuls, que la vengeance du roi, par l'intermédiaire de son ministre de l'Intérieur Driss Basri, se poursuivrait, mesquine et feutrée, durant des années encore. J'ignorais que les enfants seraient parfois obligés de s'échiner à des travaux harassants pour des salaires de misère.

Régulièrement, le passé était exhumé, nous replongeant dans l'angoisse. Même le souverain évoquait son ancien ministre. En 1976, dans son ouvrage *Le Défi*[1], il avait reconnu que, jadis, Oufkir lui avait « donné des preuves indiscutables de loyalisme » et Hassan II citait alors Shakespeare : « Souffle, souffle, vent d'hiver, tu n'es pas aussi cruel que l'ingratitude des hommes », pour conclure enfin : « Cette ingratitude n'a pas de limite et en ce sens on peut dire que le général Oufkir est un personnage shakespearien. » Plus tard, en 1993, dans un livre d'entretiens avec Éric Laurent, *La Mémoire d'un roi*[2], le souverain prenait de la distance avec le général défunt. Selon sa vision truquée et tronquée de l'Histoire, le monarque connaissait à peine celui qui avait été, pourtant, son homme de confiance. Mon mari devenait soudain un instrument du destin venu de nulle part : « Lorsque nous sommes revenus au Maroc *[après l'exil]*, Oufkir, qui dépendait alors de la Résidence, était au pied de l'appareil. Il nous a salués et s'est installé à côté du chauffeur, comme aide de camp. Le lendemain, nous l'avons retrouvé à la

1. Éd. Albin Michel.
2. Éd. Plon.

garde royale, et ainsi de suite. Moi, je n'ai fait qu'en hériter et je n'ai eu aucune relation personnelle avec lui. »

En 1994, Ali Yata, chef du Parti communiste, devenu au fil des années le chien du palais, toujours à la botte du pouvoir, publia un article dans lequel il s'écriait en substance : « Maintenant, il faut dire à la famille Oufkir de restituer ce que leur mari et père a pris au Maroc et qu'il a caché dans une banque étrangère. » Des lignes qui devraient lui faire honte, même dans la tombe. Car il a eu la mort que je ne lui aurais pas souhaitée : un chauffard ivre l'a renversé et lui a fracassé le crâne.

Plus tard encore, Fqih Basri, le sage de l'opposition, resté plus de trente ans en exil à Paris, a écrit dans *Jeune Afrique* des lignes haineuses selon lesquelles il n'y avait pas de bon Oufkir ou de mauvais Oufkir, il n'y avait que du mauvais. Je regrette ces mots car j'avais de l'admiration pour l'homme et du respect pour ses idées.

Je veux bien que l'on critique Oufkir, mais pas avec ces arguments fallacieux. J'ai horreur des menteurs et des manipulateurs. Pour ces illusionnistes de l'Histoire, c'est Oufkir qui est le seul responsable des malheurs du pays, c'est Oufkir qui a commandé le Maroc, c'est Oufkir qui a commis toutes les erreurs et tous les crimes.

Il faut dire que cette campagne de dénigrement avait sa raison d'être. Avec le problème du Sahara occidental, l'affaire Oufkir, habilement utilisée par les intrigants, était le seul élément qui permettait à Driss Basri et à son équipe de se maintenir en place. Le puissant et longtemps inamovible ministre agitait devant le roi la menace d'une rébellion dont le nom d'Oufkir était le catalyseur.

Driss Basri... Je l'avais rencontré une seule fois. C'était en 1967, il était alors simple commissaire, responsable de l'École de police de Meknès. Au matin de la fête de l'*Aïd el Kébir,* j'étais allée présenter mes vœux au roi et, quand je suis rentrée à la maison, Oufkir m'a demandé de me tenir auprès de lui car des personnalités devaient venir nous saluer en ce jour important du calendrier musulman. Des notabilités passèrent et, parmi elles, je vis un homme entrer la tête baissée. Il arriva devant nous, présenta ses vœux, et je ne distinguai pas même son regard... Il ressortit en marchant à reculons, comme s'il était devant le roi. Je me suis retournée vers mon mari et j'ai demandé qui était cet étrange individu. D'un air espiègle, Oufkir m'a murmuré :

– C'est celui qui va me remplacer un jour ! Il est ambitieux, il sait y faire, et c'est l'homme du palais.

Des hommes comme Basri, qui avaient tant intrigué pour parvenir à leurs hautes responsabilités, devaient sans cesse raviver l'ombre du général défunt et nous devions apparaître comme de dangereux comploteurs. La cour n'avait aucun intérêt à ce que les relations s'apaisent entre le roi et nous. Les observateurs du dehors ne devaient pas venir fourrer leur nez là-dedans ni tenter d'intervenir. Notre cas devait rester un drame secret, joué à huis clos.

Dans ces conditions, nous avons vite compris que la vie au Maroc serait insupportable. Il nous fallait partir. Construire notre existence ailleurs. Mais chaque fois que nous réclamions nos passeports, l'administration répondait, impuissante :

– Vous savez très bien que la décision est entre les mains du roi et qu'on ne peut pas lui en parler...

En son nom et en celui de son frère et de ses sœurs, Raouf a rédigé un appel à l'opinion publique internationale, publié dans *Le Monde* du 25 février 1994 :

« Entre l'enfermement et la liberté, nous avons vécu – et vivons encore – une situation sans statut précis, avec l'impression qu'après dix-neuf ans de détention on nous laisse à la rue, sans se soucier de nos corps fourbus, de nos cœurs meurtris ou de nos existences saccagées : sans nous donner le droit, la liberté et les moyens de rebâtir nos vies.

« Nous nous sommes tus, nous avons cru à une solution sans nouveau traumatisme, sans affrontement et sans discrédit pour notre pays. Nous l'avons ardemment souhaitée, et tout ce qui était en notre pouvoir, nous l'avons entrepris (...).

« Nous souhaiterions pouvoir aller et venir à partir du Maroc, comme notre Constitution le garantit à tous les citoyens, et pouvoir créer et entreprendre avec la même égalité de chances que toute cette dynamique génération qui ne rêve que de faire triompher le Maroc dans le concert des nations modernes. »

Sans possibilité de nous échapper du pays pour faire table rase du passé, nous avons tenté, malgré tout, de nous inventer un avenir au Maroc même. Malika se lança dans la production de films publicitaires. Raouf suivit, en autodidacte, des études de droit et de journalisme. Myriam s'occupa d'enfants tuberculeux puis se maria. Maria travailla dans une régie cinématographique et adopta un petit garçon de sept mois, Michaël, qu'elle trouva un jour dans un hôpital. Il était mourant, les yeux éteints, un ventre énorme, des bras atrocement maigres, elle en a fait un enfant solide qui porte aujourd'hui le nom d'Oufkir. Soukaïna écrivit des chansons et rêva d'une carrière sous les feux de la rampe. Abdellatif, le plus fragile d'entre nous, chercha l'oubli dans une vie agitée. Pour lui, le malheur frappa encore : son cousin Hamza, qui lui avait appris le monde, se fracassa avec sa Golf contre un mur et expira dans ses bras.

Pour ma part, enfermée à l'âge de trente-six ans pour en ressortir à cinquante-cinq, je me suis battue pour que mes enfants connaissent un minimum de bien-être après ces années de malheur.

*
**

En juin 1996, révulsée à l'idée de passer sa vie au Maroc, Maria s'est évadée. Une opération folle et périlleuse où elle aurait pu se tuer. Elle a imaginé un plan délirant, avec l'aide d'un cinéaste aussi téméraire qu'elle. À bord d'un bateau de location, Maria, son ami, son fils Michaël âgé de trois ans et ma cousine Achoura sont partis de la station balnéaire de Smir-Restinga pour gagner l'Espagne. Il y avait une tempête terrible ce soir-là, et l'embarcation ballottée par les flots en furie menaçait de chavirer... Des gardes-côtes les ont aperçus. D'un côté les Marocains, de l'autre les Espagnols... Heureusement, les Espagnols sont arrivés les premiers et ma fille a pu décliner son identité :

– Je suis Maria Oufkir, j'ai fui le Maroc...

Les gardes-côtes auraient très bien pu refuser de se mêler de cette affaire et remettre toute la bande aux autorités marocaines. Au lieu de cela, ils ont emmené les fugitifs à Ceuta et appelé les autorités compétentes à Madrid pour demander des ordres.

Le cinéaste français n'était pas concerné par l'évasion et ce sont les trois Marocains – Maria, son fils et ma cousine – qui ont alors été transportés à Séville en hélicoptère et installés dans l'un des plus beaux hôtels de la ville. Ils ont été gardés là-bas trois jours, le temps pour les autorités madrilènes d'entamer des tractations avec la France, à qui ma fille demandait l'asile politique.

Jacques Chirac n'était pas très chaud. Il a demandé à José Maria Aznar, président du gouvernement espagnol :

– Pourquoi ne la gardez-vous pas ?

– Si elle avait demandé l'asile à l'Espagne, elle aurait été la bienvenue. Mais elle veut aller en France.

Bon gré mal gré, Chirac a accepté. Il ne pouvait guère faire autrement : la nouvelle de la fuite de Maria avait été diffusée et les journalistes de la télévision française étaient déjà chez nous, au Maroc, pour nous interviewer. L'affaire ne pouvait plus être cachée. Le 26 juin, Maria arrivait à Paris.

Deux jours plus tard, l'administration marocaine nous délivrait nos passeports.

*
**

La page était tournée. Pour nous et pour Hassan II. Dans le pays, l'atmosphère se transformait. Le souverain avait l'intelligence de changer et le courage de reconnaître ses erreurs. Il faisait le point, regardait en arrière et contemplait d'un œil critique ses années de règne. D'ordinaire, l'exercice de la monarchie ne permet guère cette introspection : la vie défile très vite et le cap reste fixé sur l'avenir. Le roi vieillissant a voulu faire un arrêt sur image, il a constaté ses fautes passées et tenté d'y remédier, à sa manière.

N'avait-il pas été un despote tyrannique, capable

d'affirmer tranquillement qu'il était capable d'éliminer deux tiers de la population si cela permettait au tiers restant de vivre mieux ? N'avait-il pas, durant vingt ans, laissé se développer le pillage de l'État ?

Dans certains milieux, la corruption généralisée, institutionnalisée, était palpable : j'avais connu des gens modestes que je retrouvais milliardaires. Le roi fermait les yeux. Pour maintenir son pouvoir et assurer la paix intérieure, il avait donné un idéal à la population avec le Sahara occidental et abandonné le reste entre les mains de quelques potentats qui se sont rempli les poches. Dans cette atmosphère malsaine, les valeurs du pays étaient bouleversées. Des fonctionnaires doux et honnêtes sont devenus dangereux et malhonnêtes. Ces gens-là se transformaient en vautours, devenant des messieurs vingt pour cent, trente pour cent, quarante pour cent...

Sans abandonner le pouvoir absolu – qu'il a conservé jusqu'à sa mort –, Hassan II a enfin constaté, à la fin de sa vie, que le monde évoluait et qu'il devait évoluer avec lui, dans sa façon de diriger le pays, dans sa manière de décider et dans son style de comportement.

Sous la pression internationale, on a vu les portes des prisons s'ouvrir, les bagnes prendre une existence médiatique. Abraham Serfaty, le célèbre opposant, a été expulsé vers la France alors qu'il est le plus grand nationaliste qui puisse exister et qu'il adore le Maroc plus que tous les Marocains réunis. Les trois frères Bourequat, prématurément vieillis et recroquevillés, sont sortis de l'enfer où ils étaient enfermés. Tout cela ne donnait pas une belle image du pays, mais témoignait d'un tournant dans la politique intérieure.

Je crois que Hassan II a décidé réellement de changer

lorsqu'il a été atteint par la maladie. En 1994, il a fait une pneumonie avec arrêt cardiaque et diverses affections sont apparues. On sait qu'il était également frappé par la maladie de Crohn, mais tout cela reste un peu nébuleux, entouré de secrets. On l'a dit malade durant des années, sans savoir exactement de quoi il souffrait. Pour tous les chefs d'État, pour Pompidou, pour Mitterrand, la maladie restait un tabou, un mystère.

Ce roi apaisé, fragilisé, désirait me revoir. J'aurais moi aussi voulu, une fois encore, me trouver face à lui. Nous n'avions pas partagé que le mal, je l'avais connu à des moments privilégiés de ma vie et de la sienne. Mais je ne sais pas trop ce que je lui aurais dit. Lui faire des reproches ? Non. L'enfermement et le souffrance ont fait de moi une femme différente qui ne se serait jamais révélée dans une vie paisible : une femme vraie, solide, consciente de son passage sur cette terre. Je sais maintenant que ce ne sont ni les robes, ni les falbalas, ni les soirées, ni les bals qui justifient notre éphémère présence ici-bas. La peine et la douleur, en revanche, permettent à un être de se juger, de se jauger comme si, au cœur même de l'horreur, une petite voix murmurait à son oreille : « Es-tu méprisable ou es-tu vraiment digne de respect ? »

Hassan II et ses abominables jardins secrets m'ont donné l'occasion de me connaître, de savoir ce que je valais et de me mesurer au roi, jour après jour durant dix-neuf ans. Ce duel m'a permis de faire émerger le meilleur de moi-même. Au plus profond de mon malheur, j'étais contrainte de rester la tête droite, parce que je l'avais en face, lui, le roi. Je suis persuadée qu'il a su cela et qu'il a compris que j'avais reçu avec la même dignité ses bienfaits et son courroux.

L'administration lui remettait, je pense une fois par an, un rapport sur notre situation et nos réactions. Des comptes rendus certainement déformés et aménagés. Mais avec son intelligence pénétrante, il était capable de percevoir que certaines personnes refusaient de vendre leur âme. Écrasées, persécutées, elles restaient debout, indestructibles. Il a sans doute compris que l'ennemi qu'il s'était fabriqué était à sa mesure.

En sortant de l'enfermement, je n'ai jamais cru que la liberté allait m'apporter exactement ce que je désirais. Et de fait, comme toute chose trop longtemps attendue, elle s'est révélée décevante.

Enfermés, nous manquions de tout, nous souffrions, nous vivions des drames, mais nous étions les seuls témoins de notre déchéance et de notre malheur. Parfois nous étions affaiblis, parfois nous étions désespérés. Personne ne le voyait. Nous étions vêtus de haillons, nous ne mangions pas à notre faim, notre seule obsession était de parler de nourriture, comme dans *La Ruée vers l'or*, quand Charlot avale ses chaussures en rêvant d'un poulet, mais nous étions entre nous, soudés. Aujourd'hui chacun fait sa vie. Cette solidarité s'effrite au cours des années. Les grands ont éduqué les petits et les petits ne reconnaissent plus l'autorité des grands. Seul le malheur continue de nous réunir : quand l'un d'entre nous est touché, les autres arrivent en courant.

Dans ma vie, j'ai toujours souhaité par-dessus tout obtenir la paix intérieure. Je ne me suis jamais mise en avant, j'ai fait ce que j'ai pu pour le pays, quand j'ai pu, malgré ma jeunesse, malgré mes responsabilités de mère de famille. Nul aujourd'hui ne peut me donner des leçons de civisme, de loyauté ou d'honnêteté. Musulmane, je le suis autant que toute autre ; nationaliste, je le suis plus que personne ; chauvine, je le suis restée. Nul ne peut me regarder en face en m'accusant de corruption. Je me sens libre et propre. Je peux parler, dire ce que j'ai sur le cœur à qui je veux.

Dans ma nouvelle existence, je n'ai pas d'ambition. J'adore la simplicité, je n'aime pas les palais, je n'aime pas les richesses tapageuses, je n'aime pas les festivités excentriques, je n'aime pas apparaître dans les journaux, je ne fais d'ombre à personne. Je suis ce que je suis, avec ma personnalité.

Je suis venue sur terre la tête haute, je mourrai la tête haute. Je ne demande rien, je ne revendique rien, je ne veux pas de pouvoir, je ne veux pas être célèbre. J'ai des amis, mais je ne sors pas. Je ne veux pas que les gens fassent le parallèle entre ce que j'ai été et ce que je suis. Car pour les esprits mesquins, j'étais et je ne suis plus. J'ai existé uniquement par rapport à Oufkir et au pouvoir.

J'ai été propulsée par le destin sans avoir exigé quoi que ce soit. Je n'ai jamais demandé à être la femme d'Oufkir. J'ai demandé à être la femme d'un officier que j'ai connu galant, gentil, agréable, amoureux de moi, faisant mes quatre volontés, tantôt un père, tantôt un ami, tantôt un mari, tantôt un amant. Jusqu'à la dernière heure de sa vie, il m'a aimée, jusqu'à la dernière heure de sa vie, il m'a fait l'amour avec passion et non comme un époux après vingt ans de mariage. Il est resté entre nous, jusqu'à la fin, un grand respect et un désir tous les jours renouvelé. Il m'avait connue alors que je n'avais pas quinze ans, il m'a forgée, façonnée, il a compris les raisons de mon infidélité et il a su me reconquérir. Quand je discutais avec lui, quand j'énonçais mon avis sur les événements ou mon opinion sur les gens, il était heureux, presque fier. J'étais un peu son œuvre.

Son regard me manque. Je reste dans l'ombre. M'allier à des organismes pour la défense des droits de l'homme, militer dans des associations ? Cela me mettrait inévitablement, vu mon passé, sous le feu des projecteurs. On recommencerait à me juger, me blâmer ou peut-être me faire du mal, encore. Je ne veux que la paix, je veux que la vérité éclate parce qu'on a fait de notre vie un enfer de mensonges et de calomnies. Je veux que les enfants sachent qui était leur père et qu'ils soient persuadés de ma bonne foi.

Personnellement, je n'ai jamais fait de mal à personne, je n'ai jamais utilisé le pouvoir qu'avait mon mari contre qui que ce soit. Au Maroc je peux me promener n'importe où, on ne peut pas m'accuser d'avoir usé jadis de mes prérogatives. Mais je suis aussi quelqu'un de très emporté ; si l'on me manque de respect ou si l'on essaie de piétiner mon orgueil, je réagis. Hassan II le savait, d'ailleurs : jamais je n'ai entendu le roi articuler à mon endroit une critique ou une parole blessante.

Aujourd'hui, je n'aspire plus qu'à entrer dans une vieillesse tranquille. Je suis rassasiée de tout. Je ne veux pas tenir un rôle, ni occuper une place, ni faire la course avec qui que ce soit. Ils ont saccagé ma vie, celle de mes enfants, tout ce que j'avais, ils ont brisé mes espérances. Chaque être humain réagit à sa manière. Certains n'arrivent pas à décrocher. Moi, je ne suis pas du genre à supplier pour qu'on me remette à la place que j'occupais. Non, la page est tournée. Adieu et merci. Si l'on peut rester de bons amis, de loin, c'est très bien, sinon tant pis. Je veux seulement être en accord avec moi-même, n'être contrainte à rien. Être enfin libre.

J'ai vu des familles que je respectais infiniment tomber dans la vraie déchéance de l'humiliation, continuant à espérer vainement qu'on allait leur donner des miettes. Il faut accepter sa nouvelle condition, il faut accepter sa nouvelle vie. On était ceci ou cela et on ne l'est plus, mais je reste très fière de ce que je suis. Pas un seul moment je ne peux me dire « j'ai manqué d'honneur », pas un seul moment je n'ai vendu mon âme au diable pour arriver à mes fins. Je suis tranquille avec ma conscience, même si les enfants ne sont pas toujours d'accord avec moi et me trouvent trop orgueilleuse, trop intransigeante.

***

Malgré tout ce que j'ai subi, je reste profondément monarchiste. Dans ma famille on m'a toujours parlé des méfaits de la dissidence du passé... Cette époque où les tribus se déchiraient entre elles et se rebellaient contre le sultan, secouant le pays de guerres incessantes. Mon grand-père me racontait comment il coupait les mains des femmes pour leur voler les bracelets qui allaient lui permettre de se payer une armée, des chevaux et des fusils. Il me rapportait d'horribles détails sur les luttes internes avant l'arrivée des Français et concluait :

– Ma fille, il ne faut jamais oublier que la monarchie est la stabilité du pays.

J'ai grandi avec cette idée et j'y suis restée fidèle.

Aujourd'hui, les paroles de mon grand-père vivent encore en moi. Pour lui, comme pour Oufkir, comme pour nous tous qui avons connu les luttes pour l'indépendance, la monarchie est une monarchie du peuple, issue du peuple.

Le sultan vivait jadis de ce que ses sujets lui apportaient, de l'argent, du blé, de la laine, des chevaux, même des terres et des maisons. Chaque année, il était au centre d'une fête et toutes les tribus venaient présenter leur *beaa,* pacte avec le maître. Le sultan était au peuple et le peuple était au sultan. Il n'y avait aucun fossé entre l'un et l'autre. Le sultan ne se promenait pas avec une garde rapprochée et celui qui avait besoin de lui parler pouvait entrer au palais. En même temps, un respect absolu l'entourait : nul ne pouvait ouvrir la bouche pour le critiquer, les fidèles craignaient le châtiment divin s'ils osaient élever la voix et vitupérer le descendant du Prophète, représentant de Dieu, lien sacré entre les différents peuples du pays.

Car le Maroc, divisé en ethnies et en tribus, était toujours sur le point d'imploser. En 1926, une scission entre le Nord et le Sud a coupé la nation en deux : une partie commandée par les Français, l'autre par les Espagnols. Finalement, Mohammed V est parvenu à imposer son autorité sur tous les Marocains. Aujourd'hui, si l'on instaure un autre régime, cette unité risque de voler en éclats.

Le pays, en effet, est composé de peuples aux sentiments particularistes très vivaces. Il y a le Rif, région séparatiste de cœur. Il y a le Sud où vivent des Berbères qui parlent un autre dialecte. Il y a la plaine du Sous où l'on trouve des populations aux lointaines origines chinoises, souvenir du temps où les caravaniers de l'Empire du Milieu parvenaient jusqu'en Afrique du Nord pour faire le commerce de thé, de perles, de porcelaine, de femmes...

Rien à voir avec les Berbères du centre du Maroc qui sont, eux, des fêtards, des grandes gueules, des guerriers vivant pour l'apparence et dédaignant la petite course à l'argent. Ils ont des chevaux magnifiques avec des selles brodées et passent leur vie à participer à des férias. Il y a les tribus aux frontières de l'Algérie, au sud de Marrakech, mélange d'Arabes et d'Africains qui parlent un berbère différent et ont une mentalité différente, plus soumise que celle des rebelles du centre. Il y a les Jballas, dans la région de Fès, des gens tout à fait particuliers. La femme s'échine aux tâches de toutes sortes pendant que l'homme est allongé et attend son verre de thé. Il méprise son épouse alors que sans elle il resterait sans manger ni boire. Il y a encore la bourgeoisie fassi qui tient le haut du pavé et conserve les rênes de l'économie.

Chacun de ces peuples a ses modes de vie et ses traditions. Chez nous, dans les Zemmour, on parle d'amour très ouvertement. On voit bien souvent, au bord des rivières, des jeunes gens jouer dans l'eau avec des jeunes filles aux seins nus. Les gens y sont plus libres, l'amour plus ostensible qu'ailleurs. Dans le Rif, en revanche, les apparences se révèlent plus austères, les femmes restent cloîtrées à la maison.

Tous ces Maroc différents, faits de nombreuses tribus dissemblables, ont besoin d'un cœur unificateur. Qui pourrait dire à ce monde multiforme : « On va faire une République et on va élire un président... » ? Si ce président venait de Meknès, les originaires de Fès ne l'accepteraient pas, ni ceux de Marrakech, ni ceux de Casablanca.

Voilà pourquoi la monarchie demeure un mal nécessaire. Je le crois aujourd'hui plus que jamais. Le pays a le choix : ou il explose ou il reste uni derrière son roi.

Mais monarchie ne veut pas obligatoirement dire pouvoir absolu. Nous devons construire un État solide, une monarchie propre, démocratique et constitutionnelle, partageant une grande partie de l'autorité avec les hommes politiques, de gauche comme de droite, avec des élus choisis par le peuple. On dit en arabe : « Une seule main ne peut pas applaudir. » Dans tout régime, il faut, en effet, plus d'une main pour diriger.

Il apparaît nécessaire de bâtir et d'inventer une monarchie un peu plus discrète, car l'autorité a trop longtemps assassiné les esprits avec la propagande, avec deux heures quotidiennes d'informations où l'on ne parlait que du roi et de sa suite. Le monarque doit être présent, représentatif, mais sans peser constamment sur l'existence des Marocains.

Hassan II l'avait compris, enfin. Avant sa mort, survenue en juillet 1999, il a tenté une frileuse démocratisation de son régime, sans oser aller bien loin. Il a commencé à faire de la bonne politique mais il n'avait plus la force, la détermination, la fougue d'antan. Cependant – justement parce qu'il était affaibli –, il a pu transformer un peu le cours des choses. Impétueux, têtu, autoritaire, il ne voulait pas s'ouvrir aux divers courants de pensée du pays. Devenu malade, vulnérable, indécis, il s'est mis à l'écoute des autres. Son ultime Premier ministre – toujours en poste –, Abdelhaman Lyoussoufi, ancien leader de l'opposition, est un politicien intègre, que je respecte infiniment.

Le nouveau roi est un jeune homme qui va réserver des surprises. Il a eu le temps de voir et d'analyser les erreurs de son père. À trente-six ans, il a pu se préparer à son règne. Hassan II, lui, n'avait pas eu cette chance : dès l'âge de sept ans, il avait été mis au courant des affaires de l'État et associé par son père aux problèmes du pays aussitôt après leur retour d'exil.

Mohammed VI, longtemps écarté du gouvernement, a quand même eu le loisir d'assister aux Conseils des ministres, d'écouter, d'apprendre son métier de roi et d'observer les courtisans qui traînaient ventre à terre pour conserver leurs privilèges. De plus, ses années passées loin du pouvoir lui ont permis de connaître un peu la vie hors du palais... même si le regard jeté sur le monde par un futur roi n'est pas celui du commun des mortels.

En définitive, Hassan II a eu raison d'éloigner son fils. Mohammed VI est ainsi arrivé sur le trône comme un homme neuf.

Le jeune souverain devra demeurer vigilant et, si possible, rester lui-même... C'est bien la chose la plus difficile pour un monarque. Il devra être le roi de tous les Marocains, ne pas agir comme son père, qui a dressé une faction contre l'autre, une tribu contre l'autre, qui a séparé la bourgeoisie du peuple pour les opposer. Il faudra réintroduire la confiance, instaurer la stabilité, permettre les investissements.

Mohammed VI pourra aider le pays à se relever s'il demeure tel qu'il est, s'il ne commet pas les mêmes erreurs que son père, s'il sait conserver sa famille en harmonie autour de lui. Ses propres sœurs ne doivent pas se sentir des exclues après la mort de leur père, ce qui a été le cas pour les sœurs de Hassan II. Les princesses sont jeunes, parlent quatre langues, sont populaires. Elles ont sans doute un rôle à jouer dans le domaine social.

Car il y a tant de choses à faire ! La pauvreté est tellement criante aujourd'hui ! Des archi-milliardaires se vautrent dans le luxe alors que d'autres ont moins de dix dirhams (huit francs) par jour pour manger. Tous les beaux seigneurs qui ont pillé le pays durant des décennies doivent maintenant rendre l'argent volé afin d'aider les populations les plus démunies et tenter d'éradiquer la misère.

Il est vrai que le problème est titanesque, avec bientôt trente millions d'habitants. À la veille de l'indépendance, nous vivions dans un Maroc de sept millions d'âmes. Avec les années, le pays s'est transformé, il est devenu difficilement gérable : trois cent cinquante mille enfants naissent maintenant chaque année, des générations pour lesquelles il faut ouvrir des écoles, créer des facultés, trouver du travail.

Mohammed VI sait que la monarchie doit prendre un nouveau virage, et un nouveau visage. D'ailleurs, l'un de ses premiers actes a été de s'attaquer à la misère. Il veut aussi effacer le luxe ostentatoire du temps de son père.

Quand il était prince héritier, il habitait une résidence sur la route de Meknès, qu'il occupe toujours, et régulièrement, pendant les cinq ans où je suis restée au Maroc après ma libération, je prenais cette direction pour aller voir mon père. Il y avait toujours des handicapés, des pauvres qui patientaient devant cette villa. Et quand le prince sortait, il écoutait les gens parler, il tentait de régler certains problèmes, prenait les suppliques qu'on lui tendait. C'est un garçon qui respecte tout le monde et les gens le respectent et l'aiment. Or il est plus difficile d'être aimé que d'être haï, car on a des exigences envers ceux qu'on aime. Mais le jeune roi sait écouter, il sait regarder, ce n'est pas si fréquent.

Déjà, il a bousculé certaines habitudes. Il s'est rendu en visite officielle dans des régions éloignées où son père n'avait jamais mis les pieds. Il a limogé Abdellazziz Allabouch, le directeur de la DST, et Driss Basri, l'indéboulonnable ministre de l'Intérieur.

En ce qui nous concerne plus particulièrement – nous et tous les prisonniers politiques –, il a constitué une Commission de juristes nationaux et internationaux pour étudier le cas de chaque victime du régime afin de dédommager au plus vite tous ceux qui ont été brimés et spoliés. C'est une véritable révolution au Maroc et l'Occident ne mesure pas encore l'étendue et la portée de ce bouleversement.

*
**

Je me retourne parfois sur mon passé. J'ai soixante-trois ans et j'ai l'impression d'avoir eu cent vies. J'ai connu le Maroc du protectorat, la lutte contre l'occupant, Mohammed V, Hassan II, les « jardins du roi »... Parfois, j'ai le sentiment étrange d'avoir trop vécu, d'avoir connu trop de chambardements.

Très jeune, dans le Maroc du protectorat, j'ai fréquenté des familles féodales et après l'indépendance j'ai vu ces gens, la veille encore extrêmement riches, raser les murs dans le plus grand dénuement. Des femmes que j'avais croisées naguère revêtues de tenues somptueuses vidaient des pots de chambre dans les hôpitaux... J'ai su que des personnages honorables traînaient dans les rues, dépouillés de tout. J'ai connu des familles entières détruites, ruinées, massacrées par le pouvoir, au Maroc mais aussi en Égypte, en Syrie, et ailleurs encore. La vie a tué ma naïveté. Je connais trop l'être humain et ses facettes.

Aujourd'hui, il ne me reste que les souvenirs. Mon passé est décomposé. Ma maison de l'allée des Princesses a été rasée parce que la rumeur prétendait qu'un tunnel secret conduisait jusqu'à la maison où habitait Hassan II au temps où il était prince héritier. Accusation ridicule : la demeure n'avait même pas de cave.

Après notre départ, ils ont déposé nos affaires sur le terrain attenant et tout le monde s'est servi. Ce qui n'a pas été volé a été entreposé dans un hangar et, pour chaque réception au ministère de l'Intérieur, on venait y puiser. Je n'ai retrouvé, dix-neuf ans après, que quelques pièces d'argenterie, des tableaux lacérés, un peu de vaisselle ébréchée et les couteaux à poisson parce que personne ne s'en sert au Maroc. Tout le reste a disparu. Mes couverts en argent, mes verres en cristal, mes tapis et mes meubles... Et ils ont dit au roi :

– On lui a tout rendu.

Quand ils m'ont remis le maigre reliquat de ma splendeur passée, j'ai voulu tout leur laisser. Je peux vivre sans rien. Pendant presque vingt ans j'ai bu dans des fonds de bouteille de plastique, je continuerai s'il le faut. Ce n'est pas grave, tout dépend de ce qu'on y boit... du poison ou de l'eau pure.

Aujourd'hui mon existence se construit à Paris, une ville merveilleuse qui me convient parfaitement. J'y vis ce que je n'ai jamais vécu : la liberté. Je n'en fais rien, je suis constamment chez moi, mais je sais que si j'ai envie de sortir à deux heures du matin pour me promener dans la rue je peux me le permettre. C'est un sentiment délicieux. Mais je retournerai au Maroc un jour. Le déracinement définitif est difficile.

Quant à mes enfants, ils tentent, chacun à sa manière, d'oublier vingt-quatre années gâchées, perdues, volatilisées, dix-neuf ans de prison puis cinq ans sans pouvoir sortir du pays.

Malika, incarcérée de dix-neuf à trente-huit ans, est mariée à un architecte français et vit à Gentilly.

Myriam, incarcérée de dix-sept à trente-six ans, habite Paris. Mariée à un Marocain, elle est en instance de divorce. Elle a une petite fille adorable qui s'appelle Nawal. Elle a travaillé quelque temps dans une entreprise de textile près de Bobigny. Un travail éreintant où elle a perdu le peu de santé qui lui restait.

Raouf, incarcéré de quatorze à trente-trois ans, est journaliste à Rabat. Il a une fille, Tania, née de ses brèves amours avec une amie d'enfance retrouvée après l'enfermement.

Maria, incarcérée de dix à vingt-neuf ans, habite Paris. Elle a été longtemps costumière pour le cinéma. Maintenant, elle a ouvert une agence d'« événementiel » pour l'organisation de salons et de réceptions.

Soukaïna, incarcérée de neuf à vingt-huit ans, est l'artiste de la famille. Elle vit également à Paris. Elle a récemment passé son bac, poursuit des études de droit et écrit un roman. Elle reste farouchement célibataire, trop friande de liberté.

Abdellatif, incarcéré de trois à vingt-deux ans, est reparti au Maroc après avoir tourné en orbite à Paris. Il demeure le plus perturbé d'entre nous. Il manque de confiance en lui, il a peur de tout le monde, il ne croit plus en rien. Comment réagir quand on n'a connu que la prison, l'enfermement, la faim et la brimade durant toute l'enfance et l'adolescence ?

Achoura Chenna, ma cousine, incarcérée de trente-sept à cinquante-six ans, vit à Paris avec Maria.

Halima Abboud, incarcérée de dix-neuf à trente-huit ans, atteinte d'un cancer, est retournée à Casablanca dans sa famille.

Mon père a été obligé de démissionner de l'armée après la mort d'Oufkir. Mes relations avec lui ont toujours été assez tumultueuses, elles le sont restées. Il a fait une carrière militaire sans panache. C'était pourtant un officier brillant et il aurait fort bien pu terminer avec le grade de général, mais il n'est jamais parvenu à se discipliner, à accepter les ordres de ses supérieurs. C'est peut-être un point commun que nous avons tous deux. Il ne comprenait et n'appliquait qu'une seule chose : le règlement. Il était ainsi et ne pouvait pas être autrement. Il a obtenu au Maroc des postes très importants, mais ne les conservait jamais longtemps. Responsable du matériel lourd de l'armée, il refusait d'expédier ses subordonnés au palais sous prétexte que les soldats n'étaient pas destinés à travailler dans les salons. On lui demandait d'envoyer des troupes protéger des hommes politiques et il refusait, arguant que ce n'était pas là le rôle des soldats et que ce n'était pas prévu par le sacro-saint règlement... C'étaient ses idées à lui. Il a perdu toutes ses charges, une à une, à force de rigidité et de refus des concessions. Après notre disparition, il s'est occupé des terres héritées de son père.

Âgé maintenant de quatre-vingt-neuf ans, il est retourné dans son village.

Borro et ses *moukhaznis* ont fait une année de prison après l'évasion des enfants puis ont été libérés.

Ben Aïch, notre geôlier, a été élevé au grade de général.

Me Kiejman et Me Dartevelle continuent à nous défendre depuis douze ans et sont devenus des amis. Pendant tout ce temps, ils ne se sont jamais fait payer pour leur travail.

Assa, notre premier lieu d'emprisonnement, est toujours une caserne dans une région où l'armée est partout présente en raison du conflit avec le Sahara occidental.

À Agdz, le caïd a retrouvé sa belle demeure.

La maison de Bir-Jdib a été rasée.

Des fonctionnaires occupent la villa de Marrakech.

À Tamataghrt, le palais des Glaoui est devenu un lieu touristique et le guide mentionne fièrement qu'en cet endroit furent enfermés la veuve et les enfants du général Oufkir.

*
**

Nous avons été libérés il y a neuf ans déjà, et nous pouvons voyager à notre guise depuis quatre ans. Pendant tout ce temps, nous avons tenté de nous réadapter à un monde dont nous avons perdu la clé quelque part dans les « jardins du roi ».

Mais nous étions presque morts et nous avons ressuscité. Je mesure à quel point cette survie est une chance exceptionnelle qui n'a pas été donnée à tous. Tant de gens sont tombés et ne se sont jamais relevés ! Aussi intelligents, aussi riches, aussi courageux, aussi soutenus fussent-ils, ils ont disparu.

J'accepte donc de vivre avec ce passé qui me fait mal. Parfois il remonte à la surface et je retrouve, vivantes, présentes, les sensations et les angoisses d'hier. Parfois aussi, le temps de l'incarcération paraît effacé comme si on avait essuyé un tableau noir. En quittant la prison, j'ai voulu tourner le dos à des images excessivement pénibles, des souvenirs douloureux et intolérables. Je les ai rejetés à jamais car mon existence, sinon, serait insupportable. Comment vivre avec la mémoire de ces instants où je tremblais pour moi, et surtout pour mes enfants ?

La dernière fois que j'ai vu Hassan II, en 1972, il m'a dit :

– Fatéma, prends soin de tes enfants, tu es responsable de tes enfants...

Il partait en France et sans doute n'était-ce qu'une parole aimable prononcée au moment de nous quitter. Avec les événements, ces mots ont résonné comme un avertissement, un ordre, une menace aussi... Je suis alors restée accrochée à mes enfants et je me sens responsable d'eux tant qu'ils n'ont pas une vie décente, tant qu'ils n'ont pas récupéré ce qu'a laissé leur père, ce qu'il a gagné à la sueur de son front, les armes à la main, dans les guerres pour la France puis au service du Maroc et tant que l'image de ce père restera ternie par les calomnies.

Comme hier, je me sens aujourd'hui comptable de leur vie, comptable de leur drame. Je me torture : me suis-je laissé guider par la fatalité comme une bête menée à l'abattoir ? Car j'ai subi en silence tout ce qu'on m'a fait endurer, comme si j'avais attendu mon malheur depuis toujours, comme si mon destin avait été écrit, comme si j'avais été vouée de toute éternité à éprouver cette souffrance fabriquée pour moi.

Or si j'acceptais notre sort, mes enfants, en revanche, le refusaient. Ils ne pouvaient admettre qu'un père les ait laissés dans une telle tragédie, ils ne pouvaient admettre qu'une mère n'ait rien fait pour les sauver. Et je lisais dans leurs yeux des reproches qui me déchiraient. Leurs regards signifiaient : « Tu es une mère, tu nous as mis au monde. Tu dois agir pour qu'on connaisse une autre vie que celle que tu nous as réservée. »

Mais de quoi étais-je coupable ? Et que pouvais-je faire ? La vie et la hasard décidèrent de tout. C'était écrit. Je suis assez croyante pour savoir que chacun a son avenir tracé. Certains ont des vies, d'autres des destins. Le mien n'a pas été toujours rose. J'ai connu des moments magnifiques, j'ai connu des instants terribles.

Et, paradoxalement, j'ai vécu avec plus d'intensité dans le malheur que dans le bonheur. Quand j'étais avec Oufkir, il m'arrivait certains jours de pleurer en me répétant : « Non, ce n'est pas normal. » Tout était trop facile. Derrière les barreaux, rien n'était facile et il fallait une force exceptionnelle pour surmonter les affres de l'existence. D'autres seraient peut-être sortis de cette épreuve délabrés ; moi, je me sens forte, construite par mon malheur. Je sais aujourd'hui de quoi je suis capable, ce que je puis endurer. De la souffrance n'émerge pas que la souffrance. Par moments, j'étais presque heureuse, non de souffrir, mais de pouvoir supporter l'épreuve. J'ai connu des instants de volupté parce que j'étais plus forte que la souffrance et parce que je pouvais me dire : « Je résiste au destin. »

En me retournant sur ce passé, je pense que nous avons été victimes d'une machine folle qui s'est mise en marche puis est devenue incontrôlable. D'année en année, les choses se sont avérées beaucoup plus difficiles à arranger, à réparer. Le temps passait... Qu'allaient pouvoir expliquer nos bourreaux pour justifier notre enfermement ? Nous étions devenus des extraterrestres, des habitants d'une planète invisible.

Ils ont voulu nous tuer moralement. Et nous avons été les plus forts. Sans doute parce que à l'apprentissage de la résistance nous avons ajouté le refus de la haine. Après des années de prison, un détenu devient habituellement un tigre enragé. Moi, j'ai essayé pendant dix-neuf ans de conserver en nous des sentiments de sensibilité et de générosité. Je voulais que mes enfants pensent d'abord à survivre dignement avant de songer à haïr. C'est peut-être ce qui nous a maintenus dans la communauté humaine.

TABLE DES MATIÈRES

normandie roto impression s.a.

61250 Lonrai

Reproduit et achevé d'imprimer en novembre 2000
N° d'édition 00160 / N° d'impression 002433
Dépôt légal décembre 2000
Imprimé en France

ISBN 2-7382-1398-7
33-6398-3